江西省哲学社会科学成果文库
JIANGXISHENG ZHEXUE SHEHUI KEXUE
CHENGGUO WENKU

庐山慧远教团研究

RESEARCH ON
LUSHAN HUIYUAN MISSION

李勤合 著

社会科学文献出版社
SOCIAL SCIENCES ACADEMIC PRESS (CHINA)

总　序

　　作为人类认识世界和改造世界的重要工具，作为推动历史发展和社会进步的重要力量，社会科学承载着"认识世界、传承文明、创新理论、资政育人、服务社会"的特殊使命。在中国实施全面建成小康社会、全面深化改革、全面推进依法治国、全面从严治党的关键时期，以创新的社会科学成果引领全民共同开创中国特色社会主义事业新局面，进一步增强中国特色社会主义道路自信、理论自信、制度自信，为经济、政治、社会、文化和生态的全面协调发展提供强有力的思想保证、精神动力、理论支撑和智力支持，这是时代发展对社会科学的基本要求，也是社会科学进一步繁荣发展的内在要求。

　　江西素有"物华天宝，人杰地灵"之美称。千百年来，勤劳、勇敢、智慧的江西人民，在这片富饶美丽的大地上，创造了灿烂的历史文化，在中华民族文明史上书写了辉煌的篇章。在这片自古就有"文章节义之邦"盛誉的赣鄱大地上，文化昌盛，人文荟萃，名人辈出，群星璀璨，他们创造的灿若星辰的文化经典，承载着中华文明成果，汇入了中华民族的不朽史册。作为当代江西人，作为当代江西社会科学工作者，我们有责任继往开来，不断推出新的成果。今天，我们已经站在了新的历史起点上，面临许多新情况、新问题，需要我们给出科学的答案。汲取历史文明的精华，适应新形势、新变化、新任务的要求，创造出今日江西的辉煌，是每一个社会科学工作者的愿望和孜孜以求的目标。

社会科学推动历史发展的主要价值在于推动社会进步、提升文明水平、提高人的素质。然而，社会科学自身的特性又决定了它只有得到民众的认同并为其所掌握，才会变成认识和改造自然与社会的巨大物质力量。因此，社会科学的繁荣发展及其作用的发挥，离不开其成果的运用、交流与广泛传播。

为充分发挥哲学社会科学研究优秀成果和优秀人才的示范带动作用，促进江西省哲学社会科学繁荣发展，我们设立了江西省哲学社会科学成果出版资助项目，全力打造《江西省哲学社会科学成果文库》。

《江西省哲学社会科学成果文库》由江西省社会科学界联合会设立，资助江西省哲学社会科学工作者的优秀著作出版。该文库每年评审一次，通过作者申报和同行专家严格评审的程序，每年资助出版30部左右代表江西现阶段社会科学研究前沿水平、体现江西社会科学界学术创造力的优秀著作。

《江西省哲学社会科学成果文库》涵盖整个社会科学领域，要求进入文库的是具有较高学术价值和具有思想性、科学性、艺术性的社会科学普及和成果转化推广著作，并按照"统一标识、统一封面、统一版式、统一标准"的总体要求组织出版。希望通过持之以恒地组织出版，持续推出江西社会科学研究的最新优秀成果，不断提升江西社会科学的影响力，逐步形成学术品牌，展示江西社会科学工作者的群体气势，为增强江西的综合实力发挥社会科学的积极作用。

　　近期，中共江西省委出台了《关于进一步繁荣发展哲学社会科学的意见》，要求继续做好社科文库出版资助工作。我们将以更高的标准，更严的要求，全力将《江西省哲学社会科学成果文库》打造成立得住、叫得响、传得开、留得下的精品力作。

祝黄河

2015 年 8 月

序

　　勤合的《庐山慧远教团研究》就要出版了，得知这个消息后非常高兴。因为勤合为了这一研究，付出了极多的心血。

　　《庐山慧远教团研究》这一题目，应该说是佛教史领域的研究，这与佛教思想史的研究领域有一定重叠，但也有很大不同。从整体上看，它应属于历史学的范畴，与思想史或宗教史有关系，但又不尽相同。这是研究之前必须首先厘清的问题。

　　勤合书中提到有的学者认为在对佛教的研究中历史学家的参与太少，几乎处在缺席的状态，我认为这一说法是不太准确的。早在民国时候，就有胡适、陈寅恪、陈垣等著名的历史学大家，都曾从历史学的角度来研究佛教历史上的各种问题，我们如果认真阅读他们的著作，其中处处可见从历史学角度研究佛教史的内容。胡适的《中国禅宗史》，知道的人很多，就不说了。陈垣对佛教史籍的研究也是非常有名的，打开《陈垣学术论文集》，又会发现他对古代佛教、基督教历史的研究论文占了很大比例，人们似乎只关注他的《古教四考》，包括《元也里可温教考》《开封一赐乐业教考》《火祆教入中国考》《摩尼教入中国考》，因为这些宗教是人们一直很少研究的，所以陈垣先生一旦写出了相关的论文，人们就非常赞赏，其实陈垣先生在佛教史的研究上也有重要成果，如《明季滇黔佛教考》《清初僧净记》《中国佛教史籍概论》《释氏疑年录》等。

　　至于陈寅恪先生对佛教史的研究，似乎注意的人还不太多，其实只要看看他的全集（台湾里仁书局版），就可发现相关的佛教史研究的论文也是非常多的，其中如《禅宗六祖传法偈之分析》一文（见全集第1337页至 1341 页），并不是什么长篇大论，短小精悍，却考证了一个佛教史上的重要文献以及相关的问题。

六祖的传法偈许多人都知道："菩提本无树，明镜亦无台，佛性常清净，何处有尘埃。"另一偈："心是菩提树，身明为镜台。明镜本清净，何处染尘埃。"陈先生首先考察了记载这二偈的比较原始的文献，即敦煌本《坛经》所载，认为这一版本比世间通行的版本更为可靠，因为后世通行本是后来经过修改的本子。而敦煌本的偈子则语句拙质，意义重复，尚略存原始形态。而第二偈中的心、身二字，应须互易，当是传写之误。但这还是显而易见的问题，不用赘言。陈先生认为就此二偈而言，还有两个问题没有引起人们的注意，即此偈的比喻不适当，此偈意义不完备。为此他做了专门的考证，结论是：菩提树为永久坚牢之宝树，决不能取以比喻变灭无常之肉身，致反乎重心神而轻肉体之教义，所以说这种比喻是不适当的。其次，偈文中身、心对举，对于心的问题，偈文已将比喻及其本体作用叙说详尽，而身的问题则仅言及比喻，但还缺少继续之下文，是仅得文意之一半，所以说此偈是意义不完备的。

考证了这两个问题后，陈先生进一步提问：此偈文义为什么如此乖舛而不具足呢？他认为原因就在于这是袭用前人的旧文，合为一偈，而作者艺术未精，空疏不学，遂令传心之语成为半通之文。为证明这一点，他又考察了禅家故事，予以证明。通过考证，最后指出：此偈关于身之一半，以文法及文意言，俱不可通，然古今传诵，以为绝妙好词，更无有疑之者，岂不异哉！因此要分析偈文内容，证以禅门旧载，以使后来研究禅宗的人们知道今日所传唐代曹溪顿派，不单其教义宗风溯源于先代，即文辞故实亦莫不掇拾前修之绪余，而此半通半不通之偈文，即是一个好例。

这样的研究，不仅是历史学的研究，更是文献学的研究。但仔细研读陈先生这种文章，更可发现：要想研究好佛教史的问题，从历史学和文献学的角度入手，是非常重要的研究路数；但仅有历史学和文献学的相关知识，又是不具足的，还必须同时具有佛教思想方面的丰富知识与素养。总起来看，研究佛教史，只从佛教教义方面进行研究，只从思想层面加以分析是不够的，但仅从历史学和文献学的方面进行研究，也是不完备的，最好是将思想的分析研究与历史和文献的研究考证结合起来，才能把佛教史上的各种问题研究透彻。

不管从思想层面加以研究，还是从历史层面和文献角度进行研究，都有一个如何处理史料的问题。所以勤合的书中也论及这一问题。他引用学者桑兵的论述，认为史学研究在资料问题上有三个难题：一是因为史料繁多而不得不缩小研究范围，使得史学研究的门类分得越来越细，这就不能从整体上把握历史。二是门类分得过细并不能清楚地分出史料的边际，于是造成找不到材料（其实是视而不见）或材料太多而不能驾驭的困境。三是只注意找到新材料来研究新问题，对于众所周知的史籍资料则束书不读，忽略不顾。

桑兵所说的这三个问题，根本原因在于史学研究者不能真正研读文献史料，因此也就不能从众所周知的史料文献中发现历史研究所需要的材料，从而无法使自己的研究深入和发展。这仍然是文献学功底不足的表现。试看陈寅恪先生的《唐代政治史述论稿》，他所利用的材料全部来自人们熟知的常见史籍与文献，如《朱子语类》《汉书》、新旧《唐书》《册府元龟》《晋书》《北史》《宋书》《魏书》《隋书》《资治通鉴》《南史》《梁书》《唐会要》《元和郡县图志》《大唐创业起居注》等，绝没有任何独有的或新出的文献资料，没有任何独门秘籍。但他就能凭借自己对于文献研读的能力利用这类人所共知的史籍文献研究了唐代政治史的重大问题，取得了唐史研究上的重大成果。这说明，要解决桑兵所说的问题，只有一个办法，就是像前辈学者那样把文献学的功底打好，然后好好研读众所周知的史籍文献，进行细密的考证与分析，把问题一步步地加以解决，从而取得具有独特精神的历史学研究成果。

在佛教史的研究上，人们也有不少的论著，再来研究，就好像找不出新的题目可以研究了。在这个问题上，人们似乎存在着某种认识，即一个题目如果有人写过，我就不能再来做研究了，否则就是重复，就不会有新意。这也是不少人抱有的一种观念。

其实，这也是一种对文献不能深入研读而造成的误区。仍以陈寅恪《唐代政治史述论稿》的研究为例，他所引用的史料都来自常见的文献，没有什么他自己独有的史籍文献，但他为什么能从这类人们都知道的常见史籍文献中研究出唐代政治的重大问题并且加以证明呢？没有别的窍门，只是能对这些史籍文献的内容进行深入细致的研读，从中发现人们读了也没有发现的内涵出来，以此就能说明唐代政治史上的重大问题。因此，同样的题目，尽管已有人写过论文或书，但我们如果重新研究，也不是毫无可能从中研究出新意，或挖掘出新见的。因为人们此前研究这一题目时，他所利用的史籍文献，都是有限的，对史籍文献的内容的解读也必然是有限的，这表明对同样的史籍文献的研读，后来的研究者仍有极大的研读空间，从中发现前人未曾发现的内涵，这就使研究同一题目具有了坚实的基础，从而绝不会与人重复，肯定能出新意。关键就看你有没有深入研读的能力。而这种能力的形成，很大程度上要靠文献学的功底。

不过一般人所理解的文献学也是不够的。一般人认为文献学不过是说明历史上有哪些门类的典籍，有哪些重要的史学家编纂过哪些重要的史书，如何分门别类，再加上版本学和目录学的帮助，能够理清各种文献的渊源与流变，最多再简要地说明一下这些学者及其编纂的史书有什么价值、体例，似乎这就是文献学的全部功用了。其实，这也是人们对文献学的片面之见，不代表文献学仅止于这些功能，学习了文献学就仅有这些能力而已。我的导师张舜徽先生是倡导历史文献学的前辈大师，他一生讲得最多的是历史文献学，也写过《中国文献学》这一类浅显的著作，为青年学子指明治学的入门之路。但这并不代表张先生所理解的文献学就止于这一地步。张先生还有《说文解字约注》《周秦道论发微》这一类的专门研究之作，其中所表现出来的才是运用文献学的多种方法研究具体问题的高深学力。有了这样的学力，不论研究什么问题，不论是否有人已经研究过，就都能别开生面，研究出全新的成果。如《说文解字》和"道"的问题，都不是前人没有研究过的新题目，而是不知曾有多少人研究过的题目，但张先生的著作一出，就获得了学界的认可，不会有人说这类题目前人已有很多研究，就不能再来研究了。

能够从事独到的研究，一定是自己能对相关文献史料进行全新的彻底与深入的研读后方可做到的，并不是由题目是否已有人研究过来决定的。所以我看一个人的研究，从来不是根据他的研究题目是否有人已经研究过而做判断的，而是根据这个研究者具不具备深入彻底研读相关史籍文献的能力与有无广阔的学术视野而做判断的。

要能对历史上的众多文献做到深入彻底的研读，这似乎是一个深不见底的要求。因为历史文献所包含的内容，可以说是极为丰富，涉及不可限量的方面与角度。如古代的《周易》《尚书》《诗经》《左传》《史记》《论语》《孟子》《老子》《庄子》等经典文献，谁能说我可以设定若干个角度就能穷尽其中的内涵？如果有人这样说，就只能证明他的无知与狂妄。人们所知的知识与理论是不断发展变化的，人们研读古代典籍与文献，都由他所掌握的知识与理论所决定。清代乾嘉学派的学者只能从他们所掌握的知识与理论来研读这些古典典籍，他们绝对不可能具备后人所掌握的知识与理论，因此他们对古代典籍的理解全由他们当时的知识与理论水平所决定。时代不断进步，现在的学者对古代典籍的理解，自然要超越古人，但也要知道，后来学者所掌握的知识与理论又有进步与变化，他们又会对同样的典籍做出完全不同的研读。所以同样的题目，前人研究了，后人完全可以再来研究，因为你的研读已与前人不同了。

在庐山慧远教团的研究上，我上面所说的道理，都是适用的。所以尽管前人已有一些相关的研究，但勤合仍是可以再做研究的。而且他也确实通过自己的思考，对前人已经涉及的这一题目有了自己全新的认识与分析。

如他分析了前人的相关研究中关于"教团研究的内涵与外延"的问题，认为人们的相关认识是不够全面准确的，因此他在研究之先就要对教团研究的内涵与外延重新加以界定。这一工作是任何研究必须首先完成的，因为对一个研究题目所涉及的内涵与外延都没有定位清楚，你所展开的研究一定是混乱的。内涵与外延的问题，是形式逻辑的问题，对一个概念界定其内涵与外延，这要按照形式逻辑学的要求来做。许多文科学者由于没有学过形式逻辑，对这个问题并不是很清楚。能在研究中首先意识到这一个问题，本身就是思维严密的表现。

勤合根据所要研究的问题界定了"庐山慧远教团"的内涵与外延，同时就可以发现前人相关研究的不足，这就为整个研究打下了坚实的基础，也使整个研究有了清晰的对象与范围。正是因为做好了这一步工作，因此勤合的这一研究，就显得很有章法，显得比较完整。

在确定了研究的对象与范围之后，又进一步思考，提出所要研究的主要问题，这也是思路清晰的表现。如探讨慧远教团的组成和结构、探讨慧远教团与其他教团的相互关系、慧远教团的各种特色、教团与王权政治的关系、教团的相关管理制度、教育制度、佛经传译、建寺修塔等，涉及的面比较广泛，表明对教团研究的深化。此外也看到了教团与相关教义等思想层面的关系问题，认为从教团角度研究相关教义问题，仍有较大空间。这都是勤合对慧远教团研究的全面思考。

勤合在华中师范大学先后读书十年，深受华师历史学、文献学厚重传统的影响，华师这两个历史学的博士学科授予点，都是国家第一批博士点，在学术的传承上自有特色，这对勤合在学术上的成长发展有着难以估量的影响。所以勤合的研究能从文献入手，又能站到历史学的高度，从而使这一研究具备了文献学的基础和历史学的大视野。

本书后附庐山慧远教团大事编年，参考陈统《慧远年谱》、汤用彤《汉魏两晋南北朝佛教史》、竺沙雅章《庐山慧远年谱》、李幸玲《庐山慧远研究》、龚斌《慧远法师传》等资料，为了节省篇幅，把相关的考证都省略不录。从文献学的角度看，这类考证是非常重要的。历史学家研究佛教史，往往有《疑年录》一类的著作，就是这类考证的成果。勤合能够把大事确定在具体的年份，一定要做出详细的考证，不然无法确定。而且前人所确定的年份，是不是还有不可靠或不正确的地方，相信勤合也会在考证中有所发现。这几年，勤合协助我编纂《续修四库全书》的"史部提要"，涉及一千一百多种书，许多书是从来没有人介绍或论述过的，每部书又涉及作者、编者等各种人物，他们的生平事迹以及相关出处，都要在撰写各书提要时加以确定。要能确定下来，就必须搜集各种资料，再在此基础上加以考证。其中不少难以定夺的人物生平及相关问题，勤合都做了详细考证，可知这是他研究问题时从不忽视的方法之一。因此，本书中的大事编年中所涉及的相关考证也一定是深入而细密的，只是限于篇幅，不能尽录，这是非常可惜的。希望以后有机会，对书中不便写入的相关考证，再整理成一书，出版问世，以飨世人。

刘韶军

2015 年 6 月 28 日

目　录

引　论

一　研究选题之缘起

近年来，我国佛教研究的繁荣已成为引人注意的一个现象。有学者指出，在此过程中，"历史学家的参与还太少，几乎处在缺席状态"[①]。这或许是对佛教史研究状态的不满，但实际上，佛教史研究在当前佛教研究中仍然是个大宗。其中除了坚持以扎实的文献整理为突破口的传统理路外，社会史、制度史等传统上较少进入的领域已有不少成果，如王永会《中国佛教僧团发展及其管理研究》（2003）、释心皓《天台教制史》（2007）、严耀中《佛教戒律与中国社会》（2007）、刘淑芬《中古的佛教与社会》（2008）等等。[②]

[①] 张伟然：《历史学家缺席的中国佛学研究》，http：//www. chinese‐thought. org/shgc/007966. htm，2011‐2‐27。

[②] 王永会：《中国佛教僧团发展及其管理研究》，成都：巴蜀书社，2003；释心皓：《天台教制史》，厦门：厦门大学出版社，2007；严耀中：《佛教戒律与中国社会》，上海：上海古籍出版社，2007；刘淑芬《中古的佛教与社会》，上海：上海古籍出版社，2008。有关近百年佛教史研究的总结借世纪交换之际大量涌现，如黄夏年《20世纪的中国佛学研究》，《中国宗教研究年鉴·1996》，中国社会科学出版社，1998；陈兵：《中国20世纪佛学研究的成果》，《宗教学研究》1999年第3期；黄夏年《二十一世纪佛教研究的断想》，《普门学报》第8期；彭自强《百年中国魏晋南北朝佛学研究综述》，《中国宗教研究年鉴（1999‐2000）》，北京：宗教文化出版社，2001等等。有关佛教史（宗教史）研究的文献学理路还可参见葛兆光《中国（大陆）宗教史研究的百年回顾》，《中国宗教研究年鉴1997‐1998》，北京：宗教文化出版社，2000，又收入其著《屈服史及其他：六朝隋唐道教的思想史研究》，北京：生活·读书·新知三联书店，2003以及蔡耀明《文献学方法及其在佛教研究的若干成果与反思》，《正观杂志》2005年第34期。不过，即使是纪赟《高僧传研究》这样的主要以文献学为导向的研究，也有社会学的重要内容。严耀中、刘淑芬二书同属上海古籍出版社"社会、经济、观念史丛书"，该丛书意在打通 （转下页注）

"走自己的路，让别人无路可走。"一位小品演员的玩笑却在学术圈得到验证。因为近年史学研究范围的不断扩展，让不少初入学术门庭者无所适从，抱怨可做的选题越来越少。桑兵《晚近史的史料边际与史学的整体性》一文提到当前史学研究中因资料问题而遭遇的三个难题。这三个难题是：一，迫于史料繁多而不得不缩小范围，分段分类的专门之学日趋精细，历史相互联系的整体性逐渐丧失；二，因为细分化并不能解决史料边际无从把握的困惑，由此出现找不到材料（其实往往是视而不见）或材料太多不能驾驭这两种情形；三，片面强调以新材料研究新问题，结果人所周知的书被束之高阁，一心搜寻前人未见的材料，且以找材料的态度读书，以看得到掩饰读不懂的局限。①

桑文虽谈晚近史（清代以降）研究中的材料与研究问题，但思路却很有启发意义，对笔者不无棒喝警醒之效。初学者尤易犯第一个毛病，即迫于当前研究成果繁荣而担心无法超越或创新，于是在选题上不断缩小范围，甚至专寻学术的死角和旮旯，其结果不仅使"分段分类的专门之学日趋精细"，更使学术研究趋向平行，学者自说自话，学术变成死学问。而在史料运用上，初学者更容易产生史料依赖。不仅用心于搜寻前人未见的材料，甚至以前人舍弃的材料为瑰宝，而对常见史料视而不见；更有甚者，因为以找材料的态度读书，所以只注意收集于己有利的资料，凡有利材料不惜笔墨发挥论证之，以论据代论证，凡不利材料，则因不合其意而视而不见，学术研究功利化、程式化、八股化。

用寻常心，研究寻常事，而做出不寻常的研究，这自然是初学者难以做到的。但如果这是一个正确的方向，那么我们就算是不能达到，亦当心

（接上页注②）"彼此颇有畛域的领域""提倡一种不拘一格、博采众长的学风"。陈平原先生曾说，独立的思考，强烈的社会责任感，超越学科背景的表述，这三者乃20世纪80年代几乎所有著名学者的共同特点。当前，又一轮人文学科大融通的时代已现端倪，表现之一就是多所著名高校陆续组建文史哲融合的研究机构，如山东大学文史哲研究院、南京大学人文社会科学高级研究院、复旦大学文史研究院等等，另一些院校则以国学旗号相号召，成立国学院或研究所，这里就不一一列举了。所以，笔者相信，在此趋势下，佛学研究必将成为各学科共同展现的舞台。

①　桑兵：《晚近史的史料边际与史学的整体性》，《历史研究》2008年第4期。

向往之。笔者自 2003 年与庐山结缘后，记不清有多少次与其亲近了。这是一座伟大而又寻常的山，它飞峙大江之畔，傍依鄱湖之滨，偃卧浔城之侧，既聚天地山水之灵气，复不失人间烟火之气息。传说匡俗（一作匡续）庐于此地，后飞升而仙，故名庐山。其后，僧庐于此，道亦庐于此；隐士庐于此，谪人亦庐于此；诗人庐于此，学子亦庐于此；名士庐于此，村夫野人亦庐于此。千古名山，因由众生庐居，而成就其绚烂之品格。

在众多庐于此山的人物中，有不少世界文化名人，其中之一即为慧远。慧远为山西雁门人，一生颠沛流离，少游学于许洛，长随侍道安于襄阳，终弘法于庐山三十余年，"影不出山，迹不入俗"，时间最长，成绩最著，是以称庐山慧远。

庐山之所以成为名山，胡适曾有精彩之评："庐山有三处史迹代表三大趋势：（一）慧远的东林，代表中国'佛教化'与佛教'中国化'的大趋势；（二）白鹿洞，代表中国近世七百年的宋学大趋势；（三）牯岭，代表西方文化侵入中国的大趋势。"① 此举庐山三处影响中国发展之史迹，而佛教之东林寺居其一。东林寺由东晋慧远大师开创，尤其是慧远大师与当时僧俗共修念佛，影响中国佛教及士大夫至巨，被尊为净土祖庭。江西北部之佛教，南有永修云居山，西有修水黄龙山，与庐山皆是佛教祖庭所在，俨然成一佛教金三角，而庐山为最重要一角。回望历史，庐山之佛教，安世高奠其基础，慧远铸其辉煌，嗣后代有其人。而安世高只匆匆一过，唯慧远成就此一庐岳。学界皆以东晋为中国真正接受佛教之时代，中外学者更以慧远为"中国初期佛教史的转折点"②。

三十余年来，东林寺在果一、传印、大安等法师的精勤护持下，在道风建设、弘法修行等各方面都得到稳步的发展，影响日巨。尤其是大安法师住持东林寺以来，提出以净土五经一论的圣言量和中国净土宗十三位祖师的著作作为两大参照系，十分重视对净土宗历代祖师的研究。笔者在与东林寺诸位大德比丘的多次接触中，感觉到作为江西学者，有义务有责任

---

① 胡适：《庐山游记》，《胡适文存三集》，上海：亚东图书馆，1930，第 248 页。
② 语引镰田茂雄《中国佛教通史》第 2 卷第 4 章标题，高雄：佛光出版社，1986。许理和则说慧远"开启了中国佛教的新时代"，见其《佛教征服中国》，南京：江苏人民出版社，2003，第 283 页。

对净土初祖慧远大师进行深入和系统的研究。鉴于慧远研究的学术现状，几经斟酌，笔者决定从庐山慧远教团研究起步。

二　研究前史之回顾

虽然有许多理由使得笔者选择"庐山慧远教团"为研究课题，但以"慧远"为中心来研究东晋时期的佛教史毕竟是一个冒险的选择。无论是慧远还是东晋佛教、学术、思想，都是中国史学界一个重镇，在这里，长期有汤用彤、陈寅恪、唐长孺以及当代一些大家重兵把守，方立天早在1980年代就把慧远思想研究提高到一个很高的水平，曹虹《慧远评传》更是以其深湛的文献学功力将慧远研究及其周边加深加固。台湾李幸玲博士的《庐山慧远研究》亦是一篇功力深厚，颇有卓见的大作。后虽不知有无追兵，但前似已无出路。这种突围似的冒险是否能够成功？前辈学者们常说，学术就是一种冒险的经历，我又何必畏缩呢？那么就来小心地找寻前人研究的足迹作为笔者继续前行的路标吧。

（一）教团领袖——慧远的研究状况

"庐山慧远教团"是一个以慧远为核心形成的地域性佛教团体，当前研究成果最丰富、水平最高的是对教团领袖——慧远所进行的研究。

慧远研究的成果繁多，仅专著就有方立天《慧远及其佛学》（1984）、田博元《庐山慧远学述》（1974）、区结成《慧远》（1987）、刘贵杰《庐山慧远思想析论》（1996）、曹虹《慧远评传》（2002）、龚斌《慧远法师传》（2007）、李幸玲《庐山慧远研究》（2007）、张敬川《庐山慧远与毗昙学》（2012）等等。①

此外，汤用彤《汉魏两晋南北朝佛教史》（1938）、许理和《佛教征服中国》（1959）、镰田茂雄《中国佛教史》第二卷（1983）、任继愈《中国

---

① 方立天：《慧远及其佛学》，北京：中国人民大学出版社，1984，又见《方立天文集》第一卷，北京：中国人民大学出版社，2006。田博元：《庐山慧远学述》，台北：文津出版社，1974。区结成：《慧远》，台北：东大图书股份有限公司，1987。刘贵杰：《庐山慧远思想析论》，台北：圆明出版社，1996。曹虹：《慧远评传》，南京：南京大学出版社，2002。龚斌：《慧远法师传》，南昌：江西人民出版社，2007。李幸玲：《庐山慧远研究》，台北：万卷楼图书股份有限公司，2007。张敬川：《庐山慧远与毗昙学》，北京：中国社会科学出版社，2012。

佛教史》第二卷（1985）、郭朋《中国佛教思想史》（1994）、白寿彝《中国通史》第五卷（1995）对慧远皆有浓墨重彩之描述。①

　　大陆和台港各高校学位论文以慧远为主题的也较多，尤其是进入1990年代后，有明显增多趋势。如台港地区卢笑芳《慧远佛教思想研究》（1983）、陈广芬《慧远思想中般若学与毗昙学之关涉》（1993）、陶文本《慧远与僧肇般若学的比较研究》（1995）、林素瑜《慧远形神思想之研究》（1997）、卢桂珍《慧远僧肇圣人学研究》（1999）、李幸玲《庐山慧远研究》（2001）等。② 大陆以慧远为主题的学位论文则在新世纪明显增多，如许宇飞《论慧远》（2005）、夏晓楠《慧远人生哲学思想研究》（2006）、李志敏《慧远与东晋末期庐山地域的诗文创作》（2007）、陈建华《庐山慧远"实有"思想研究》（2008）、张增勇《慧远业报轮回说浅论》（2008）、曾金秋《慧远三世报应伦理思想研究》（2009）、游云会《庐山慧远佛学思想研究》（2010）、罗骧《慧远与东晋佛教的变迁》（2010）、张魏魏《慧远的净土信仰研究》（2011）、于林洋《慧远佛学思想源流探讨》（2011）、张敬川《庐山慧远与毗昙学》（2011）、谭雪叶《庐山慧远的形神思想研究》（2013）等。③

---

① 汤用彤：《汉魏两晋南北朝佛教史》，武汉：武汉大学出版社。此书其他版本尚多，主要有1938年长沙商务印书馆、1955年中华书局、1997年北京大学出版社、2001年河北人民出版社《汤用彤全集》等。许理和著，李四龙、裴勇等译《佛教征服中国》，南京：江苏人民出版社，2003。镰田茂雄著，关世谦译《中国佛教通史》，第2卷，佛光出版社，1986。任继愈主编《中国佛教史》第二卷，北京：中国社会科学出版社，1985。郭朋：《中国佛教思想史》（上），福州：福建人民出版社，1994。白寿彝总主编《中国通史》第五卷，上海：上海人民出版社，1995。

② 卢笑芳：《慧远佛教思想研究》，香港：能仁书院哲学研究所硕士学位论文，1983；陈广芬：《慧远思想中般若学与毗昙学之关涉》，高雄：中山大学中国文学研究所硕士学位论文，1993；陶文本：《慧远与僧肇般若学的比较研究》，台北：台湾师范大学国文研究所硕士学位论文；林素瑜：《慧远形神思想之研究》，台北：中国文化大学哲学研究所硕士学位论文，1997；卢桂珍：《慧远僧肇圣人学研究》，台北：台湾师范大学中文研究所博士学位论文，1999；李幸玲：《庐山慧远研究》，台北：台湾师范大学中文研究所博士学位论文，2001，此文已正式出版。

③ 许宇飞：《论慧远》，湖南师范大学硕士学位论文，2005；夏晓楠：《慧远人生哲学思想研究》，南昌大学硕士学位论文，2006；李志敏：《慧远与东晋末期庐山地域的诗文创作》，浙江大学硕士学位论文，2007；陈建华：《庐山慧远"实有"思想研究》，上海社会科学院硕士学位论文，2008；张增勇：《慧远业报轮回说浅论》，华中科技大学硕士学位论文，2008；曾金秋：《慧远三世报应伦理思想研究》，中南大学硕士学位论文，2009；（转下页注）

至于以慧远为研究对象的单篇论文则数不胜数。较重要的有两本论文集,一是日本京都大学人文科学研究所《慧远研究·研究篇》(1962),集中展现了日本学界有关慧远研究的成果,另一本是"纪念慧远大师诞辰1670周年学术研讨会"论文集(2004)①,其他杂志论文数量众多,此不一一具列。

从内容上来看,慧远研究主要集中在以下几个方面。

(1)慧远作品之辑佚。

《高僧传》记载慧远有文集十卷,此后历代史志记载有所不同,如《隋志》著录《慧远集》十二卷,《旧唐志》为十五卷,《宋史志》著录慧远《庐山集》十卷,其他《崇文总目》《通志》等亦有收录,宋后逐渐散佚,不复有传,但散落在其他专著、总集、类书中尚有不少。

明代开始有慧远文集的辑佚。崇祯末年梅鼎祚编《释文纪》,其中卷八收录慧远《阿毗昙心叙》《三法度经序》《庐山出修行便禅经统序》《大智论钞序》《念佛三昧诗集序》《沙门不敬王者论》《沙门袒服论》《答何镇南》《明报应论》《三报论》《佛影铭》《晋襄阳丈六金像颂》《谢安帝劳问书》《与隐士刘遗民书》《与鸠摩罗什书》《重与罗什书》《遗昙摩流支书》《庐山记》等18篇,是慧远文章的第一次辑佚。

清代严可均辑《全晋文》时,从《弘明集》《出三藏记集》《太平御览》等书中共辑出慧远作品15篇,收录于卷一六一及卷一六二。

民国九年(1920),江苏海门居士周紫垣多方收罗,得慧远遗文26篇,编成一册,在武昌佛学院以《庐山慧远法师文集》之名出版。这是目前可见慧远文集的第一个单行本。

周紫垣曾将此文集赠送江苏如皋沙元炳居士,沙氏得文集后,以其搜

（接上页注③）游云会:《庐山慧远佛学思想研究》,南昌大学硕士学位论文,2010;罗骧:《慧远与东晋佛教的变迁》,南开大学博士学位论文,2010;张魏魏:《慧远的净土信仰研究》,河南大学硕士学位论文,2011;于林洋:《慧远佛学思想源流探讨》,西南大学硕士学位论文,2011;张敬川:《庐山慧远与毗昙学》,北京师范大学博士学位论文,2011,此文已正式出版;谭雪叶:《庐山慧远的形神思想研究》,中国政法大学硕士学位论文,2013。

① 木村英一编《慧远研究·研究篇》,日本:创文社,1962。释大安主编《超越千载的追思:纪念慧远大师诞辰1670周年》,北京:宗教文化出版社,2008。

辑未备，乃从家藏《全晋文》《庐山志》诸书加以增补，成 34 篇，未及刊印而逝世。沙元炳弟子项智源继承遗志，又从吴宗慈重修《庐山志》增五言 4 篇（这 4 篇实际均非慧远所作），再经当时净土大师印光作序，于民国二十四年（1935）以《庐山慧远法师文钞》之名由苏州弘化社初版，国光印书局印行 2 万册。

差不多与项智源同时，由僧忏法师选辑之《慧远大师集》由佛学书局于民国二十三年（1934）出版，辑《沙门不敬王者论》《答桓玄》《沙门不应敬王诸论》《三报论》等论文、书信、游记等，共 23 篇，书前冠有慧远大师传略。

以上三种民国时期的慧远文集，以《庐山慧远法师文钞》最为流行，各地寺院流通甚多。日本京都大学人文科学研究所 20 世纪 50 年代时曾组织中国中世思想史研究班，对慧远遗文有过研读，研读过程中乃以《庐山慧远法师文钞》为底本，进行了校勘整理。整理的成果 1960 年以《慧远研究·遗文篇》之名由创文社出版。这次整理的成果主要是利用了日本所藏资料进行校订，特别是增补了慧远与鸠摩罗什问答的《大乘大义章》，引人注目。

《大乘大义章》在中国久已失传。现存《大乘大义章》最早的钞本，是日本京都东山禅林寺（永观堂）所藏以《鸿摩罗什法师大义》为名的三卷本，该本抄写于日本镰仓时代永仁元年（1293）。《大乘大义章》在日本有很清晰的流传线索，此处不赘，因而《慧远研究·遗文篇》的校点者们能够凭借日本多个藏本进行精到的校点。民国十九年（1930），中国佛教历史博物馆以《远什大乘要义问答》之名将其重刊。

1980 年，石峻等人编《中国佛教思想资料选编》（第一卷），依据《弘明集》《广弘明集》《出三藏记集》等，录慧远遗文 20 篇，1981 年由中华书局出版。这次结集基本收录了慧远的重要文章，唯因主题所限，至收罗不全。

1989 年，台北华梵佛学研究所因般若史之研习，亦有搜集慧远大师遗文之举，后于 1991 年以《慧远大师文集》之名由原泉出版社出版。该文集曾参考《庐山慧远法师文钞》，并增加了《大乘大义章》、田博元撰《慧远大师年谱》。

2006 年，清凉书屋（张景岗）对《庐山慧远法师文钞》进行了进一步的校勘，并增补了《远公遗文轶事补录》。此本在寺院中流行较广，如东林寺多次印刷的皆是此本。

2009 年，崔玉波编《净苑诗萃》，由三晋出版社 2010 年出版，其中第一卷为《慧远法师诗文集》，收录《庐山东林杂诗》等 12 篇诗、赞、铭，并进行了注释和现代汉语翻译。

2014 年，张景岗出版了《庐山慧远大师文集》。此书作为"净土宗大师文集系列"的第一种，是作者在之前校勘《庐山慧远法师文钞》的基础上进行的。该书吸收了学术界许多成果，但限于体例，校勘记写得十分简略，亦无注释。

此外，木村英一主编《慧远研究·研究篇》中有牧田谛量《慧远著作の流传について》，对慧远著作历代的流传情况进行了探讨。[1] 李幸玲博士之《庐山慧远研究》中第二章有《慧远著作目录考证》，对慧远文集的卷数、名称、篇目存佚、今人辑作均有详细考证和说明，为目前所见最详细亦可靠之论说。慧远作品的整理为研究提供了扎实的文献基础。

（2）慧远生平之探究。

研究一个人，除弄清楚其作品之外，就是弄清楚此人生平，所谓知人论世者也。时代既远，有关慧远的直接资料偏少，列表如下：

序号	篇名	作者	出处
1	《远法师铭》	东晋南朝·张野	《世说新语·文学》注引
2	《庐山法师碑》	东晋南朝·谢灵运	《佛祖统纪》卷二十六*
3	《慧远法师诔》	东晋南朝·谢灵运	《广弘明集》卷二十三
4	《慧远法师传》	南朝·释僧祐	《出三藏记集》卷十五
5	《晋庐山释慧远》	南朝·释慧皎	《高僧传》卷六
6	《慧远传》	佚名	《十八贤传》，陈舜俞《庐山记》卷三，《佛祖统纪》卷二十六，《卍续藏经》有单行本，代有增衍

---

① 此文有曹虹中译本，见南京大学古典文献研究所编《古典文献研究（总第五辑）》，南京：江苏古籍出版社，2002；又见曹虹《慧远评传》附录，南京：南京大学出版社，2002。

序号	篇名	作者	出处
7	《远祖师事实》	元·释普度	《莲宗宝鉴》卷四
8	《慧远法师传》	清·彭希涑	《净土圣贤录》卷二

* 疑伪。参见拙文《谢灵运〈庐山法师碑〉献疑》,《图书馆杂志》2011 年第 6 期。

　　其他散见于《世说新语》《名僧传抄》《庐山记》等书中的零星材料尚有若干。长期以来,治中国佛教史之学者均对慧远给予较多关注,其中对慧远生平也进行了不少探索,突出表现在对慧远年谱的撰作上。这些年谱主要包括:

　　陈统《慧远大师年谱》,发表于《史学年报》第 2 卷 3 期(1936 年 11 月),是第一部慧远年谱,勾勒了慧远生平事迹,可谓导夫先路。惜稿有散佚,现仅存前半部分。

　　汤用彤《汉魏两晋南北朝佛教史》(1938)除对慧远早年以及东止庐山等生平活动进行探讨外,还特别用“慧远年历”的年谱形式对慧远一生的主要活动进行了整理。

　　此外,木村英一主编《慧远研究·研究篇》(1962)附有竺沙雅章撰《庐山慧远年谱》,田博元《庐山慧远学述》(1974)附有《慧远大师年谱》,方立天《慧远及其佛学》(1984)附有《慧远年谱》,区结成《慧远》(1987)附有《慧远年表》,刘贵杰《庐山慧远思想析论》(1996)附有《慧远简略年表》,龚斌《慧远法师传》(2007)附有《慧远年谱》等等。刘运好《慧远大师行迹考》“考其行迹,详其编年”,实际亦是一种慧远年谱。[1] 李幸玲《庐山慧远研究》专设“慧远之生平事迹”一节,亦有此意。

　　慧远生平大致是清楚的,约分为早期(出家前)和中期(出家随道安时期)、后期(庐山时期)三个阶段,但由于过去史家对某些事件的时间记录不清,众多记载之间也存在歧异,所以慧远生平中也有些地方至今未

---

[1]　载释大安主编《超越千载的追思:纪念慧远大师诞辰 1670 周年》,北京:宗教文化出版社,2008。刘运好又有《慧远年谱考辨》,第二届中国韵文学国际学术研讨会(2005 年 4 月,安徽芜湖)。

澄清。慧远早期生平的一些疑点此处不赘，谨选择几点与庐山教团密切相关的研究略作综述。

慧远集合 123 人建斋立誓是教团中的一件大事，但其具体时间却存在争议。刘遗民撰写的《发愿文》记载："维岁在摄提格。七月戊辰朔，二十八日乙未。"这个以太岁纪年法纪年的"摄提格"的年代究竟是哪一年，后人有不同的说法，一说东晋孝武帝太元十五年（390），代表者为黄忏华①，这种说法实际是传统僧界的观点，东林寺至今以此为准。另一说是在东晋安帝元兴元年（402），此为新说，代表者为汤用彤。② 张育英近年给出了详细证明，指出此年应为东晋安帝元兴元年。③

又比如慧远有关组织佛经收集、翻译、整理的活动，因为资料有限，尚未得到详尽的探讨。其弟子法净、法领受遣去西域求经虽然早于法显 8 年，但这次求经的经历和成果因为资料无征，却不甚明了。其弟子道祖、道流撰《诸经录》，整理当时佛经翻译情况，为中国第一部断代佛经目录，但此目录的详细情况目前还没有人进行研究。

再如慧远的卒年，一般都采用慧皎《高僧传》中记载，认为是东晋义熙十二年（416），而不取谢灵运《慧远法师诔》中义熙十三年（417）之说，亦有存疑者，但大多没有确实理由。李幸玲采用法显《佛国记跋》中记载，证明应为义熙十三年。《佛国记跋》载："晋义熙十二年，岁在寿星，夏安居末，慧远迎法显道人。既至，留共冬斋，因讲集之际，重问游方。"此跋说明法显于义熙十二年夏到达庐山，慧远留他一直住到冬斋，此年八月慧远不可能逝世。④

（3）慧远思想之讨论。

慧远的佛学思想颇受争议，这不仅因为他的思想本身很复杂，还因为许多研究者认为，同他本身的社会活动相比以及和同时代的佛教思想家比如僧肇、道生相比，慧远的思想似乎并无多少创造力。慧远有思想，但不

---

① 黄忏华：《中国佛教史》，北京：东方出版社，2008，第 29 页。
② 汤用彤：《汉魏两晋南北朝佛教史》，武汉：武汉大学出版社，2008，第 231 页。
③ 张育英：《慧远研究三题》，《世界宗教研究》2005 年第 2 期。
④ 详见李幸玲《庐山慧远研究》，台北：万卷楼图书股份有限公司，2007，第 61～64 页。

是一位思想家，而更像一位活动家。① 但这并未影响学术界把更多的精力
投入到慧远思想的研究上来。

首先是对慧远思想复杂性的认识。一种观点如汤用彤认为慧远思想在
驳杂中而有所主。汤用彤《汉魏两晋南北朝佛教史》以为"慧远学问兼综
玄释，并擅儒学"，而其"佛学宗旨亦在《般若》"。②《般若》与三玄，当
时视为同气，而慧远本擅长老庄三玄。慧远当时听道安讲小品《般若》，
彻悟出家，后曾自讲实相义，并在荆州斥破心无义。鸠摩罗什《大智论》
译出，姚兴众人礼请慧远作序，可见慧远精通《般若》，众所公认。慧远
亦曾节抄其书为《大智度论抄》二十卷。其佛学代表作《法性论》曰
"至极以不变为性，得性以体极为宗"。不变至极之体，即为泥洹。

另一种观点则主张用综合的眼光看慧远，如区结成认为把慧远作为净
土宗始祖和般若学者的看法都失之偏颇，而提出"以综合的眼光看慧远"。
慧远有着同士大夫类似的"惧大法之将亡"的历史悲怀意识，这种意识使
其在佛学形式上语言通俗，结构简化，在佛学课题上选择属于伦理学或价
值论而较少涉及形而上学的讨论。也是因为这种意识，使他带领的庐山教
团保持着自重自持的道德风格，在当时僧团中得到敬仰，为统治者所尊
重，也因此获得其在历史上之地位。③ 刘贵杰认为慧远思想有八个特色：
具有强烈回应性和论辩性；具有包容之态度与调和之精神；富有中国化之
风味；深得归宗无相宗旨；体认涅槃之终极本源；倡形神不灭之论；因果
报应为自然而然；以佛学为主，儒道为辅。总的来说，"慧远勇于面对世
俗流变，善于融摄各家思想"，方有其在中国佛教史上之地位。④

无论慧远思想如何，但从客观上来讲，他曾对当时社会上多种思想进
行过研究，也曾影响过当时许多思潮，则是可靠和可信的。关于慧远的佛
学思想，许理和《佛教征服中国》主要探讨了慧远的净土思想和法身思
想。慧远的净土方法中，"禅定远胜于念佛"，而其法身思想注重追求"某

① 劳思光即说："基本上慧远乃一佛教运动者，而非一理论建立者。"见其著《新编中国哲
　学史》卷二，南宁：广西师范大学出版社，2005，第212页。
② 汤用彤：《汉魏两晋南北朝佛教史》，武汉：武汉大学出版社，2008，第242、243页。
③ 区结成：《慧远》，台北：东大图书股份有限公司，1987。
④ 刘贵杰：《庐山慧远思想析论》，台北：圆明出版社，1996。

种具体的东西"，不能理解佛教"高度抽象和精微的思辨哲学"。①

方立天 1960 年代曾发表过《慧远佛教因果报应说批判》《试论慧远的佛教哲学思想》两文。② 1982 年，方立天写了短篇《慧远评传》，1984 年，他又写了《慧远及其佛学》一书。③ 方立天全面研究了慧远的法性本体论、形尽神不灭思想、因果报应说、弥陀净土思想、念佛三昧方法、沙门不敬王者论、儒佛合明论等思想，他认为，"慧远的佛教思想包含了当时已传入的佛教各种思潮，是一个具有多方面内容的广博庞杂体系"，有着"鲜明的调和色彩"。"这表明当时我国的佛教尚处于大量吸收和初步消化阶段，还来不及过细咀嚼佛教内部各派的分歧，深入辨别中印宗教思想的差异"。④

《慧远研究·研究篇》（1962）也是一部全面研究慧远思想的专著，它由京都大学的数位同事合作完成，其中《慧远的报应说和神不灭论》《大乘大义章研究序说》《慧远的净土思想》《慧远与后世净土宗》《庐山慧远的禅思想》《慧远的方外思想》主要探讨了慧远的佛学思想。这些研究更多立足于文献研究，同方立天的侧重思辨颇有异趣。

李幸玲立足于中日学术界之成果，对慧远佛学思想有更进一步之探究，尤其对慧远本人之著作提出教内、教外之区分，厘清文本层次，指出慧远在与罗什、僧肇等教内人士讨论时，多为深入佛教义理之思考，而在与桓玄、戴逵等人的书信中，则多用儒道词汇，意在以通俗的方式接引学人，方便沟通。该书研究了慧远思想中毗昙学、般若学、念佛三昧、净土、戒律思想。在研究毗昙学时，认为慧远重视毗昙与其师道安对"格义"佛学的反省有关，而不同于以往认为慧远重视毗昙与其所接触的有部论师有关的思路。在研究净土思想时，指出公元 402 年的结社可能是一次

---

① 许理和著，李四龙、裴勇等译《佛教征服中国》，南京：江苏人民出版社，2003，第 269、272、275 页。
② 方立天：《慧远佛教因果报应说批判》，《新建设》1964 年第 8～9 期；《试论慧远的佛教哲学思想》，《哲学研究》1965 年第 5 期。
③ 方立天：《慧远评传》，《中国古代著名哲学家评传续编》第二卷，济南：齐鲁书社，1982；《慧远及其佛学》，北京：中国人民大学出版社，1984，又见《方立天文集》第一卷，北京：中国人民大学出版社，2006。
④ 方立天：《慧远及其佛学》，《方立天文集》第一卷，北京：中国人民大学出版社，2006，第 52、174 页。

应对当年灾害的普通慈善法会，而没有后人解释的那种正式宣告结社的意味。①

此外，较受重视的是慧远有关沙门礼敬王者的问题，这个问题涉及慧远对佛教与世俗关系的认识，他的成功处理为慧远教团（包括整个僧界）发展赢得了空间。日本学者较早开始了这个问题的研究，《慧远教团与国家权力》（1959）、《桓玄和慧远的礼敬问题》（1962）等文章代表了日本这方面的研究成果。② 这些论文主要认为礼敬之争是由王权一方挑起的，王权失败之结果说明当时佛教力量的强大，而并不是理论上的不足。这样的论题到今天依然在延续，但主要论点不出此范围，主要强调慧远当年的立论和斗争成果奠定了以后佛教和世俗权力之间的基本关系。③

慧远虽然"博综六经，尤善庄老"，但对他的儒家和道家思想研究却极其薄弱。汤用彤曾指出慧远经学为当时一家之言，但语甚简略。④ 王仲尧《慧远殷仲堪庐山论易》从慧远荆州引《易》破道恒心无义、慧远殷仲堪庐山论《易》两个片段引发开来，指出慧远易佛互证，以此接引学人。

汤用彤指出慧远不脱当时佛学家风习，融合内外，擅长三玄，惜乎论述简略。日本《慧远研究》有《慧远与老庄思想》（1962）一文，将慧远文章中的老庄语句全部摘列出来，并和原句对照，指出慧远使用老庄语句意在说明佛教思想，而对老庄学说并无发挥阐释，这是有关慧远与道家关系研究的一篇重要论文。吴勇《晋宋之际形神之辩与先秦道家》则认为慧远在更大范围和更高的理论水平上依赖先秦道家思想，把晋宋之际的形神观提升到了当时的顶峰。⑤

---

① 李幸玲：《庐山慧远研究》，台北：万卷楼图书股份有限公司，2007。
② 村上嘉宾：《慧远教团与国家权力》，《东方学报》第十九辑，1959。岛田虔次：《桓玄和慧远的礼敬问题》，《慧远研究·研究篇》，日本：创文社，1962，中译本见其著、邓红译《中国思想史研究》论文集，上海：上海古籍出版社，2009。
③ 如夏毅辉《晋南北朝时期佛教教团对国家权威的抗衡与妥协》，《中国魏晋南北朝史国际学术研讨会论文集 2004 年》；武正强《神圣与世俗之间："沙门不敬王者"的再考察》，《首都师范大学学报（社会科学版）》2004 年增刊；杨曾文《为协调佛法与王法立论——慧远〈沙门不敬王者论〉析》，《佛学研究》2004 年第 1 期。又见释大安《超越千载的追思》，北京：宗教文化出版社，2008；华方田《慧远的不敬王者论》，《竞争力》2008 第 4 期。
④ 汤用彤：《汉魏两晋南北朝佛教史》，武汉：武汉大学出版社，2008，第 243 页。
⑤ 吴勇：《晋宋之际形神之辩与先秦道家》，《宗教学研究》2006 年第 3 期。

此外，另一位值得一提的是日本学者常盘大定。常盘大定曾先后五次到中国大陆调查佛教史迹，以验证其学说的正确性，颇有读万卷书，行万里路的遗风。1920 年，常盘大定第一次到中国，就来到庐山进行田野调查，并意外发现了慧远的墓碑。常盘大定在调查报告中对当时慧远墓塔以及东林僧塔（历代住持塔、僧行普通塔）的保存情形进行了较详细的记载，并发现了宋代常总碑、慧瓘碑等珍贵史料，是近代对慧远遗迹少有而最有意义的一次调查。①

（二）慧远教团中其他僧人的研究状况

慧远教团当时建斋立誓之时有 123 人参加，而庐山徒属，据说往返三千，足见教团之庞大，但多数未能留下名字。慧远之外，重要者如慧持、慧永、昙邕、道祖、法净、法领等人，学界绝少有人研究。

只有一个曾经三入庐山，初随竺法汰，后拜慧远为师，又曾在鸠摩罗什门下学道的道生，颇受学界重视。这主要是因为道生提倡顿悟学说和一阐提亦有佛性，是当时佛教界的革命。汤用彤当年就有《竺道生与涅槃学》（1932）一文②，《汉魏两晋南北朝佛教史》（1938）亦专设道生一章，讨论道生之事迹及其佛学思想。

此外尚有刘贵杰《竺道生思想之研究：南北朝时代中国佛学思想之形成》、陈沛然《竺道生》、苏军《道生法师传》、余日昌《实相本体与涅槃境界：梳论竺道生开创的中国佛教本体理论》等。③

这些研究都侧重于道生的佛学思想，对道生与庐山教团之间的关系虽然有所涉及，但十分有限。

（三）慧远教团中居士群体的研究状况

近年对慧远教团研究值得注意的是对教团中居士群的研究。慧远教团一个突出的特点是拥有大量在社会上有影响的居士，有名者如刘遗民、周

---

① 常盘大定：《支那佛教の研究》，东京：名著普及会，1938。
② 汤用彤：《竺道生与涅槃学》，《国学季刊》3 卷 1 号，1932。
③ 刘贵杰：《竺道生思想之研究：南北朝时代中国佛学思想之形成》，台北：台湾商务印书馆，1952；陈沛然：《竺道生》；台北：东大图书股份有限公司，1988；苏军：《道生法师传》，北京：宗教文化出版社，2000；余日昌：《实相本体与涅槃境界：梳论竺道生开创的中国佛教本体理论》，成都：巴蜀书社，2003。

续之、宗炳、张野、雷次宗等。这种特点亦为后世士大夫所效仿，许多士人高官和僧人交游，自比莲社，影响至巨。

首先是潘桂明《中国居士佛教史》（2000），其中第三章第七节为"慧远教团中的居士群体"，只是所介绍的居士群体不限于莲社居士，而有所扩大。该书实际上秉持着较宽松的定义，把"凡不是站在佛教的对立面，不构成对佛教危害的人"都作为居士。① 在如此宽泛的定义下，不仅桓伊、王凝之等檀越被视作教团中的居士，而且桓玄、殷仲堪等人亦被作为居士对待。不过，该书作为居士佛教通史著作，对慧远教团居士群体仅是材料梳理和连缀，尚未进行深入研究。

另一项研究是曾惠苑的硕士学位论文《东晋庐山教团之居士群研究》（2001）。此文是目前唯一以庐山教团居士群体为研究主题的论文，其研究内容涉及庐山结社、主要居士之介绍、居士入庐山之含义等。② 或许一篇硕士学位论文的确不能展开太多，该文可待深入探讨之处尚多。

另有一篇博士学位论文，是纪志昌的《两晋佛教居士研究》（2003），显然比上面两项研究深入了许多。这篇论文对"居士"之定义亦十分宽泛，不仅将优婆塞、优婆夷两众、檀越等人纳入范围，更将"与僧人有关系或与佛教活动有渊源者"纳入居士之范畴，将之分为三个类型：出世清修型、清谈论法型、檀越法事型。该文将一般与佛教活动有关人士纳入讨论，是为了"有助于整体研究之宏观视野与其他相关线索的建立"，可见作者对此有清醒的认识。此文将慧远教团中的居士群作为依僧"出世清修型"的代表重点论述，并探讨了居士信仰的家族性、居士修行理论与实践、居士参与儒佛论争、居士信受反馈佛教机制等问题，讨论范围和深度明显超过上述两项研究。③

除以上三种专著学位论文之外，其他单篇论文对慧远教团中居士的研究主要集中于宗炳、谢灵运、陶潜等人，而谢、陶二人同庐山教团之

① 潘桂明：《中国居士佛教史》，北京：中国社会科学出版社，2000，第3、140～155页。
② 曾惠苑：《东晋庐山教团之居士群研究》，台南师范学院教师在职进修国语文硕士学位班硕士学位论文，2001。
③ 纪志昌：《两晋佛教居士研究》，台湾大学博士学位论文，2003；台北：台湾大学出版委员会，2007。

联系十分有限。对宗炳的研究则集中在其绘画方面，关于其佛教方面的研究仅有《皈依佛教的精神超越之旅——宗炳的佛学活动及其对晋宋之际佛学思想的诠释》（《五台山研究》2007 年第 3 期）；《戴逵与宗炳》（《佛教文化》1995 年第 3 期）；《谢灵运与宗炳佛学理论之异同及其对文艺理论与创作的影响》（《三峡大学学报（人文社会科学版）》2003 年第 3 期）；《宗炳神不灭论思想述论》（苏州大学 2005 年硕士学位论文）等数篇。其他有关刘遗民、周续之、雷次宗等的期刊论文都寥寥无几。

（四）直接以慧远教团为主题的研究

以教团为主题的研究在中国佛教研究领域中尚不突出，这大概和我们的一些思维惯性有关，甚至在彭自强《百年中国魏晋南北朝佛学研究综述》① 这样的研究综述中，竟然没有涉及教团研究之主题。但直接以庐山教团为研究主题的研究已有不少，只不过它们大多集中在对庐山慧远教团的管理制度即僧制研究方面。

王永会《中国佛教僧团发展及其管理研究》第一章第二节为"魏晋佛教僧团的成型及其管理"，其中对庐山教团的管理有考证介绍，指出"慧远僧团"之整肃、依《十诵律》为僧制，并创《社寺节度》《外寺僧节度》《比丘尼节度》等制三个特点，但显简略。②

心皓法师《天台教制史》第一章第三节"慧远庐山教团的建设"重点探讨了慧远的严谨自律和以律治僧的僧团管理办法。张敬川《东晋庐山教团的管理启示》亦探讨了庐山教团的管理制度。③

教团的发展一靠内部管理，即僧制戒律；二要处理好外部关系，即教团与王权、儒道、世俗社会之间的关系。王雷泉《慧远建设庐山教团的理论与实践》从慧远处理政教、教教、教俗关系三个角度探讨了慧远发展教团的立论与实践。慧远以政教分离之宗旨，排斥儒教的文化专制主义，团结了

---

① 彭自强：《百年中国魏晋南北朝佛学研究综述》，《中国宗教研究年鉴（1999～2000）》，北京：宗教文化出版社，2001。
② 王永会：《中国佛教僧团发展及其管理研究》，成都：巴蜀书社，2003，第 14～28 页。
③ 释心皓：《天台教制史》，厦门：厦门大学出版社，2007，第 23～27 页。张敬川：《东晋庐山教团的管理启示》，香港中文大学人间佛教研究中心第三届青年佛教学者学术研讨会论文，2008。

当时中外、南北、僧俗知识分子，高扬佛教的主题意识，以自己的谨严修道精神和领袖人物的感召力建立了一个超越教派、宗派、门派的教团。①

慧远教团一个重要特点是僧俗和合，曹虹《慧远及其庐山教团文学论》揭示了庐山教团重视文采的特性，并认为正是此特性，成为庐山教团吸引众多名士的基础。②

李幸玲《庐山慧远研究》中第五章为"慧远教团与佛教艺术之中国化"，该章与其他章节仅就慧远一人进行探讨不同，从整个教团的角度来探讨该教团对佛教艺术中国化的贡献。李幸玲指出，慧远的文学作品和僧俗弟子的佛教工艺品等都在中国佛教史上有重要的开创意义，慧远将中国式的山水品赏与佛理之感悟结合起来，对当时的五言诗、游记散文有重要贡献；而东林寺佛影图之创作为中国佛画史上最早的经变图记载，般若台以莎陀波伦菩萨为主题的五幅画则具有由早期佛画单幅构图走向长卷型经变图的过渡意义。

此外，一些研究教团和佛教史的论文或专著亦有涉及庐山教团者，但多是泛泛而论，此处从略。

三 研究概念之界定

本书名定为《庐山慧远教团研究》，其中"教团"一词需要特别补充说明，因为它和僧团、僧伽以及丛林等词汇有同有异，容易混淆。

僧伽是梵语音译，其意为和合之众。比丘三人（或言四人）以上，身和同住，口和无净，意和同悦，戒和同修，利和同均，见和同解，以此和谐合聚之六和精神，团结生活在一起，所以叫作和合众。僧伽居住之地则为僧伽蓝摩，简称僧伽蓝或伽蓝。

宋普润法云著《翻译名义集》引众书解释僧伽说："《大论》：秦言众多比丘，一处和合，是名僧伽。譬如大树丛林，是名为林。《净名疏》云：律名四人已上，皆名众。《律钞》曰：此云和合众。和合有二义：一理和，谓同证择灭故；二事和，别有六义：戒和同修，见和同解，身和同住，利

---

① 王雷泉：《慧远建设庐山教团的理论与实践》，《佛学研究》创刊号，1993。

② 曹虹：《慧远及其庐山教团文学论》，《文学遗产》2001年第6期，又见氏著《慧远评传》。

和同均，口和无诤，意和同悦。"由此可知，僧伽为古印度对僧人团体之称呼，其重点在表达集体的和谐。

关于"教团"，《佛光大词典》的解释是："同一信仰者群聚一处所形成之团体。通常由讲说教义之教职与受教信徒所构成，佛教中自古称之为僧伽。初期原始佛教时代，所谓僧伽乃专指出家众而言，尚不包含在家信徒。广义之教团指佛教全体，狭义则指一宗一派。"① 以此定义来揣度，教团和僧伽为同义词语，但它没有"和合"之意，而更侧重于指信徒（四众）之集合。而且，僧伽专指出家众，教团则可指佛教全体，即包括所有信徒而不限于出家众。

至于"僧团"，佛教词典中无此词汇，但在学术界中却十分常见。从大家使用的习惯来看，它多和"教团"混用，但教团不仅可指佛教教团，也可指其他宗教教团，而僧团则专指佛教教团。此外，僧团因为是僧人之团体，所以不包括在家二众，但僧尼兼指，即包括出家二众。王永会《中国佛教僧团发展及其管理研究》一书即将"僧团"规定为"出家众集体"，并将"男女二众作为一个整体研究"。②

"丛林"一词专指中国禅宗建立后的佛教寺院，尤指禅宗寺院，广义来讲，亦可泛指所有寺院。古印度僧人所居之所多在都城郊外幽静之林地，所以多称"兰若（空闲）""丛林"，《大智度论》卷三即言："僧伽，秦言众。多比丘一处和合是名僧伽，譬如大树丛聚是名为林。""丛林"亦可包括居住在其中的僧众。

综上，可知"僧伽"泛指出家二众之集体，这与"僧团"差不多，但它来源于印度，蕴含有和合之意，则是"僧团"一词所不具备的。"教团"一词较正式，使用也更加普遍，它不仅可指佛教教团，也可指其他宗教教团，在指佛教教团时，可以包含出家众之外的在家众，甚至可以包括那些对教团持友好态度、保持密切联系的未受戒人士，含义最为广泛。而丛林则多指禅宗建立后的寺院，亦包含寺院里的僧众，其宗派意识较强。

"庐山慧远教团"虽然早已使用，但对之进行准确界定却不多见，尤

---

① 《佛光大辞典》网络版（http：//www.ebud.cn/fgdick/）。
② 王永会：《中国佛教僧团发展及其管理研究》，成都：巴蜀书社，2003，前言第7页。

其是内涵外延的完整说明尚无，这反映出学界对慧远研究较多，而对教团作整体研究的尚少。李幸玲认为，"'慧远教团'一词，指的是主持庐山东林寺的慧远及其所领导的教团，包括出家人、在家居士及供养者等缁素二众"①。这一词语的意义，是和北方"罗什教团"相对而言，有时这两者又用地名来对指为"庐山教团""长安教团"。由此可体味，中文语境中的"教团""僧团"含有一种宗教组织之意，是一种社会形态。尤其到了东晋后期，随着僧人自制戒规和政府僧官制度的建立，中国僧团作为社会组织形态的意味更加明显，根本无法跳出三界外。②

　　为了研究之便，笔者今特对本书"庐山慧远教团"做如下界定：庐山慧远教团是指东晋时期，以慧远为中心而在庐山建立的一个佛教修行团体，包括慧远、刘遗民等四众，有时亦包括外围的王凝之这样一批虽未受戒但与教团有密切来往并对教团持同情、支持态度的人。准此定义，则"庐山慧远教团"有以下几点需要说明：其一，其时间在东晋时期。其二，其地点在庐山，外教团中人来庐山活动时亦应得视为该教团中人，从此教团中走出去的僧人在外地的活动除已建立相对独立教团外，亦得视为该教团中之活动。其三，此教团以慧远为核心，慧远往生后，其教团就不成其为慧远教团了，但遗风还会存在一段时间。其四，其教团人物包括出家二众和在家二众，那些虽未受戒但与教团有密切来往的人士，如王凝之曾资助庐山教团的译经活动，这些人物虽未受戒，也应在讨论之列，只是需要区分清楚。至于像桓玄这样对教团仅是一般礼仪和外表的尊敬而无内心的敬重与认同，自然不能算是教团中人了。③ 本书行文中尽量使用"僧团"

① 李幸玲：《庐山慧远研究》，台北：万卷楼图书股份有限公司，2007，第377页。
② 例如严耀中即认为："佛教社团大体上可分两种，其一是纯由僧人组成的僧团；其二是由在家信徒为主体，但一般也是以僧人为发起者、组织者或指导者。"（《佛教戒律与中国社会》，上海：上海古籍出版社，2007，第343页。）将佛教团体作为社会组织的一种，将佛教文化作为社会文化的一种在以社会史角度研究佛教的学者那里是普遍的现象。
③ 潘桂明《中国居士佛教史》将桓玄、殷仲堪等人也作为教团中的居士似欠妥当，桓玄实际上是站在教团的对立面，这在沙门不敬王者的争论中表现得最为明显，虽然他在沙汰僧人的行动中曾对庐山教团网开一面，但他绝不是教团中人。纪志昌《两晋佛教居士研究》关于居士定义亦宽泛到"与佛教有关系的士人"，这种宽泛的定义对居士专题研究可以理解，因为居士研究有时候实际上是研究僧俗之间的关系，所以定义宜宽泛。但笔者这里将教团中人的最低标准定为：与教团有密切来往，对教团持同情、支持态度的人。

与"教团"，而不用"僧伽"和"丛林"，如有"僧团"的运用，特指出家众所言，"教团"则包括了在家众及教团支持者，其使用并不严格。

四　研究问题之提出

一般认为，教团及教团史的研究包括以下三个主要方面：教团管理制度与组织、教团教育制度、寺院经济，此外还可加上寺院史这样一个专题。① 笔者认为，除此以外，一个完整的教团研究还应包括教团组成结构、教团的基本（宗教）活动、教团的主张（思想）、教团与外界的联系等。

本书既题《庐山慧远教团研究》，则以慧远在庐山建立教团始，至慧远往生、庐山教团进入一个新时期止为研究时段范围。在此时段内，凡该教团之言语、活动、思想，流传之文字、建筑、法物、造像、碑塔等皆为研究对象，务求对慧远教团有一全面而又较为深入的认识。

当前的慧远教团研究，主要集中在对教团领袖慧远的研究上，而对教团中其他僧人、居士的研究则明显薄弱。直接以教团为主题的研究大多都附属于其他专题研究，而且主要集中在僧制方面，在教团的宗教活动、外部关系处理、文学活动、艺术活动方面虽有所涉及，但都十分单薄。

慧远影响当时社会和中国佛教，除了自身的伟大人格外，还在于他凝聚了一个无比强大的教团。不对此教团进行说明，而仅仅着力于慧远一人的生平思想研究，是无法说明当时慧远及其庐山教团成功的原因的。所以，对慧远教团进行全面的研究和对慧远进行深入研究同样有意义。从这个角度讲，慧远教团研究既是对已有的教团研究进行加强，也是对慧远研究的深化和进一步拓展。

基于学界已有的研究成果，本书主要对以下一些问题进行了探讨。

（一）慧远教团的组成和结构。学界目前还没有对慧远教团进行过深入的界定，虽然我们都知道慧远教团是一个僧俗融合的庞大教团，但对这个教团的具体组成情况，有哪些人组成？怎样形成的？这些人之间的关系怎样？是怎样的一个结构？都只是个模糊的了解。要研究这个教团，首先

---

① 参见陈玉女《中国佛教史的知识体系探讨》，《佛教图书馆馆讯》2002 年第 1 期，第 23 ~ 37 页。

要把这个教团的组成问题搞清楚。在此基础上，可以将当时庐山的其他僧团情况做一清理，并对整个庐山的寺庙数量、僧人数量进行估算，为彼时的庐山寺院经济研究奠定基础。

（二）慧远教团不是孤立的一个团体，而是道安一系教团在长江流域发展的重要一环。慧远教团在庐山的发展，一方面巩固了道安一系蜀地教团、荆襄教团、东南教团之间的联系；另一方面也加强了南方教团与北方长安教团之间的交流，从而奠定了庐山慧远教团在当时僧俗两界的地位。

（三）虽然慧远之前，已有泰山竺僧朗、仰山竺法潜等山林僧团，但真正代表佛教从城市走向山林的成功僧团仍非庐山僧团莫属。慧远"自卜居庐阜三十余载，影不出山，迹不入俗"[1]。"影不出山"成为慧远高尚德操的一种象征。"外国众僧咸称汉地有大乘道士，每至烧香礼拜，辄东向稽首，献心庐岳。"[2] 庐山曾经因为匡俗而得名庐山，现在因为慧远而被尊为"庐岳"。笔者因此对慧远僧团走向山林的文化学背景进行了尝试性分析。庐山是第一个因佛教而被尊为岳的山，在此意义上，可以说它是中国历史上第一个真正的佛教名山。

（四）佛教在中国发展遇到的最大阻力不是意识形态方面的障碍，而是王权政治的考验。事实证明，在意识形态方面，中国文化从一开始就与佛教展开了辩论，尽管有时比较激烈，但仍限制在讨论的层面，而面对拥有强权的王权政治时，佛教则无法用说理来说服王者。[3] 以前的研究认为佛教的强大和王权的软弱导致了慧远在沙门不敬王者论等论争中的胜利，笔者的研究则发现，慧远等人的表现亦为后世佛教臣服于世俗政权种下了前因。

（五）慧远教团的管理制度即僧制研究虽已有较多成果，但笔者仍希图有所发现。在僧制与戒律问题上，笔者同意严耀中等人的观点，在汉传佛教中，僧制是佛教戒律在中土发展的产物，是戒律在中土的体现者与代

---

① 释僧祐撰，苏晋仁、萧炼子点校《出三藏记集》，北京：中华书局，1995，第570页。《高僧传》略同。

② 释慧皎撰，汤用彤校注《高僧传》，北京：中华书局，1992，第218页。《出三藏记集》略同，无"献心庐岳"句。

③ 不可否认，意识形态与王权政治有着紧密联系。

表，是中国佛教戒律的实质。但是僧传中树立的慧远严谨持戒的形象不应从戒律中得到说明，而应从僧制中去说明，这是以往研究所未曾注意的。

（六）有关慧远僧团的教育制度方面目前尚属空白，笔者绕开学界熟知的早期僧团译场讲学、丛林熏修等模式，重点从文献资料中爬梳庐山游学僧有关学习科目、学习内容、学习时间等内容。

（七）关于慧远教团的佛经传译亦是个老话题，笔者除了系统整理了该教团有关经典传译的活动外，着力于对法净、法领等人西行事迹以及庐山经录的探求，这是以往研究的薄弱所在。

（八）慧远僧团中的建寺、修塔等兴福行为不为以往研究所重视，台湾李幸玲的博士学位论文曾予以关注，但因为海峡相隔，李幸玲博士未能实地考察，留下缺憾。笔者对慧远僧团中的形象进行了梳理，并在实地考察和口述资料的基础上，对慧远荔枝塔进行了补充研究，展现了荔枝塔从古至今的历史，相信其中的一些第一手资料会对学界有所帮助。

鉴于学界对慧远僧团佛学思想研究的成熟成果，笔者此次暂不将其纳入范畴。这主要是因为该领域是慧远研究最为成熟的领域，且佛学深不可测，以笔者的功力尚无力超越，所以置而不论。在本书撰写的过程中，学界相继出现了吴丹《〈大乘大义章〉研究》、张敬川《庐山慧远与毗昙学》等著作，对慧远的思想都进行了别开生面的研究。但从教团角度进行研究，仍有较大空间，特别是如何解释教团中慧远与刘遗民、竺道生等人佛学思想的差异是一件颇具挑战性的事情，笔者拟于日后进行。

道安大师对佛经翻译曾有"三不易"之说（《摩诃钵罗若波罗密经钞序》），大意谓佛经翻译既要求真，又须喻俗，一不易；佛智悬隔，契合实难，二不易；去古久远，无从询证，三不易。史学研究如同将古人的思想及经历"翻译"给今人，其间不易亦有此三者。汤用彤先生亦曾说："中国佛教史未易言也。"① 一者，佛教既是宗教又是哲学，教外研究者没有对宗教的同情默应和心性体会，仅用所谓科学之研究方法是不够的。二者，佛教史需要兼通西域语文、中印史地，十分难得。汤先生所说的困难实际正是指示了治中国佛教史的最佳方法。

---

① 汤用彤：《汉魏两晋南北朝佛教史》，武汉：武汉大学出版社，2008，第604页。

虽然有不易，也有困难，但有些地方或许经过努力可以靠近一些。应该努力地寻找宗教与科学研究之间、古人与今人之间的平衡，既用今人科学方法分析古人，又要同情理解古人，做到有入有出。历史研究作为事后的解释和说明，不应该止步于自圆其说的满足，而应该有更高的追求，这就是努力构建与古人对话的渠道，认真倾听古人传递的信息，忠实传达古人的思想话语，设身处地地理解古人的情感世界。

第一章　庐山慧远教团的结构

中国佛教自东晋时期开始有大的发展，方才有大规模的僧团。北方后赵政权之下，僧团发展以佛图澄为代表，规模之盛，绝对空前。佛图澄之后，短暂的稳定局面消失，教团分散，其汉族弟子道安逐渐成长为新的僧团领袖。但北方战乱的环境迫使道安僧团颠沛流离，僧团最后选择到襄阳发展，从而形成襄阳道安僧团。慧远教团正是从襄阳道安僧团分蘖而来。

第一节　慧远教团的形成

慧远，本姓贾氏，雁门楼烦人①，晋成帝咸和九年、后赵石弘延熙元年（334）生。佛教在中国的大发展，正开始于后赵的佛图澄。

佛图澄，姓竺，西晋怀帝永嘉四年（310）始来东土。其时，因为战乱频仍，佛图澄"乃潜泽草野，以观事变"。佛图澄所走的弘教路线是上层路线，他通过法术与个人佛教修养先后征服后赵的石勒、石虎等统治者，依靠他们发展佛教事业。

佛图澄传教的效果比较明显，当时"中州胡晋略皆奉佛""所历州郡，兴立佛寺八百九十三所，弘法之盛，莫与先矣"，而"受业追游，常有数

---

① 据张育英考证，慧远为今山西省原平县大芳乡茹岳村人，见氏著《慧远大师籍贯考》，《世界宗教研究》2000 年第 3 期及《慧远研究三题》，《世界宗教研究》2005 年第 2 期。温金玉亦同此说。

百，前后门徒，几且一万"①，可见这是一个十分庞大的教团。这些人中有慕名而来的西域追游者如竺佛调、须菩提等，更有汉族僧人释道安、竺法雅、竺法和、竺法汰、竺僧朗等受业弟子，逐渐成为汉地弘法的中坚。佛图澄对中国佛教的贡献不仅是修立庙宇，更重要的是培养了道安、法和、法汰等一大批汉地高僧，推动了佛教的中国化，从而极大地促进了佛教在中国的发展。道安之前，没有能够在佛学修养方面与西域高僧真正抗衡的汉僧。自道安之后，这种局面得到彻底改观，中国佛教开始由中国僧人主导。

佛图澄的弟子竺僧朗于前秦苻健皇始元年（351）来到泰山，在其西北方的金舆谷昆仑山中建立起一个颇有影响的僧团。"朗创筑房室，制穷山美，内外屋宇数十余区，闻风而造者百有余人。"② 秦主苻坚、东晋孝武帝司马曜、后燕王慕容垂、南燕王慕容德、后秦王姚兴、北魏道武帝拓跋珪等均曾致书礼敬或赠送礼物。

当时另一个大僧团便是道安僧团。道安十二岁出家，因为相貌丑陋，所以不被师父看重。但他凭借聪明和勤奋，逐渐赢得师父的器重，获得学习佛经的机会，并在二十岁受具足戒，出外游学。道安在当时后赵京城邺师事佛图澄，得以受到当时最好的佛教教育。后赵的稳定只持续了石勒和石虎两代，很快就陷入战乱，道安在躲避战乱的过程中仍然坚持备访经律。大约在东晋永和十年（354）前后，道安在太行恒山（今河北阜平北）创立寺塔，"改服从化者中分河北"，开始形成一个以他为中心的僧团。

后赵政权一度复兴儒学，少年时代的慧远与弟弟慧持随舅氏游学于许、洛，得通儒道之学，《高僧传》称其"博综六经，尤善《庄》《老》"③。但随之而来的战乱打破了慧远兄弟的计划，进一步改变了他们的人生轨迹。晋穆帝永和十年、前秦苻健皇始四年（354），慧远二十一岁。这一年，慧远和慧持欲度江东，就范宣共契嘉遁，因为道路不通未能如愿。时值释道

---

① 释慧皎撰，汤用彤校注《高僧传》，北京：中华书局，1992，第356页。参见《晋书·艺术》。

② 释慧皎撰，汤用彤校注《高僧传》，北京：中华书局，1992，第190页。竺僧朗与诸君王的来往书信收于《广弘明集》中。

③ 释慧皎撰，汤用彤校注《高僧传》，北京：中华书局，1992，第211页。

安立寺于太行恒山，弘赞佛法，声甚著闻，慧远兄弟前往拜见，深为折服，遂依道安出家。

当时，北方局势持续动荡，道安几度调整发展策略，逐渐向南转移。冉闵之乱时，天灾旱蝗，寇贼纵横，他提出"聚则不立，散则不可"的策略，入王屋，依陆浑，木食修学。俄而陆浑遭逼，道安决定南投襄阳。行至新野，道安提出："今遭凶年，不依国主，则法事难立，又教化之体，宜令广布。"① 乃分张徒众，让竺法汰到扬州，竺法和到蜀郡传教，自己则带着慧远等四百余人到襄阳。竺法汰为道安同学，才辩不逮而姿貌有过于道安，"形长八尺，风姿可观，含吐蕴藉，词若兰芳"②，所以道安让他到扬州发展。传云："法和入蜀，山水可以休闲。"③ 道安分遣法和入蜀，恐是因为蜀地易于谋生的原因，"休闲"是一种委婉的说法。在当时比较艰难的情况下，道安与法汰、法和等人分散弘法，各自带领一批弟子既能够减轻生存压力，又能为佛法保存、播撒种子，是比较合适的。

在襄阳，道安与地方官梁州（治所在襄阳）刺史朱序、荆州刺史桓豁，地方名士望族习凿齿、张殷，朝中大臣郗超、谢安，东晋国主孝武帝结交来往，并得到他们的支持。习凿齿在给谢安的信中感慨道安是他以前从未见过的高僧："来此见释道安，故是远胜，非常道士，师徒数百，斋讲不倦。无变化伎术可以惑常人之耳目，无重域大势可以整群小之参差，而师徒肃肃，自相尊敬，洋洋济济，乃是吾由来所未见。"④ 习凿齿并献其谷隐山房舍为道安修建谷隐寺；张殷则献其房屋为道安建檀溪寺；郗超遣使赠米千斛，修书累纸；晋孝武帝下诏："安法师器识伦通，风韵标朗，居道训俗，徽绩兼著。岂直规济当今，方乃陶津来世。俸给一同王公，物出所在。"⑤ 当时的凉州刺史杨弘忠曾送铜万斤，助道安铸造佛像，前秦苻坚则遣使送来外国金箔倚像、金坐像、结珠弥勒像、金缕绣像、织成像等。道安在当时中国南北都获得了无上的荣誉与认可。

---

① 释慧皎撰，汤用彤校注《高僧传》，北京：中华书局，1992，第 178 页。
② 释慧皎撰，汤用彤校注《高僧传》，北京：中华书局，1992，第 192 页。
③ 释慧皎撰，汤用彤校注《高僧传》，北京：中华书局，1992，第 178 页。
④ 释慧皎撰，汤用彤校注《高僧传》，北京：中华书局，1992，第 180 页。
⑤ 释慧皎撰，汤用彤校注《高僧传》，北京：中华书局，1992，第 181 页。

自兴宁三年（365）至太元四年（379），道安在襄阳弘法十五载，教团发展达到了顶峰。道安僧团先后在襄阳建白马寺、甘泉寺、观音寺（如珠寺）、檀溪寺、谷隐寺等，襄阳民众至今传称岘山"一里一寺"，足见当时弘法事业的繁荣景象。

晋孝武帝太元三年、前秦苻坚建元十四年（378）二月，秦将苻丕攻打襄阳。道安为朱序所拘，不能得去，乃再次分张徒众，慧远与慧持、法遇、昙徽等南适荆州，住上明寺。

荆州是慧远重游之地。当年，他曾受道安之命来这里探望生病的法汰，并在此地和法汰等人一同攻破道恒的心无义。此地又有昙翼等旧日同学。但此时的荆州亦是战云密布，刺史桓豁忌惮前秦军锋，避居江陵对岸的上明，昙翼等人亦随至上明，并建上明寺。慧远等人在上明寺盘桓，无心流连，他想起昔日曾与同学慧永相约罗浮山传道，而江南、交广自东晋建立以来，尚保持着相对安定局面，便带领众人自荆州长江顺流而下去江州庐山寻找慧永。慧远等人虽有师徒相守十数年一旦分离的隐愁，但船势甚快，似乎很快就能把众人带到弘传佛法的新境界，所以人们的心情一定是紧张而兴奋的。行至一处，见大山突起，层峦叠嶂，仙雾白云，使人息心！那山正是庐山。①

慧远到庐山，先住龙泉精舍。《十八贤传》谓："太元六年至寻阳，爱庐阜之闲旷，乃立龙泉精舍。"② 龙泉精舍位于石门涧，正是木食涧饮的生活。③《高僧传》称此地去水大远，慧远以杖扣地，地上泉水流出，卒以成溪，解决了众人饮水困难。后来寻阳大旱，慧远又诵经求雨，获得成功，因此慧远等人居住的地方才称为龙泉精舍。这是很美丽的传说。

---

① 行水路者，至浔阳（唐前称寻阳），必对庐山有极深的印象，毛泽东诗说："一山飞峙大江边。"龚斌描述他 20 世纪 80 年代中期第一次到九江参加学术会议，走水路，"船还未泊码头，在江面上远眺，只见一大片黛色横抹南边的天际，朦胧又神秘。"（龚斌：《慧远评传·后记》，南昌：江西人民出版社，2007，第 261 页。）

② 陈舜俞：《庐山记》，《大正藏》第 51 册，石家庄：河北省佛教协会影印，2005，第 1039 页。

③ 今庐山龙泉精舍遗址不止一处，但其确切位置当以《水经注》为准："庐山之北有石门水。……其水历涧，经龙泉精舍南。太元中，沙门释慧远所建也。"关于龙泉精舍诸遗迹，日本学者安藤更生有辨析，见《慧远的庐山龙泉寺位置考》，《五台山研究》1992 年第 4 期。

　　慧远的同学慧永居住在香炉峰北山麓，旁边亦有一条峡谷，谷中山水流经寺旁，形成一条大溪，即后来的虎溪。慧远从襄阳出离时，有弟子数十人相随，这些弟子应该大部分都一同来到了庐山。慧永在庐山已经弘法多年，陶侃之子陶范曾为他建西林寺。显然，慧永在寻阳有较好的声誉，所以，他对当时的江州刺史桓伊说："远公方当弘道，今徒属已广，而来者方多。贫道所栖，褊狭不足相处。如何？"① 桓伊乃在西林寺东为慧远建寺，即东林寺。唐李邕《东林寺远法师影堂碑》谓："自晋氏太元年，法师始飞锡南岭，宅胜东林。"② 《十八贤传》谓："太元十一年岁次丙戌，寺成。"③ 似寺始建于太元九年，而太元十一年建成。

　　桓伊为江州刺史在太元九年至十五年，东林寺之建当亦在此时。事实上，东林寺自然不是一夜之间能够建成，亦恐不是一年能够建成。太元十一年可能是初步建成的时间。据《名僧传抄》，直到太元十四年（389），宝云来东林寺，仍然参加了当时建设般若台的劳动，此详后文。

　　关于东林寺的得名，《高僧传》谓："桓乃为远复于山东更立房殿，即东林是也。"④ 《十八贤传》则云："以在永师舍东，故号东林。"⑤ 此处先要说明的是，东林寺虽因西林寺得名，但非因"西林寺"而得名，亦即东林寺虽晚于西林寺而建，但二者之名则可能同时出现。首先，此地先并无东林、西林之名，故《高僧传》等并谓"于山东""在永师舍东"建寺，而不云"于东林"建寺。既无东林、西林之旧称，则西林之初建，断不会名西林寺，必待"东林寺"建成，东西二寺方有着落。此东西二林寺乃相对而言，故必待二寺建成，方有东林寺、西林寺二名。

　　正因为这样，东林寺、西林寺又可称东寺、西寺。以东南西北和上下方位称寺，在佛教文献上已属常例。《名僧传》中，西林寺慧永即称"庐山西寺惠（慧）永"，道生则称"宋寻阳庐山西寺道生"，而昙邕、昙恒

① 释慧皎撰，汤用彤校注《高僧传》，北京：中华书局，1992，第212页。
② 《文苑英华》，北京：中华书局，第4576页。镰田茂雄引作《庐山法门影堂记》，见其撰，关世谦译《中国佛教通史》（第二卷），高雄：佛光出版社，1986，第333页。
③ 陈舜俞：《庐山记》，《大正藏》第51册，石家庄：河北省佛教协会影印，2005，第1039页。
④ 释慧皎撰，汤用彤校注《高僧传》，北京：中华书局，1992，第212页。
⑤ 陈舜俞：《庐山记》，《大正藏》第51册，石家庄：河北省佛教协会影印，2005，第1039页。

则称"晋寻阳庐山东寺昙邕""晋寻阳庐山东寺昙恒"。

由于慧远与慧永的亲密关系，兼之二寺毗邻而居，故两寺亦合称二林寺，以至于不分彼此。《名僧传抄·说处》记载有"庐山西林惠永惠远已后正教陵迟事"①，《高僧传》卷八《道慧传》称其仰慕东林慧远，恨生之晚，与友人智顺不远千里，来庐山瞻仰慧远遗迹，"憩庐山西寺，涉历三年"②。这些材料即是东西二林简称东西二寺，难分彼此的明证。

郑郁卿云："道慧慕慧远之德标，憩在西寺，其实慧远住的是龙泉寺。"③ 似是责怪道慧找错了地方，便是不明西寺即西林寺，且将东林寺与龙泉寺混淆的缘故。李幸玲则以"庐山西寺"为"东林寺西侧"，亦有隔靴搔痒之感。④ 其实，东林西林毗邻而建，可谓一体。慧远之墓居东林西侧，离西林寺反更近，所以道慧居住在西林，并不妨碍其观慧远遗迹。这种认识似只有亲临二林，方能体会。

东（林）、西（林）乃就方位相较而论，无东（林）寺之建，则"西（林）寺"之名毫无着落，是以可谓：无西（林）则无东（林）之建，无东（林）则无西（林）之名。西（林）之名，必是东（林）寺建后方有。《名僧传》中昙邕、昙恒皆称庐山东寺，慧远却仅题"晋寻阳庐山释惠远"，未言"东寺"或"东林寺"，但唐代李中《题庐山东寺远大师影堂》直云东林寺为东寺，则为我们提供了另一直接证据。

东林寺的建成，标志着慧远在庐山的正式扎根，也标志着庐山慧远教团的初步确立。

第二节　慧远教团中的僧众

慧远教团的成功，不仅在于它集合了当时一批优秀的僧人，而且吸引了当时全国各地的僧人来此学习、观化，传称："庐山徒属，莫匪英秀，

---

① 释宝唱撰，释宗性抄《名僧传抄》，《卍续藏经》第 134 册，台北：新文丰出版公司，1976，第 28 页。

② 释慧皎撰，汤用彤校注《高僧传》，北京：中华书局，1992，第 305 页。

③ 郑郁卿：《高僧传研究》，台北：文津出版社，1990，第 119 页。

④ 李幸玲：《庐山慧远研究》，台北：万卷楼图书股份有限公司，2007，第 429 页。

往反三千。"① 此外还吸引了一批士人、隐士聚集在他们周围，共同探讨人生的意义，追寻生前逝后的秘密。因此，慧远教团是一个以僧团为核心，以一批优婆塞、檀越和同情者为外围组成的庞大教团。以下我们简单分析一下慧远教团中的僧众。

一　本山僧人

慧远教团的主要成分仍是僧人，但僧人亦可以分成几个部分。首先是本山僧人，即出身于此或依归于此的僧人。这中间首先是和慧远一起从襄阳过来的"数十人"，其次是后来慧远陆续招收的弟子，如僧济、昙邕、慧要等。

当襄阳被围，道安分张徒众之时，跟随慧远一起的有慧持等人。"远于是与弟子数十人，南适荆州，住上明寺。"② 这数十人中，应当不包括同到荆州的法遇、昙徽等人，因为他们不是慧远的弟子。但从襄阳出发的数十人中，亦可能有部分人并未到达庐山。到达庐山的这部分弟子，除慧持、法净、法领等人外，名字已不可考。法净、法领详见第八章，此处略述慧持行踪。

慧持为慧远之弟，年弱于慧远三岁，少时读书、服事道安、下襄阳、往荆州，后至庐山，皆随远共行止，两人是形影不离的兄弟。王珣曾经写信给当时的豫章太守范宁，询问慧远和慧持二人谁更胜一筹。范宁认为实难分辨，回信说："诚为贤兄弟也。" 兖州刺史王恭也曾致书沙门僧检询问慧远、慧持兄弟二人相比，"至德何如"？僧检回答说："远、持兄弟也，绰绰焉信有道风矣。"兄弟二人成为当时教团中的佳话。

慧持在庐山支持和参与慧远主持的许多活动，如翻译经典、讲解佛法等，成为庐山教团的中坚。他身高八尺，风神俊爽，时称："庐山徒属，莫匪英秀，往反三千。皆以（慧）持为称首。"③ 但是和慧远足不出山、镇守东林的形象不同，慧持更像一位外交官，四处游学，结交各地的僧尼、

① 释慧皎撰，汤用彤校注《高僧传》，北京：中华书局，1992，第229页。
② 释慧皎撰，汤用彤校注《高僧传》，北京：中华书局，1992，第212页。
③ 释慧皎撰，汤用彤校注《高僧传》，北京：中华书局，1992，第229页。

居士、儒士、官员等，既参加译经活动，亦讲解经典，这和当时许多义学僧人游方观化的潮流是一致的。慧持和慧远二人在当时庐山教团中似乎形成了一主外、一主内的默契格局。

慧持和慧远有一位姑姑，嫁为同郡解直妻。解直出为寻阳县令，不幸病亡，她乃出家在江夏，法名道仪。道仪亦是一代高尼，释宝唱之《比丘尼传》中有传。她听闻京师建康盛于佛法，想要去观化游学。慧持亦有四处云游观化的想法，于是在太元末年，当即396年，陪送姑姑来到建康。道仪住京师何后寺，慧持住东安寺。

当时的建康作为京城吸引了不少西域和各地的高僧，京城的王公大族也多热心于佛教义学和施舍事业，如王氏家族中的王珣和弟弟王珉曾将自己的虎丘别墅舍为佛寺。史载王珣荷持正法，建立精舍，广招学众。隆安元年（397），僧伽提婆在庐山翻译完《阿毗昙心》和《三法度经》，恰好也来到建康。王珣乃请僧伽提婆在其家中讲《阿毗昙心》。此年冬天，王珣又聚集京城有名的义学僧人四十多人，恭请提婆等人重译《中阿含》等经典。此次译经活动，由擅长四含经典的罽宾沙门僧伽罗叉手执梵本，提婆翻为晋言，并特别邀请慧持最后审定成汉文。因为慧持与提婆早已在庐山结下深厚友谊，一起合作翻译过佛经。二人在此相聚，合作自然非常愉快。和提婆等人一起翻译佛经的活动一直持续到次年夏天，慧持方回到庐山。

豫章太守范宁曾邀请慧持去讲《法华经》《阿毗昙心》，四方僧尼、信众和名士都赶来听讲。范宁，字武子，是东晋有名的儒士。范宁曾上书讲辟雍、明堂之制，崇儒抑俗，著论以王弼、何晏二人之罪深于桀纣，是历史上较早提出"清谈误国"的思想家。他在朝指斥朝士，直言不讳。他的外甥王国宝因为谄事司马道子而惧怕范宁弹劾，所以先在司马道子面前谗毁范宁，范宁因而出任豫章太守。范宁在豫章郡兴办学校，课读五经，改革旧制，不拘常宪。他还派人远到交州采办磐石，起造学台，以供学校之用，并用自己的俸禄供给办学经费，远近来求学的四姓子弟多达千余人。雁门周续之，与慧持同乡，当时年仅十二，流落南方，于是投靠到范宁所办学校受业。周续之在此学习数年，通五经、纬候诸书，名冠同门，号为"颜子"。后来周续之又投到庐山，拜慧远、慧持等人为师，与同在庐山的刘遗民和陶渊明号为"寻阳三隐"。续之在庐山不仅学习佛教修行，也从慧远学习儒家经典特别是礼学。续之这位儒门颜子能和庐山佛教结下因缘和慧持在豫章的佛教活动有很大关系。

"毗昙"是梵文音译"阿毗昙"（"阿毗达摩"）的略称，意译"无比法""对法"。原是指佛教三藏中的论藏部分，有大小乘之分。在中国佛教史上，则特指小乘系统用解释"法相"的方法以发挥佛理的论著，属于有部之学，研究这类论著的学问被称为"毗昙学"。慧远等人的老师道安就曾弘传过毗昙，僧伽提婆在庐山应慧远之请重译《阿毗昙心》，慧远为之作序。当时在庐山的慧持、道生、道慈等都曾钻研毗昙之学，经过慧远的表彰和王珣等贵族的推阐，毗昙之学在南朝得到繁盛发展。所以，范宁邀请慧持前去讲解毗昙经。

慧持的佛教活动为庐山教团赢得了荣誉，也为他自己赢得了荣誉。远在长安的鸠摩罗什致信问候，结为法友。正在事业顶峰的慧持决心不断突破自己，所以大约从豫章回来不久，即隆安三年（399），决心到四川蜀地去弘传佛法。慧持到达四川后，住龙渊精舍，晋义熙八年（412）卒于寺中。慧持的弟子道泓、昙兰等人都能继承师父遗志，谨守戒律，弘扬佛法。慧持在蜀地的弘法活动巩固了道安一系在蜀地的地位，对蜀中佛教有着深远的影响。

在慧远来庐山后招收的弟子中，有名者有僧济、法安、昙顺、僧彻、道敬、慧要等人。

释僧济，传见《高僧传》卷六，籍贯未详，晋太元中来庐山，是较早入山的僧人之一。僧济从慧远受学，佛教大小诸经及儒家经典，皆能贯通。方过而立之年，便能出邑开讲，历当元匠，深受慧远器重。慧远曾对僧济讲："共吾弘佛法者，尔其人乎?!"僧济后在山中感染重病，慧远授其观想念佛法门，手执一烛，建心安养，竟诸漏刻。又使众僧夜集，为转《无量寿经》。僧济至夜半梦见自秉一烛，乘虚而行，得见无量寿佛，不觉欻然而觉。次日清晨往生，春秋四十有五。

释法安，传见《高僧传》卷六，一名慈钦，籍贯亦不详。从慧远而学，善戒行，讲说众经而兼习禅业。晋义熙中离开庐山，四处游化。法安曾至阳新县境①，其县方闹虎灾，法安宿于县中大社树下，通夜坐禅。夜半虎来，法安为虎说法授戒，自此虎灾弥息，遂传于一县，士庶宗奉。百姓因改神庙为寺，祈请法安住寺，又将左右田园皆舍为众业。慧远在庐山铸佛，法安曾赠铜相助，后不知所终。

昙顺，传见《高僧传》卷六，本黄龙人，受业鸠摩罗什，后到庐山师事慧远。南蛮校尉刘遵于江陵立竹林寺，请慧远派遣僧人住持，慧远派遣昙顺前往。昙顺德行高远，至竹林寺后，专心义学，使之成为荆州名寺。

僧彻，传见《高僧传》卷七，本晋阳王氏之后，少孤，寓居襄阳。因慕慧远之名，僧彻十六岁入庐山拜师，问答颇得慧远之心。慧远问："宁有出家意也？"僧彻对曰："远尘离俗，固其本心。绳墨镕钩，更唯匠者。"意思是本心是要远离尘俗，出家为僧，但要真正得道，成为合格僧才，尚待高僧教化指点。慧远评价说："君能入道，当得无畏法门。"僧彻在慧远门下受业，尤精《般若》经典，至年二十四，得讲《小品》，听者无以折其锋。僧彻又文采斐然，颇有名士风度，善为长啸。慧远亡后，僧彻住江陵五层寺，后移琵琶寺。

道敬，传见《高僧传》卷十三，王羲之曾孙，欲拜慧远为师，以其年幼，未之许也。道敬临虚投险，以身易志，慧远乃奇而纳焉。慧远卒后，道敬往住若耶山。②

慧要，传附《高僧传》卷六，此弟子颇有特点，亦解经律，而尤长巧思。尝于泉水中立十二叶芙蓉，制作机关，因流波转，以定十二时。又作

---

① 《高僧传》作"新阳县"，汤用彤校云："《冥祥记》作阳新县。"（北京：中华书局，1992，第236页）未加判断。历史上"新阳县"有多处：山东兖州府境有一，原为侯国，南朝宋始置县；安徽太和县西北有一，汉置而晋废；湖北京山县内有一，南朝宋始置，时间皆不合，余几处"新阳县"亦多类此。惟今甘肃秦安县东南之"新阳县"，当时属天水郡（《晋书·地理志上》），但时间虽合，而地离庐山太远，于法安助慧远铸铜佛，事理不甚相合。而武昌郡之"阳新县"（《晋书·地理志下》）不仅时间相合，且阳新与庐山仅一江之隔，礼送铜钟，助师造佛，实为相宜，且与《高僧传》后文武昌太守熊无患借视铜钟相应。孔祥军《〈高僧传〉弘法起信考》（《南京晓庄学院学报》2005年第3期）谓："校注本正文作'新阳'，而汤氏校记云：'《冥祥记》作阳新县'，查《晋书·地理志上》'新阳'乃西晋时天水郡属县，此时已为东晋，显误；又据《晋书·地理志下》'阳新'属武昌郡，本传又载武昌太守向其索借铜钟云云，则可证明其与武昌之关系，故应从《冥祥记》为'阳新'。"

② 张畅《若耶山敬法师诔（并序）》及《十八贤传》载其事迹较详，可参看。

木鸢，能飞数百步。

昙恒，《名僧传》有目失传，《高僧传》记慧远有弟子道恒，或即此人。《十八贤传》载此人为河东人，童孺依慧远出家，年甫十三，便能讲说。内外典籍，无不通贯。义熙十四年卒，春秋七十二。

道昞，《名僧传》《高僧传》皆不载此人，唯《十八贤传》谓其颍川人，陈氏，幼出家为慧远弟子。该通经律，兼明《庄》《老》。志节孤峻，言与行合。义熙十四年，豫章太守王虔，入山谒敬，请为山中主，用绍慧远之席。

《高僧传》卷六曾集中记录了慧远及其弟子数人，于道祖传后总结说，其他尚有昙诜、法幽、道授等百余人，或义解深明，或匡拯众事，或戒行清高，或禅思深入，并名振当世。慧远的这些弟子，有的一直追随他，即所谓"本山僧人"，有的则学成之后，各归本寺，或继续远游，此即下节所谓"游方僧人"。

二 游方僧人

"游方"一词，语出《庄子·大宗师》："孔子曰：'彼，游方之外者也；而丘，游方之内者也。'"游于方内，意指处在尘世之中。僧人在世间云游，或为学习，或为劝化，用"游方"一词，颇为恰当。

汤用彤乃云："往西域者谓之游方。《僧传·智猛传》云：'余历寻游方沙门，记列道路，时或不同'云。又据慧皎自序云，僧宝有《游方沙门传》，此乃义净《求法高僧传》之类也。"① 其实，西域求法，此特游方之大者，但谓游方即往西域求法则误。如释道安未曾至西域，而其师"为受具戒，恣其游方"②，又如竺僧朗"少而游方问道，长还关中"③，释僧厚"具戒之后，游方观化"④，等等。此诸僧皆未往西域也。至于天竺沙门来东土，亦可云游方，如"天竺沙门昙无谶，广学博见，道俗兼综，游方观化，先在敦煌"⑤。至此可明，游方泛指僧人出离本寺，四处云游，多为历

---

① 汤用彤：《汉魏两晋南北朝佛教史》，武汉：武汉大学出版社，2008，第257页。
② 释僧祐撰，苏晋仁、萧炼子点校《出三藏记集》，北京：中华书局，1995，第561页。
③ 释慧皎撰，汤用彤校注《高僧传》，北京：中华书局，1992，第190页。
④ 释慧皎撰，汤用彤校注《高僧传》，北京：中华书局，1992，第472页。
⑤ 释僧祐撰，苏晋仁、萧炼子点校《出三藏记集》，北京：中华书局，1995，第315页。

练学习，亦可云观化。观化者，观察大千世界之造化、变化，《庄子·至乐》："且吾与子观化而化及我，我又何恶焉！"僧人出家，仅在本寺和本师门下，难有大的进展，所以需要到各处去拜访名师，并观察各地风土人情，世间冷暖，所以这个时间多在具戒之后。有成就之高僧亦可游方观化，其主要目的则在弘法传教。

庐山是东晋后期佛教名山，自然成为众游方僧目的地之一。在这些游方僧中，大略又可分为两类：一类是学有所成之高僧，其游方之目的多在弘法观化；另一类则是青年学僧，其目的则专在游学观化。游方僧和本山僧在庐山和谐居住，共同为庐山佛教发展做出了贡献。来庐山弘法观化之高僧，以僧伽提婆与佛驮跋陀罗名最高，详见后文，此节特就数位著名的游学僧略作梳理。

释宝云，河北人，精勤有学行，《高僧传》称其"志韵刚洁，不偶于世"。太元十四年（389）入庐山，年仅十八岁。当时正值东林寺建造般若台，宝云和大家一起挑土运石，投入劳动。或许是因为年轻气盛的缘故，一次，宝云搬运石头时，误中一头牛犊致死。宝云觉得自己犯了大戒，惭恨惆怅，弥历年所。[①]

隆安元年（397），宝云已在庐山幽栖七年，佛学精进，视野更加开阔，提婆等西域僧人讲述的西方佛法情形让他心生向往，法净等人西去取经已经五年。宝云希望也能够亲自到西域甚至天竺去瞻仰佛迹，广寻佛经，便于此年，踏上西去的征程。宝云涉履流沙，登踰雪岭，与法显、智严先后相随，到达于阗和天竺诸国，备睹灵异。在陀历国，宝云看到高达八丈的金箔弥勒成佛像，在罗刹国的郊野，宝云有幸听到天鼓之音，还在天竺瞻仰了多处释迦影迹。更为难得的是，宝云在外域遍学梵书，天竺诸国的音字训诂，他都运用娴熟，深通其理，为他以后翻译佛经奠定了良好基础。

在西域游方观化大约七年时间，宝云和佛驮跋陀罗、智严等人一起回到中土长安。在长安，宝云随佛驮跋陀罗学习禅道。不久，佛驮跋陀罗为

---

① 宝云至庐山求学事见《名僧传抄》卷二十六（《卍续藏经》第134册，台北：新文丰出版公司，1976，第25~26页），而不载于《高僧传》。汤用彤校注《高僧传》注引《名僧传抄》云宝云到庐山时间为"太元四年"，当是抄误。以下道祖、道生、慧观事迹见《高僧传》。

秦僧所摈，宝云亦一起离开长安。由于宝云等原庐山弟子的推荐，佛驮跋陀罗等人来到庐山。

重回庐山，宝云协助佛驮跋陀罗在般若台翻译了禅法经典。慧远大师专门写信给长安，调解佛驮跋陀罗等人和长安僧团之间的关系，这使得宝云和佛驮跋陀罗等人与各地僧团之间的关系能够恢复正常。旧地重游，宝云在庐山度过了一段愉快的时光。佛驮跋陀罗在庐山住了一年多时间，于412年到江陵等地游化，宝云、慧观等人随侍，后一起到京师安止道场寺。

宝云精通梵汉语言，与佛驮跋陀罗等人翻译了众多佛经，当时所出诸经，多由宝云治定，传称："江左译梵，莫逾于云。"宝云性好幽居，辞别京师，居六合山寺。后来同学慧观临往生前，请他到道场寺住持，宝云不得已在道场居住了一年有余，又回到六合寺。元嘉二十六年（449），宝云终于六合山寺，春秋七十有四，是少有的几位列入《高僧传》译经传中的汉地僧人。

释道祖，本为吴郡台寺支法济弟子，后与僧迁、道流等人在庐山求学七年，并在山中受戒。他们在庐山各随所习，日有其新，深得慧远喜爱。僧迁、道流不幸早逝，道流在庐山尚编有佛经目录，惜未成功，后为道祖续成。此经目共有四卷，即《魏世录目》《吴世录目》《晋世杂录》《河西录目》（一名《凉录》），合称《众经录》。《众经录》编成后，和庐山佛经一起流传各地，成为当时义学僧人的至宝。《众经录》是我国第一部断代佛教经录，梁启超、姚名达对之评价甚高。[①] 道祖后至建康名寺瓦官寺。瓦官寺是道安师弟，即慧远师叔法汰曾住之寺，道祖在此寺讲说佛经，备受崇敬，当时的权臣桓玄也常来观听。桓玄曾与慧远法师有过交往，感叹慧远法师是平生未见之人，所以，桓玄在听过道祖讲经后，不禁把他和慧远法师做比较，对人赞叹道："道祖后发，愈于远公，但儒博不逮耳。"晋安帝元兴元年（402），桓玄当权，在朝廷发起沙门应敬王者之议，并特地给慧远法师寄去一封信。慧远法师回了一封长信，指出沙门乃尘外之人，不应致敬王者。道祖在京师瓦官寺支持慧远等人的主张，为了抗议桓玄，

---

① 梁启超：《佛家经录在中国目录学之位置》，《佛学研究十八篇》，上海：上海古籍出版社，2001；姚名达：《中国目录学史》，上海：上海古籍出版社，2005。

他辞别京师，回到吴郡台寺。道祖在台寺讲道弘法，绝迹人事，元熙元年（419）往生，春秋七十二岁。①

竺道生，俗姓魏，巨鹿人。道生家世士族，寓居彭城。父亲曾为广戚令，笃信佛法，乐善好施，乡里称为善人。道生幼而颖悟，聪哲若神，深得父亲喜爱，视为异人。后遇到竺法汰大师，遂改俗归依，伏膺受业，这使得道生一开始就与庐山慧远教团结下缘分。

道生在法汰指导下，研味句义，即自开解，学问精进，志学之年，便能登台讲座。年至具戒，器鉴日深。竺法汰于太元十二年（387）逝世，道生在瓦官寺继续学习了几年，决心四处观化，增进学问。他素闻慧远大师为道安大师最得意之弟子，在庐山精进佛学，建般若台，集合了众多高僧，所以决心到庐山问道。

道生在庐山幽栖七年，常以入道之要，慧解为本，所以对佛教各种经典都刻苦钻研，并从慧远大师等人学习其他杂论。道生在庐山不仅学习到提婆等人小乘学问，还深受庐山僧团严谨守律之风感染，他在庐山还看到宝云等人西去求经的不惮疲苦，所以决心离开庐山，继续游学。这次，他选择了当时另一个佛教中心，鸠摩罗什领导的长安僧团。

道生和慧睿、慧严等人一起到达长安，成为鸠摩罗什门下著名的弟子，时人称之曰："通情则生、融上首，精难则观、肇第一。"② 其中生即道生，融指道融，观指慧观，肇指僧肇，道生、慧观都是从庐山走出来的优秀僧人。

道生在长安学习了大约三五年时间，重新回到京师，时当义熙五年（409）。在回建康途中，大约是义熙四年，他特意来到庐山，看望昔日师友，并带回僧肇《般若无知论》。般若学是道安、慧远一系的重要学问，据历史记载，道安、慧远都是当时般若本无宗的代表。僧肇《般若无知论》用中国人自己的思维和语言，深刻地阐释了印度佛教般若的真实奥义，深得慧远大师和刘遗民等人赞赏。

---

① 《历代编年释氏通鉴》卷三谓"寿七十三"，《卍续藏经》第 131 册，台北：新文丰出版公司，1976，第 806 页。
② 释慧皎撰，汤用彤校注《高僧传》，北京：中华书局，1992，第 264 页。

　　道生在京师住青园寺，深得宋太祖文皇帝的敬重。他深研佛经，新悟颇多，深感旧僧囿于经文，而对佛教大义却不能理解，喟然叹曰："夫象以尽意，得意则象忘。言以诠理，入理则言息。"道生依据佛典，得出两个著名结论："善不受报""顿悟成佛"。此外又著《二谛论》《佛性当有论》《法身无色论》《佛无净土论》《应有缘论》等，这些著述对当时的旧说进行了全面批判，遭到守文之徒的嫌嫉。当时法显带六卷本《泥洹经》抵达京师，道生读后，从中推论：阿阐提人亦得成佛。此时，全本《泥洹经》尚未得见，众僧均怀疑道生的结论。于是，守旧之僧借此机会，将道生摈遣出都。道生坚守自己的理念，当众发誓说："若我所说反于经义者，请于现身即表厉疾。若与实相不相违背者，愿舍寿之时据师子座。"然后，拂衣而游。

　　道生先至吴地虎丘山，最后仍然选择了庐山。庐山开放的学风曾经接纳了被秦地旧僧排斥的佛驮跋陀罗，这时又敞开怀抱接纳了道生。此时的庐山，慧远虽然已逝，但道风依旧。道生本是庐山高徒，此时佛学大成的他在庐山为昔日同门和新进讲解佛法，深得大家敬服。不久，大本《涅槃经》传到京师，里面果然有阐提悉有佛性的话，同道生之说合若符契。宋元嘉十一年（434）冬十一月庚子，道生在庐山精舍升于法座，为大家讲解《涅槃经》，他神色开朗，论议数番，穷理尽妙，观听之众，莫不悟悦。快要讲解完毕时，手中的麈尾悄然坠落。只见道生端坐正容，隐几而卒。

　　释慧观，俗姓崔，清河人，十岁即以博见驰名，弱冠出家，游方受业。后来到庐山，从慧远学习佛学，大约与道生等人同时。慧观与道生、慧睿、慧严等人最为相契，他们在庐山共同学习，互相砥砺，佛学日进，后又一同到长安游学。

　　在长安，慧观学习《法华》等佛学经典，精通佛理，与僧肇齐名，时人称："通情则生、融上首，精难则观、肇第一。"但慧观主要跟随佛驮跋陀罗学习禅法，所以当佛驮跋陀罗被长安僧团摈出时，他和宝云等人随佛驮跋陀罗一同离开长安，回到庐山。①

----

①　慧观本传称其在鸠摩罗什亡后，"乃南适荆州"，但佛驮跋陀罗本传则称其在江陵陪侍跋陀罗左右。

慧观不仅在佛学上有精深的见解，而且和慧远大师一样，有较高的组织才能。佛驮跋陀罗在江南弘法能够顺利进行，和慧观有很大关系。佛驮跋陀罗离开庐山，到江陵一带观化，慧观、宝云等人都曾陪同。在江陵，慧观等人得到司马休之的崇敬。司马休之为慧观等人建高悝寺。后来宋武帝攻打司马休之，来到江陵，对慧观亦十分敬重，并让后来为宋文帝的刘义隆与慧观结交。慧观因为这个缘故，回到京师，住在道场寺。

慧观因为和僧伽提婆、鸠摩罗什、佛驮跋陀罗等西域人过从甚多，所以对佛经翻译亦十分重视，组织了多部经典的翻译活动，为佛经翻译做出了巨大贡献。他曾请律师昙摩流支下京师未果，在荆州时，将卑摩罗叉翻译的《十诵律》六十一卷，审其所制内禁轻重，别撰为二卷，送还京师。当时僧尼披习，竞相传写，纸贵如玉。为寻找《涅槃经》后分，慧观请宋高祖（宋武帝）资助沙门道普等十人西行寻经。慧观还迎请了西域沙门求那跋摩、僧伽跋摩、求那跋陀罗等人，翻译佛经多部，并亲自笔受了《杂阿毗昙心》《胜鬘楞伽经》等经典。慧观卒于宋元嘉（424～453）中，春秋七十有一。

宝云、道祖、僧迁、道流、道生、慧观、慧睿、慧严这些游学僧在庐山游学观化，后来都成为一方高僧，庐山僧团为当时的佛学界培养了一大批优秀僧才。

第三节　慧远教团中的居士

庐山因为慧远的住持，不仅成为当时南方的佛教中心，亦成为当时的文化中心。其作为中心的重要表现之一，即在于庐山不仅吸引了各地僧众前来学习求法，亦吸引了众多居士。他们来此地或为求得心灵之安顿，或为求得真理之明晰，或为一睹高僧之风采，等等。总之，大家因为庐山，因为慧远，走到了一起。《出三藏记集》谓："（慧远）于是率众修道，昏晓不绝，释迦余化，于斯复兴。既而谨律息心之士，绝尘清信之宾，并不期而至，望风遥集。"[①]

---

① 释僧祐撰，苏晋仁、萧炼子点校《出三藏记集》，北京：中华书局，1995，第567页。

　　所谓"清信之宾"，即指受戒之在家二众，亦称居士。释迦牟尼成道后即广收僧俗男女弟子，出家者为僧尼（比丘、比丘尼），在家者为居士（优婆塞、优婆夷）。"优婆塞""优婆夷"，意译为"清信士（近事男、近善男、善宿男）"或"清信女（近事女、近善女、善宿女）"，意思是亲近事奉三宝的人。僧伽为三宝之一，具有住持佛教，摄受、教化居士之责，居士则具有礼敬、供养三宝，护持佛教之责。居士既是僧团教化、引导的对象，又是僧团的僧源所在和生存、发展的支柱。居士佛教与僧伽佛教一样，是中国佛教的重要组成部分，与僧伽佛教一起共同推动了中国佛教的发展。

一　居士缘起

　　早期小乘佛教时期，居士实际是指四种姓中的吠舍种姓，他们主要从事手工业和商业活动。《佛说长阿含经》卷二十二记载："由此因缘，世间有婆罗门种。彼众生中，习种种业，以自营生，因是故，世间有居士种。彼众生中习诸技艺，以自生活，因是世间有首陀罗种。世间先有此释种出已，然后有沙门种。刹利种中，有人自思惟：世间恩爱，污秽不净，何足贪著也！于是舍家，剃除须发，法服求道：我是沙门，我是沙门。婆罗门种、居士种、首陀罗种众中，有人自思惟，世间恩爱，污秽不净，何足贪著！于是舍家，剃除须发，法服求道：我是沙门，我是沙门。"[①] 在吠舍种姓中，信仰佛教的比较多，因而，居士种或居士在《长阿含经》中具有与吠舍同等的含义。

　　释迦时代，凡聚集财富、享有地位的，通称为长者，因此，居士与长者具有共同的内涵；或者可以说，居士即源于长者。居士出自梵文或巴利文，其音译为迦罗越，意即长者。事实上，依照有关经典所说，释迦成佛后，在宣传佛法的过程中，一再受到各地长者的资助，这些长者也就是原始佛教时期的居士。

　　据佛经记载，释迦牟尼在佛陀伽耶的菩提树下获得觉悟后，先将当初

---

① 　佛陀耶舍共竺佛念译《佛说长阿含经》，《大正藏》第 1 册，石家庄：河北省佛教协会影印，2005，第 149 页。

与之共修苦行的五位伙伴度为僧人。他们成为释迦的首批出家弟子，形成最初的僧团。不久，波罗奈斯某长者之子耶舍亦出家，加入僧团。耶舍出家后，长者怀念其子，来到释迦说法之处，亦为释迦教义所折服，乃皈依佛法，成为最早的在家信徒居士。

在大乘佛教的经论中，上述观点出现了较大变化，主要以"居舍之士"来解释居士，即居于里巷之中的白衣、布衣、平民，他们不仅与国王、大臣相区别，且与长者不同，居士不再与长者属同一含义的概念。这在《大智度论》卷九十八中说得更明确："婆罗门，性中生，受戒故，名婆罗门，除此，通名居士。居士真是居舍之士，非四姓中居士。"① 在这里，居士泛指"居舍之士"，它与种姓无关；所谓"非四姓中居士"，意即居士不同于长者，与长者概念相区别。

居士佛教发端于原始佛教，但它真正成为一种潮流，则是在大乘佛教时期。吕澂指出："小乘认为要实现自己的理想，非出家过禁欲生活不可；而大乘，特别在其初期，则以居家的信徒为主。并且有些事只有在家才具备条件去做，例如布施中的财施，出家人不许集财，就不能实行。因此，大乘一开始，很重视在家，不提倡出家。"② 所以，维摩诘这样的居士在中国特别受到推崇。

可见，居士概念的内涵，在从原始佛教到大乘佛教的发展过程中，经历了若干变化，其中最突出的一点，是它与种姓观念的决裂，并且脱离了原本与长者紧密联系的规范。这种变化意味着，印度佛教在自身演变的过程中，其社会基础不断扩大，因而其教义和思想亦不断世间化、民众化。而在佛教传入中国之后，又因与中国传统文化相结合而有不同的含义。

在我国古代文献中，"居士"是指有道艺而隐居不仕者。《礼记·玉藻篇》有"居士锦带，弟子缟带"一语，郑玄释"居士"义为"道艺处士"。而所谓"处士"，即指有才德而隐居不仕者，如《荀子·非十二子》云："古之所谓处士者，德盛者也，能静者也，修正者也，知命者也，箸

---

① 龙树造、鸠摩罗什译《大智度论》，《大正藏》第 25 册，石家庄：河北省佛教协会影印，2005，第 742 页。

② 吕澂：《印度佛学源流略讲》，上海：上海人民出版社，1979，第 79 页。

是者也。"《韩非子·外储说左》论"居士"云:"齐有居士田仲者,宋人
屈谷见之,曰:'谷闻先生之义,不恃仰人而食。'"可见,我国固有居士
有两层含义,"居",即隐居不仕;"士",即有学有术。

佛教传入中国之初,就开始用"居士"来意译优婆塞、优婆夷,此固
有"格义"之弊,但中国之"居士"当然具有中国居士之风范,这大概即
是译僧想到"居士"一词的缘故。《高僧传》记载安世高有一封信,其中
云:"尊吾道者居士陈慧,传禅经者比丘僧会。"① 此将居士与比丘并举,
自是以居士指优婆塞陈慧。《广弘明集》载慧远法师书,亦云:"见君与周
居士往复,足为宾主。"② 此亦以居士指优婆塞周续之。但佛门中人仍然强
调居士的财富地位,僧肇《注维摩诘经》云:"什曰:'外国白衣多财富乐
者,名为居士。'"③

总之,佛教之居士产生甚早,谓与僧伽同时亦非不可。其在中国之含
义则除皈依佛门,受持五戒之外,特加上"有道不仕"之含义,颇具道德
意味。因此一层,出于对世俗人士的尊重,中国僧人乃对于一般俗世之人
亦称"居士",则近于一种敬称了。是以,中国语境中的居士有狭义与广
义两种界定,狭义之居士,即受持五戒之居家修道者,广义之居士则可指
称出家人之外的所有人。今为讨论方便计,对居士做以下界定:

第一,受持五戒之居家修道者;

第二,虽未受戒,但对佛教保持亲近好感,或同情支持者;

第三,其他与佛教有一般交往,甚至有限制、反对之意见者不列为居
士范畴。④

---

① 释慧皎撰,汤用彤校注《高僧传》,北京:中华书局,1992,第7页。

② 释道宣:《广弘明集》,《大正藏》第52册,石家庄:河北省佛教协会影印,2005,第
224页。

③ 僧肇:《注维摩诘经》,《大正藏》第38册,石家庄:河北省佛教协会影印,2005,第
340页。

④ 纪志昌《两晋佛教居士研究》、曾惠苑《东晋庐山教团之居士群研究》、潘桂明《中国居
士佛教史》皆取广义居士标准。任继愈为潘桂明《中国居士佛教史》所撰序言中论及佛
教势力的三个层次:"佛教僧团""居士""普通佛教信众",笔者以为后二者似正是居士
的狭义和广义之别。但纪、曾、潘三书(文)在具体论述中常将桓玄等人与一般居士混
同,笔者则认为,桓玄等人与僧徒的交往,是一般交往,谈不上对佛教的信仰或好感,
甚而对佛教有所限制,不宜纳入居士范畴,讨论时应予以区别。

二　山中诸贤

首先到庐山的清信之宾为彭城刘遗民。关于刘遗民，有慧远《与隐士刘遗民等书》，载于《广弘明集》，文云：

彭城刘遗民，以晋太元中，除宜昌、柴桑二县令。值庐山灵邃，足以往而不反。遇沙门释慧远，可以服膺。丁母忧，去职入山，遂有终焉之志。于西林涧北，别立禅坊，养志闲处，安贫不营货利。是时闲退之士轻举而集者，若宗炳、张野、周续之、雷次宗之徒，咸在会焉。遗民与群贤游处，研精玄理，以此永日。远乃遗其书曰："每寻畴昔，游心世典，以为当年之华苑也。及见老庄，悟名教是应变之虚谈耳。以今而观，则知沈冥之趣，岂得不以佛理为先？苟会之有宗，则百家同致。君诸人并为如来贤弟子也，策名神府，为日已久。徒积怀远之兴，而乏因籍之资，以此永年，岂所以励其宿心哉？意谓六斋日，宜简绝常务，专心空门。然后津寄之情笃，来生之计深矣。若染翰缀文，可托兴于此。虽言生于不足，然非言无以畅一诣之感。因骥之喻，亦何必远寄古人？"于是山居道俗，日加策励。遗民精勤遍至，具持禁戒，宗、张等所不及。专念禅坐，始涉半年，定中见佛。行路遇像，佛于空现，光照天地，皆作金色。又披袈裟，在宝池浴。出定已，请僧读经，愿速舍命。在山一十五年，自知亡日，与众别已，都无疾苦。至期西面端坐，敛手气绝，年五十有七。先作笃终诫曰："皇甫谧遗论佩《孝经》，示不忘孝道，盖似有意小儿之行事。今即土为墓，勿用棺椁。"子雍从之。周续之等，筑室相次，各有芳绩，如别所云。[①]

依此文，刘遗民为彭城人，曾为宜昌、柴桑等地县令，因与慧远有交，服膺有加。丁母忧为他去职入山提供了机遇，于是皈依佛门，受五戒而为优婆塞，于西林涧北，别立禅坊。刘遗民与群贤游处，研精玄理，颇

---

① 释道宣：《广弘明集》，《大正藏》第 52 册，石家庄：河北省佛教协会影印，2005，第304 页。

有成就，曾与僧肇论佛理，《肇论》中尚保存着二人的通信记录。可见他是当时居士中佛理研究得最好的人，所以深得慧远器重，专门写信给他。信中用自己的切身经历，实际也是二人的共同经历，即由儒家世典至老庄，由老庄而佛理之变换，来谆谆诱导诸居士"简绝常务，专心空门"，为"来生之计"。后来，慧远集一百二十三人建斋立誓，期生西方，也是委托刘遗民作的发愿文。刘遗民在山十五年，卒年五十七。

唐元康作《肇论疏》，曾对其中所载刘遗民致僧肇书注疏云：

> 庐山远法师作《刘公传》云："刘程之，字仲思，彭城人，汉楚元王裔也。承积庆之重粹，体方外之虚心。百家渊谈，靡不游目。精研佛理，以期尽妙。陈郡殷仲文，谯国桓玄，诸有心之士，莫不崇。拭禄寻阳柴桑，以为入山之资。未旋几时，桓玄东下，格称永始。递谋始，刘便命孥，考室林薮。义熙公侯咸辟命，皆逊辞以免。九年，大尉刘公知其野志冲邈，乃以高尚人望相礼，遂其放心。居山十有二年，卒有说云。"入山已后，自谓是国家遗弃之民，故改名遗民也。初生法师入关，从什法师禀学，后还庐山。得《无知论》，以示刘公。刘公以呈远法师，因共研尽，遂致此书。问其幽隐处，虽言迹在于刘公，亦是远法师之意也。①

刘遗民卒在慧远之前，以二人之深交，慧远为作《刘公传》确有可能。依元康所转述，与《广弘明集》所载基本一致，惟一云居山十五年，一云十二年，疑计算起点不一。

据《隋书·经籍志》及《旧唐书·经籍志》《新唐书·艺文志》《经典释文》等书，刘遗民著有《刘遗民集》五卷，《录》一卷，《老子玄谱》一卷。其他如《十八贤传》《居士传》之类记刘遗民事亦颇多，时远境迁，不可尽凭，此不赘录。

与刘遗民齐名者有周续之。周续之，《宋书》《南史》皆有传。《宋书》卷九十三《隐逸》载：

---

① 释元康：《肇论疏》，《大正藏》第45册，石家庄：河北省佛教协会影印，2005，第181页。

　　周续之，字道祖，雁门广武人也。其先过江居豫章建昌县。续之年八岁丧母，哀戚过于成人，奉兄如事父。豫章太守范宁于郡立学，招集生徒，远方至者甚众。续之年十二，诣宁受业。居学数年，通五经并纬候，名冠同门，号曰"颜子"。既而闲居读《老》《易》，入庐山事沙门释慧远。时彭城刘遗民遁迹庐山，陶渊明亦不应征命，谓之"寻阳三隐"。以为身不可遣，余累宜绝，遂终身不娶妻，布衣蔬食。①

　　周续之与慧远有同乡之谊。范宁于豫章立学，周续之为其高徒，名冠同门，号曰"颜子"。但范宁反对清谈，而对佛教似有同情，曾请庐山慧持前往讲经。范宁的这位弟子似受了感染，乃入庐山，师事慧远，与刘遗民、陶渊明并称"寻阳三隐"。周续之以为身不可遣，余累宜绝，遂终身不娶妻，布衣蔬食，这显然是信仰佛教的缘故，周续之当是受了五戒。戴逵作《释疑论》质疑报应之说，周续之作《难释疑论》代表庐山僧团回答，可见周续之亦是庐山僧团中重要一员。

　　但周续之和刘遗民仍有大不同。周续之本是儒士，只是因读了《老》《易》之书（或者还有范宁等人亲近慧远的感染）才入庐山的。而且周续之最崇拜的仍是嵇康，认为其《高士传》得出处之美，乃为之作注。他入庐山，虽官府屡征不就，但又颇与江州刺史从游，后屡应宋高祖（宋武帝）之请，并出讲儒经，开馆授徒，皆能符合高士出处之道，而与刘遗民有大不同。刘遗民临死遗言"即土为墓，勿用棺椁"，可谓一较彻底的佛教徒，而周续之则仍偏向于儒家，其在庐山不仅问佛理，亦问儒道。慧远年轻时对儒道皆有深入研究，居止庐山后，仍不废讲习。《高僧传》称："远内通佛理，外善群书，夫预学徒，莫不依拟。时远讲《丧服经》，雷次宗、宗炳等，并执卷承旨。"② 《经典释文》卷五《毛诗音义上》则云："周续之与雷次宗同受慧远法师《诗义》。"③ 正是周续之在庐山继续学习

---

① 沈约：《宋书》，北京：中华书局，1974，第 2280 页。
② 释慧皎撰，汤用彤校注《高僧传》，北京：中华书局，1992，第 221 页。
③ 陆德明撰，黄焯汇校《经典释文汇校》卷五，北京：中华书局，2006，第 119 页。

儒经之证。《宋书》本传称宋高祖北伐，曾迎周续之馆于安乐寺，为世子讲礼月余。"高祖践阼，复召之，乃尽室俱下。上为开馆东郭外，招集生徒。乘舆降幸，并见诸生，问续之《礼记》'傲不可长'、'与我九龄'、'射于矍圃'三义，辨析精奥，称为该通。"① 后又云其通《毛诗》六义及《礼论》《公羊传》，皆传于世。可见，周续之的后半生主要以儒生之身份出现，而其精通之《礼》与《诗》亦皆为慧远所擅长，故可想见，周续之在庐山对儒学亦有所得。

次有宗炳者，亦入《宋书》之《隐逸》。宗炳字少文，南阳涅阳人也。祖父宗承曾为宜都太守，父亲宗繇之曾为湘乡令。宗炳居丧过礼，为乡闾所称。刺史殷仲堪、桓玄并辟主簿，举秀才，不就。宋高祖曾欲辟为主簿，宗炳对曰："栖丘饮谷，三十余年。"宗炳妙善琴书，精于言理，每游山水，往辄忘归。征西长史王敬弘每从之，未尝不弥日也。可见他是一位遵守礼法而又善谈玄言，纵情山水，喜爱隐居的名士。

其传又云："乃下入庐山，就释慧远考寻文义。兄臧为南平太守，逼与俱还，乃于江陵三湖立宅，闲居无事。"② 这几句话又颇耐人寻味。首先，宗炳亲近慧远，遁入庐山之目的乃为考寻文义，《高僧传》称："远内通佛理，外善群书，夫预学徒，莫不依拟。时远讲《丧服经》，雷次宗、宗炳等，并执卷承旨。"承远而听经者，自然教内外人士皆有，此独举雷次宗、宗炳二人，正说明此二人是专为来学习《丧服经》的。此和刘遗民绝异，与周续之亦有不同。自然，慧远本亦是嘉遁之士，这一点二人是一致的。其次，宗炳的离山，是其兄"逼与俱还"，这说明，此一家族对佛教有不同意见。所以，宗炳在庐山时间不长，其《明佛论》云：

> 昔远和尚澄业庐山，余往憩五旬，高洁贞厉，理学精妙，固远流也。③

---

① 沈约：《宋书》，北京：中华书局，1974，第 2281 页
② 沈约：《宋书》，北京：中华书局，1974，第 2278 页。
③ 宗炳：《明佛论》，见释僧祐《弘明集》，《大正藏》第 52 册，石家庄：河北省佛教协会影印，2005，第 16 页。

宗炳亦通佛理。其妻罗氏，亦有高情，与宗炳甚是相谐，罗氏没，宗炳哀之过甚，既而辍哭寻理，悲情顿释，谓沙门释慧坚曰："死生不分，未易可达，三复至教，方能遣哀。"这显然是受了佛教的影响。但宗炳之亲近佛理，不如他的纵情山水。所以，他的兄弟宗臧乃能"逼与俱还"。《与隐士刘遗民等书》亦云："遗民精勤遍至，具持禁戒，宗、张等所不及。"此后，宗炳即在江陵三湖立宅，定居于此，后又西陟荆、巫，南登衡、岳。

宗炳一门颇多隐士，《南史》乃将其孙宗测、宗人子尚文、从父弟宗彧之与宗炳合传。宗测亦曾至庐山，并居住在宗炳所留的旧宅之中。史载他曾画永乐佛影台，又著有《庐山记》。

至于与宗炳同受慧远《丧服经》义的雷次宗，则又别有一番景象。

《宋书》云："雷次宗，字仲伦，豫章南昌人也。少入庐山，事沙门释慧远，笃志好学，尤明《三礼》、《毛诗》，隐退不交世务。"[1] 雷次宗是"少入庐山"，此与刘遗民等人大不同，所以，雷次宗入庐山，亦可谓是专为学习慧远之经义而来。上引《经典释文》已云周续之与雷次宗同受慧远法师《诗义》，《高僧传》谓慧远讲《丧服经》，雷次宗、宗炳并执卷承旨，后又云："次宗后别著义疏，首称雷氏，宗炳因寄书嘲之曰：'昔与足下共于释和上间，面受此义，今便题卷首称雷氏乎?'"[2] 由此可见，所谓雷次宗"尤明《三礼》、《毛诗》"，与慧远有绝大关系。

不过，可以肯定的是，雷次宗在庐山仍然受了佛教影响，尤其他以弱冠之年进入庐山，其与子侄书言："夫生之修短，咸有定分，定分之外，不可以智力求，但当于所禀之中，顺而勿率耳。吾少婴羸患，事钟养疾，为性好闲，志栖物表，故虽在童稚之年，已怀远迹之意。暨于弱冠，遂托业庐山，逮事释和尚。于时师友渊源，务训弘道，外慕等夷，内怀排发，于是洗气神明，玩心坟典，勉志勤躬，夜以继日。爰有山水之好，悟言之欢，实足以通理辅性，成夫亹亹之业，乐以忘忧，不知朝日之晏矣。自游道餐风，二十余载，渊匠既倾，良朋凋索，续以衅逆违天，备尝荼蓼，畴

① 沈约：《宋书》，北京：中华书局，1974，第2292~2293页。
② 释慧皎撰，汤用彤校注《高僧传》，北京：中华书局，1992，第221页。

昔诚愿，顿尽一朝，心虑荒散，情意衰损，故遂与汝曹归耕垄畔，山居谷饮，人理久绝。"① "生之修短，咸有定分"，与慧远"报应论"相通。他在庐山，师事慧远，"师友渊源，务训弘道，外慕等夷，内怀悱发"，过着悠闲山水的生活，"乐以忘忧，不知朝日之晏矣"。

元嘉十五年（438），雷次宗至京师，开馆于鸡笼山，聚徒教授，置生百余人，与丹阳尹何尚之玄学，太子率更令何承天史学，司徒参军谢元文学，并称四学。宋文帝车驾数幸，资给甚厚。雷次宗后还庐山，复征诣至京邑，为皇太子诸王讲《丧服经》，卒于钟山。

除去刘遗民、周续之、宗炳、雷次宗外，知名居士尚有张野，他曾为慧远法师碑作序。《高僧传》云："彭城刘遗民、豫章雷次宗、雁门周续之、新蔡毕颖之、南阳宗炳、张莱民、张季硕等，并弃世遗荣，依远游止。"② 张莱民即张野，张季硕据云是其族子，《十八贤传》有其人。另有一优婆塞任固之比较特殊，此人位居西阳太守，和上述隐逸居士不一样。这种居士常充作檀越，任固之正是这样一位。《阿毗昙心序》记僧伽提婆在庐山译此经，"时众僧上座竺法根、支僧纯等八十人，地主江州刺史王凝之、优婆塞西阳太守任固之为檀越，并共劝佐而兴之焉"③。王凝之是虔诚的天师道信徒，他虽对佛教感兴趣，但想来不会受戒，而此处任固之同为檀越，却点出他是优婆塞，正要突出这一点。

三 其他居士

与刘遗民等长期与庐山僧人盘桓相处，甚而共同修行的居士不一样，另一些居士可能仅是将支持佛教作为地方官的一种职责或义务，其中当亦有对佛教的好感，如陶范、桓伊、王凝之、何无忌等人正是这样。

陶范曾资助慧永建西林寺，桓伊则资助慧远建东林寺，何无忌与慧远等人亦曾于虎溪雅集。

---

① 沈约：《宋书》，北京：中华书局，1974，第 2293 页。
② 释慧皎撰，汤用彤校注《高僧传》，北京：中华书局，1992，第 214 页。
③ 释僧祐撰，苏晋仁、萧炼子点校《出三藏记集》，北京：中华书局，1995，第 378 页。

后镇南将军何无忌作镇寻阳，陶爰集虎溪，请（慧）永及慧远。远既久持名望，亦雅足才力，从者百余，皆端整有风序，及高言华论，举动可观。永怗然独往，率尔后至，纳衣草屩，执杖提钵，而神气自若，清散无矜。①

此段文字，颇有《世说新语》之风，描述的正是《世说新语》中常见的名士雅集场面，这是何无忌作为地方官对庐山僧团态度的一种表示。当晋安帝由寻阳返回京城时，何无忌曾作为中间人，劝慧远候觐。何无忌亦曾致书慧远，反对沙门祖服。

至于王凝之，更为典型。

王凝之，为琅邪王氏重要成员。琅邪王氏起于魏晋之际的王祥、王览兄弟。王祥以至孝见称，惜世系不旺。其弟王览则生四子：裁、基、会、正。王裁生王导等四子，王导则生王洽、王劭等六子。王洽生王珣、王珉兄弟。王劭生王谧、王穆、王默、王恢四子。王基生王敦等三子。王正生王旷等三子，王旷生王羲之，王羲之生王凝之、王献之、王肃之等兄弟。王览以下，以王裁、王正世系繁旺，而信仰亦各有不同。自王导始，王洽、王珣、王珉皆为奉佛名士；自王旷始，王羲之、王凝之、王肃之乃成天师道世家。

《晋书·王羲之传》载：

（王凝之）仕历江州刺史、左将军、会稽内使。王氏世事张氏五斗米道，凝之弥笃。孙恩之攻会稽，僚佐请为之备，凝之不从，方入靖室请祷，出语诸将佐曰："吾已请大道，许鬼兵相助，贼自破矣。"既不设备，遂为孙恩所害。②

王羲之虽然信奉天师道，但当时佛道之间尚无意识形态的隔阂，所以并不妨碍他与佛教徒亲近，《高僧传》《世说新语》皆载他与支遁等人倾心

---

① 释慧皎撰，汤用彤校注《高僧传》，北京：中华书局，1992，第 232～233 页。
② 房玄龄：《晋书》，北京：中华书局，1974，第 2102～2103 页。

交往之事。甚而我们可以说，与高僧交往，在当时亦可视为一种文化时尚，这也是何无忌等地方官支持佛教事业的原因之一。王羲之曾任江州刺史庾亮幕僚并曾挂职江州刺史而未到任，他的儿子王凝之却实实在在地在江州做过几年刺史。① 这几年里，王凝之有一件重要的事，即支持慧远等人的译经事业。《阿毗昙心序》云：

> 其年冬于寻阳南山精舍，提婆自执胡经，先诵本文，然后乃译为晋语，比丘道慈笔受。至来年秋，复重与提婆校正，以为定本。时众僧上座竺僧根、支僧纯等八十人。地主江州刺史王凝之，优婆塞西阳太守任固之为檀越，并共劝佐而兴立焉。②

支持此次译经事业的地方官有两人，一个是真正的父母官王凝之，一个是附近的官员西阳太守任固之。二人同为地方官及檀越，任固之前特加"优婆塞"二字，正说明王凝之非优婆塞。王凝之笃信天师道，不可能同时又受五戒，必有所侧重，但这并不妨碍他做佛教的檀越。

王凝之的四弟王肃之亦是一个与佛教有过亲密接触的人物。陆澄《法论》目录载有《释即色本无义》，注云："支道林。王幼恭问，支答。"③幼恭即王肃之之字。及至后来，王羲之一族进而有出家为僧者，恐为羲之等人所始料不及。《高僧传》载：

> 时有释道敬者，本琅邪冑族，晋右将军王羲之曾孙。避世出家，情爱丘壑，栖于若耶山，立悬溜精舍。④

---

① 庐山流传着王羲之任江州刺史并于咸康六年舍宅建归宗寺之传说，此说固伪，参见胡适《庐山游记》，《胡适文存三集》，上海：亚东图书馆，1930；王汝涛《王羲之及其家族考论》，北京：中国文史出版社，2003 等书。王凝之在江州任，逯钦立以为在太元十六年至二十一年，见其《陶渊明年谱稿》，中央研究院历史语言研究所集刊编辑委员会编辑《历史语言研究所集刊》，第 20 册（上），北京：中华书局，1987 年影印。
② 释僧祐撰，苏晋仁、萧炼子点校《出三藏记集》，北京：中华书局，1995，第 377～378 页。
③ 释僧祐撰，苏晋仁、萧炼子点校《出三藏记集》，北京：中华书局，1995，第 429 页。
④ 释慧皎撰，汤用彤校注《高僧传》，北京：中华书局，1992，第 483 页。

道敬为王羲之曾孙，则为王凝之孙辈，《十八贤传》有此人，非是无据。张畅《若耶山敬法师诔》载："（道敬）初憩驾庐山，年始胜发。缅邈之志，直已千里，乃求剃形就道，忘家入法。时沙门释慧远虽高其甚高，以其尚幼，未之许也。遂乃登孔涧，首太阳，临虚投地之险，以身易志，法师乃奇而纳焉。"① 此道敬尚是慧远晚年的弟子之一。

琅邪王氏王洽、王珣、王珉一支与王羲之一支世奉天师道不同，而与佛教保持着不寻常的密切关系。

《高僧传》记载，法汰至扬州后，"领军王洽，东亭王珣，太傅谢安，并钦敬无极"②。《世说新语》亦载：

> 初，法汰北来，未知名，王领军供养之。每与周旋，行来往名胜许，辄与俱。不得汰，便停车不行，因此名遂重。③

王洽卒于升平二年（358），当无机会与竺法汰见面。但其子王珣与法汰来往则当是事实，而王洽之与法汰交往恐即从此敷衍而出。王珣大概亦从法汰处了解到慧远、慧持等人情况，所以曾致书豫章太守范宁："远公持公孰愈？"范答书云："诚为贤兄弟也。"当慧持以及僧伽提婆从庐山来到建康，王珣曾热情接待。

> （慧）持乃送姑至都，止于东安寺，晋卫军琅邪王珣深相器重。时有西域沙门僧伽罗叉，善诵四含，珣请出《中阿含经》。持乃校阅文言，搜括详定，后还山。④

《出三藏记集》则载：

---

① 释道宣：《广弘明集》，《大正藏》第 52 册，石家庄：河北省佛教协会影印，2005，第 267 页。
② 释慧皎撰，汤用彤校注《高僧传》，北京：中华书局，1992，第 193 页。
③ 刘义庆撰，刘孝标注，余嘉锡笺疏《世说新语笺疏》，北京：中华书局，1983，第 481 页。
④ 释慧皎撰，汤用彤校注《高僧传》，北京：中华书局，1992，第 229 页。

于时晋国大长者、尚书令、卫将军、东亭侯优婆塞王元琳常护持正法，以为己任，即檀越也。为出经故，造立精舍，延请有道释慧持等义学沙门四十余人，施诸所安，四事无乏。①

王元琳即王珣，此人造立精舍，组织译经，与王凝之为象征性的檀越大不同，所以《出三藏记集》乃明确标明其身份为"优婆塞"。

王洽之弟王劭一门亦颇信佛。王劭曾造枳园精舍，其子王恢舍之为寺院，供释智严居住，事见《高僧传·宋京师枳园寺释智严》。王劭另二子王谧、王默则与慧远等人交往较深。《高僧传》载："司徒王谧、护军王默等，并钦慕风德，遥致师敬。"② 他们中间并有书信往来，王谧曾致书慧远："年始四十，而衰同耳顺。"慧远复信说："古人不爱尺璧，而重寸阴，观其所存，似不在长年耳。檀越既履顺而游性，乘佛理以御心，因此而推，复何羡于遐龄耶？聊想斯理，久已得之，为复酬来信耳。"③ 追求长生乃道家养生之为，佛教以生为苦，慧远更重往生净土，所以劝王谧"履顺而游性，乘佛理以御心"，从佛教中悟得解脱。此理大概王谧"久已得之"，现存陆澄《法论》目录里尚保存着他与鸠摩罗什讨论的 26 篇文字，可见他是一位虔诚而又颇有佛学修养的居士。

琅邪王氏之外，晋阳王氏是当时另一重要王姓。这一支王姓的王濛、王坦之等人亦均有近佛迹象。王濛之孙王恭，"不闲用兵，尤信佛道，调役百姓，修营佛寺，务在壮丽，士庶怨嗟。临刑，犹诵佛经，自理须鬓，神无惧容"④，正是一位视死如归的虔诚佛教徒。王恭亦颇闻慧远等人之名，曾致书沙门僧检："远、持兄弟至德何如？"僧检答曰："远、持兄弟也，绰绰焉信有道风矣。"⑤

---

① 释僧祐撰，苏晋仁、萧炼子点校《出三藏记集》，北京：中华书局，1995，第 337 页。又见《高僧传·僧伽提婆传》。
② 释慧皎撰，汤用彤校注《高僧传》，北京：中华书局，1992，第 215 页。
③ 释慧皎撰，汤用彤校注《高僧传》，北京：中华书局，1992，第 215 页。
④ 房玄龄：《晋书》，北京：中华书局，1974，第 2186 页。
⑤ 释慧皎撰，汤用彤校注《高僧传》，北京：中华书局，1992，第 230 页。慧皎误以王恭为琅邪王氏。

王坦之亦属晋阳王氏，其妻为范宁之妹。范宁反对玄学，几任地方官期间均曾兴修儒学，在豫章期间，大设庠序，取四姓子弟，皆充学生，课读五经。范宁是《春秋》名家，曾为《谷梁春秋》作《集解》，为世所重。这样一位儒士不仅门下出了周续之这样的亲佛居士，他本人亦与佛教徒多有交往。《世说新语》载：

范宁作豫章，八日请佛有板。众僧疑，或欲作答。有小沙弥在坐末曰："世尊默然，则为许可。"①

八日当指四月八日佛诞日、浴佛节，范宁以一郡之主的身份恭求佛像，极具象征意义。《高僧传》并载他邀请慧持前往讲学："豫章太守范宁请讲《法华》、《毗昙》，于是四方云聚，千里遥集。"② 这真是有意味的对比，慧远作为佛教高僧在庐山讲习儒家《诗》《礼》，而以提倡儒学盛名的范宁又请慧持讲习当时最盛行的佛教《法华》《毗昙》经典。

王凝之等人与刘遗民有较大区别，王珣、王谧、王恭、范宁与刘遗民亦有所别，他们主要是在庐山外围"遥致师敬"而与庐山呼应，成为庐山僧团声名远播的助推者。

在慧远教团中，以义解深明、戒行清高、禅思深入的僧人群体为核心，以好尚风流的居士群体为外围。在这些居士中间，既有希图与慧远"共契嘉遁"的隐士，如刘遗民、周续之等人，亦有前来"考寻文义"的学士，如宗炳、雷次宗等人，还有善谈玄理的名士，如王凝之、殷仲堪等人。在教团管理中，主要依靠僧制戒律及慧远、慧持等人严谨自律的大德风范统率僧团，而对于居士群体，慧远僧团则以经典学术征服"学士"，以隐逸理想招徕"隐士"，以儒雅风度吸引"名士"，从而集合成一个强大的教团，这一教团可谓当时以僧人为主的最广大的统一战线组织。

---

① 刘义庆撰，刘孝标注，余嘉锡笺疏《世说新语笺疏》，北京：中华书局，1983，第149～150页。
② 释慧皎撰，汤用彤校注《高僧传》，北京：中华书局，1992，第229页。

第四节 东林寺之外的庐山其他僧团

东晋时期的庐山教团，自以慧远教团为最大、最著名。一般而言，举慧远僧团则可概括整个庐山，故慧远僧团亦可称庐山僧团。若从细部着眼，庐山僧团除慧远东林寺僧团外，尚有凌云寺、西林寺、庐山寺等多个僧团。这些僧团多与慧远僧团互通声息，互相支援，有密切的关系，共同为庐山成长为佛教中心、圣山庐岳做出了贡献。由于历史资料记载的缺乏，我们今天仅能大概地描画出当时庐山佛教发展的概貌。

一 慧永西林寺僧团

慧永僧团是一个比较特殊的例子。首先，庐山有两慧永，一为"凌云寺释慧永"，二为"庐山西寺慧永"，此则西（林）寺慧永也。此点学界较少注意，容笔者在此略作辨析。

有关慧永，以《高僧传》之说最为流行，其文云：

> 释慧永姓潘，河内人也，年十二出家，伏事沙门竺昙现为师，后又伏膺道安法师。素与远共期，欲结宇罗浮之岫。远既为道安所留，永乃欲先逾五岭。行经寻阳，郡人陶范苦相要留，于是且停庐山之西林寺。既门徒稍盛，又慧远同筑，遂有意终焉。[1]

《西林道场碑》《十八贤传》所载与此相吻合，疑即源于此。欧阳询撰《西林道场碑》：

> 先有昙比丘，俗姓竺氏，本为赵将。知苦器之难安，悟浮生之易尽。以荣利为桎梏，视名闻为羁绊。屏弃喧说，专修冥寂。虚舟触远，津渡罕概。玄风独肩，息心无侣。匡阜北岭，地接层峰。日月之所萦回，云雾之所蒸液。激白水于紫霄，照离晖于石镜。南瞻五岭，

---

① 释慧皎撰，汤用彤校注《高僧传》，北京：中华书局，1992，第232页。

北睇九州。贞遁忘归，幽栖是卜。法师秉心萃止，负锡来仪。树宇山间，游情梵表。及迁即化，藉草崖间。……有息慈慧永，河内繁氏，高足称首，人师物匠。仪无虚位，理必渊源。服道御身，弘善被物。形性两忘，冤亲等观。故异香入室，猛兽驯阶。绍修主业，安禅结宇。……晋光禄卿寻阳陶范，慕彼清声，游兹胜地。崇信正道，拥彗式闾。为出俗之藩篱，为入室之树栖。兴建佛寺，缔构伽蓝。指景瞻星，鸠徒揆日。薙草开林，增卑架嶮。夷峻筑台，疏峦抗殿。长廊绕涧，斜砌环池。冬燠夏凉，经行毕备。命曰西林，是岁，太和之一年。①

昙现比丘，俗姓竺氏，而为赵之良将，应是出生于西部少数民族地区的天竺后人。后赵人民，如石虎所说，"生自边壤"，奉佛之人本多。昙现大概如同后来的昙邕一样，在自己的国家衰亡后，正式入了佛门，隐居在庐山。昙现既经历过人生繁华，遁入佛门，所以"贞遁忘归，幽栖是卜"，实际是行头陀之行，是以"及迁即化，藉草崖间"。笔者以为，此正说明竺昙现在庐山的修行并无定居之所，过的正是树下荒冢的生活。竺昙现后得一徒，即"息慈慧永"。"息慈"为梵语 Srāmaṇera 的意译，或译为"勤策""求寂"等，意思是息恶行慈，求取寂灭解脱道果，音译一般省略为"沙弥"。唐智实《致杜正伦书》："实怀橘之岁，涉清信之名；采李之年，染息慈之位。"② 慧永为竺昙现之徒后，才安禅结宇，于绍修主业之中又有所变化。陶范仰慕慧永清声，乃为之兴建佛寺，缔构伽蓝，命名为西林寺。西林寺之建为太和一年，此据《全唐文》，吴宗慈《庐山志》录文同，而欧阳修《集古录跋尾》、陈舜俞《庐山记》、《永乐大典》引《江州志》皆云二年。若果为太和一年，似当云"太和之元年"，故以"二年"为是。太和二年即公元 367 年。

---

① 董诰等编《全唐文》卷一四六，上海：上海古籍出版社，1990，第 652 页。另见周绍良主编《全唐文新编》，长春：吉林文史出版社，2000，第 1658 页；吴宗慈《庐山志》，南昌：江西人民出版社，1996，第 516 页。

② 释道宣：《续高僧传》，《大正藏》第 50 册，石家庄：河北省佛教协会影印，2005，第 635 页。

《十八贤传》则谓:

> 大师讳慧永，姓繁，河内人也。年十二，事沙门竺昙现。慧悟宿
> 习，内外典籍，无不洞达，于佛事中，习禅为乐。先与远师同依道安
> 于恒山，亦约结宇罗浮。永师先止寻阳，即晋太元之初也。刺史陶范
> 挹其道风，宛如凤契，于是留憩庐山，舍宅栖止。①

综合这三种资料，其中颇有疑点。三则资料皆云慧永幼时即出家事昙现为师，《高僧传》《十八贤传》并谓后师道安。除非昙现一直在北方，而非庐山僧，否则很难相信慧永少时出家于庐山，而后又师事道安，甚至"习禅于恒山"。而据《碑文》，昙现明确是住锡庐山。然则，慧永方当道安新野分张徒众时来至庐山，此时方师事昙现?② 此又与《高僧传》明显不合。即此一端，已是不能调和的矛盾。

笔者怀疑《碑文》及《十八贤传》的资料来源于《高僧传》，至少深受其影响。而《高僧传》的资料则来源于《名僧传》。

《名僧传》卷二十二为《兼学苦节第一》，其中有《晋寻阳庐山西寺惠（慧）永》，卷二十三为《感通苦节第二》，其中有《晋寻阳庐山陵（凌）云寺释惠（慧）永》。陈士强以为二者当为一人，笔者以为证据不足，因为类似情况的卷二十一《神力》中之"晋南海罗浮山单道开"与"晋南海罗浮山沙门"，陈士强则以为："或为重出，或指同山的另一沙门。"③ 同一卷之中的同名僧人尚可能不是重出，分处两卷的同名僧人自然不能就认定是同一人。

《名僧传抄》保留的资料无"庐山西寺惠永"部分，而仅有"陵云寺释惠永"部分。该文云："惠永，河内人也，出家为竺昙现弟子。现笃志直方，少有清节，长慕肥遁，山栖养志，以晋太和中于寻阳庐山北岭下创

---

① 陈舜俞:《庐山记》,《大正藏》第 51 册, 石家庄: 河北省佛教协会影印, 2005, 第 1040 页。
② 冯友兰《中国哲学简史》（北京大学出版社, 1996 年第 2 版, 第 213 页）言道安曾至庐山讲学。道安曾受桓豁邀至荆州, 但从未至庐山, 当是冯偶误, 但已在学界造成误会, 如严耀中《中国东南佛教史》即取此论, 见上海: 上海人民出版社, 2005, 第 281 页。
③ 陈士强:《大藏经总目提要: 文史藏（一）》, 上海: 上海古籍出版社, 2008, 第 283 页。

立寺庙。永以北岭下尚多喧动，移于南岭之上。筑葺房宇，构起堂殿，与烟霞交接，名曰凌云精舍。"① 下记惠永精舍禅室内有虎相伴及乌桥遇醉客之事，皆为《高僧传》所承袭。此即是说，《高僧传》所记西林寺慧永部分事迹即是"凌云寺慧永"。

不过，《名僧传》记载"凌云寺释惠永"卒于晋太元五年则不为《高僧传》所采用，汤用彤《高僧传》校记云："何无忌在寻阳时，已是义熙中，《传抄》不载何无忌事。而慧远入庐山在太元四年，永为之立寺，则永不应卒于太元五年。《传抄》似误。"② 汤用彤同陈士强意见显然一致，认为《名僧传》中的"凌云寺释惠永"即西林寺慧永，所以不可能卒于太元五年。但笔者以为，这个矛盾（或错误）恰可说明《名僧传》中的两惠永未必即是一人。

如果《高僧传》中的慧永传是集合了《名僧传》中的两慧永传而成，则《高僧传》之慧永传与"凌云寺释惠永"传相异的部分当即是"庐山西寺惠永"传的材料。这包括慧远与慧永同为道安徒弟，共期罗浮，陶范为其造寺，永请为远造东寺，以及集会虎溪，卒于义熙十年等等。准此，我们就可以看出，在《名僧传》里，两慧永是独立成立的："庐山西寺惠永"与慧远为同学，皆师事道安，大约在太和二年先至庐山，陶范为其造寺，后与慧远同止，卒于义熙年间。而"凌云寺释惠永"则是随竺昙现在庐山出家，与道安并无联系。昙现太和中先在山北岭建寺，后慧永移往南岭，建凌云寺，弃绝人事，卒于晋太元五年。

还应当说明的是，《名僧传抄》记载了凌云精舍的位置在南岭，这是因为昙现最初草创的寺宇位于北岭，尚多喧动。北岭面对寻阳，地近驿道，自然喧杂许多，而南岭面向鄱阳湖，清静许多。而且新来之慧永为道安高徒，遽至即有陶范为其造寺，与行头陀之修的昙现、慧永风格大为不同，这大概亦是喧动之一。所以，新建的凌云寺之位置就与新来的慧永西林寺之位置正好相反。《名僧传》中另有《宋寻阳庐山陵（凌）云寺惠

---

① 释宝唱撰，宗性抄《名僧传抄》，《续藏经》（第 134 册），台北：新文丰出版公司，1995，第 22 页。
② 释慧皎撰，汤用彤校注《高僧传》，北京：中华书局，1992，第 233~234 页。

安》传记被《高僧传》保留下来，从《高僧传》卷七《宋庐山凌云寺释慧安》传记，我们可以发现慧安"蔬食精苦，学通经义，兼能善说，又以专戒见称"，和凌云寺慧永确有几分相似，而其"学徒云聚，千里从风"，则颇有与东林寺慧远相抗衡之意味。

凌云精舍所在南岭当指山南位置，庐山山南有凌云峰，两者间或有关系。慧远《游山记》云其"自托此山，二十三载，凡再诣石门，四游南岭"①。则南岭离东林寺较远可以肯定，南岭凌云精舍之慧永非西林寺慧永亦可以断定。《高僧传》正是将两慧永混在一起，而造成了诸多混乱，《西林寺道场碑》则受了《高僧传》的影响，亦是混淆不清。②

综上所述，太和前后，至太元五年，庐山有竺昙现与慧永师徒，先居庐山北岭，后移往南岭，建凌云精舍。而慧远同学之师弟、道安之高徒的另一慧永，兴宁三年告别道安教团后，于太和初至止庐山，陶范为其造寺，是为西林寺，他在这里等到了慧远的到来。③

慧永在庐山本意暂作停留，等待慧远，后来门徒稍盛，慧远也来到庐山，于是不再作南游的计划，终修于此。

慧永有自己独立的寺院，但两家既同出一门，而且又毗邻相居，所以一般也被认为是同一个教团。《高僧传》将慧永传记与慧远、慧持、法安等人放在一起，亦是此意。他们也的确一起组织和参与了诸多宗教活动，比如在弥陀像前建斋立誓，共期西方。在以后出现的各种文献中，慧永也被描写为慧远教团中的一员，比如"庐山十八高僧""莲社高贤"等。

但这个团体和慧远僧团亦有一些差异。镇南将军何无忌作镇寻阳时，尝宴请僧人名士雅集虎溪。慧远门徒众多，从者百余，皆端整有风序，高言华论，举动可观。慧永则晚于慧远，独自前来，纳衣草屦，执杖提钵，但神气自若，清散无矜，大家更加敬重慧永清节贞素。慧远是当时的僧众

---

① 刘义庆撰，刘孝标注，余嘉锡笺疏《世说新语笺疏》，北京：中华书局，1983，第573页。

② 关于《名僧传》如何受到压制，《高僧传》如何得到推崇流行，可参看纪赟《高僧传研究》，上海：上海古籍出版社，2009。

③ 陈统《慧远大师年谱》定道安太和二年（367）分张徒众，赶赴襄阳。此说恐误，若道安太和二年分张徒众，慧永遽至庐山，陶范即为造寺，于理不合。汤用彤《汉魏两晋南北朝佛教史》定为兴宁三年（365），此时距太和二年尚有三年时间，较为合理。

领袖，很少赞许别人，独推崇慧永的高尚志节，在慧永面前十分恭敬。由此可见，慧永虽然与慧远结合紧密，但两人仍有不同的风格，成为一个相对独立的僧团。

二　昙邕僧团

昙邕僧团是从慧远僧团中分蘖出来的一个小僧团。

昙邕，俗姓杨，关中人，本在前秦为官，仕至卫将军。太元八年（383），从苻坚南征。淝水之战中，为谢安指挥的晋军所败。秦军伤亡惨重，号称百万的军队回至洛阳时仅剩十余万人，苻坚不久亦遭变而亡。经此惨烈巨变，昙邕心有所悟，拜在道安门下出家修行。

道安不久亦往生净土，昙邕乃南投庐山，复事慧远为师。昙邕虽为武将，但儒道诸书，亦皆略熟，跟随道安、慧远后，精勤佛学，诵经不辍，于是内外经书，多所综涉。北方苻坚前秦政权衰落后，姚苌、姚兴的后秦政权逐渐取得优势地位，并迎鸠摩罗什至长安。长安仍保持着北方佛学中心的地位，与庐山这个南方佛学中心保持着密切联系。秦王姚兴多次致信慧远，或探讨佛理，或赠送佛像等物品，慧远、慧持、刘遗民与鸠摩罗什、僧肇等人多有书信来往，南北佛学交流呈现兴盛局面，而往来长安、庐山之间的使者正是昙邕。

昙邕形长八尺，雄武过人，身体魁伟健硕，本为关中人，又为秦官多年，熟悉长安情况，作为来往长安、庐山之间的信使是再合适不过了。昙邕无愧于慧远等人的期望，不惮疲苦。他那曲折的人生经历难免会引起别人的猜疑和轻视，但昙邕强悍果敢，专对不辱。再加上跟随道安、慧远等大师修习佛学以来，学问精进，所以承担使命十余年中，鼓击风流，摇动峰岫，众人莫不钦敬。东晋京师建康道场寺和尚僧鉴欣赏昙邕的道德风尚，曾邀请他到扬州。因为慧远年事已高，昙邕不愿远行，遂婉拒不赴。

当时庐山东林僧团中，常住有一百多人，其中戒行清高者，颇有不少。慧远担心昙邕性格过于强悍，终究与大多数弟子不同，若出现佛驮跋陀罗在长安的情况，于大家都不利。于是，借口一件小事将昙邕遣出寺门。

昙邕遭此变故，毫无怨怼之色，他仍然深深地敬爱着慧远法师，不愿离开庐山，乃在庐山西南搭建了几间茅屋，和弟子昙果在那里进行修行，澄思禅门。传说，昙果曾梦见山神求受五戒，他告诉山神："我道行尚浅，家师在此，可前去谘受。"昙果醒后将此梦告知昙邕。过后不久，昙邕正在室内静坐，见一人穿着单衣帽，风姿端雅，后面随从二十余人，进门礼拜，请受五戒。昙邕知道此人就是山神了，于是为他说法授戒。山神受戒完毕，赠送昙邕一副精美的外国勺子和筷子，礼拜辞别。可见昙邕是以禅法、戒行知名。

昙邕在山南茅宇坐禅，直至慧远逝世。慧远临亡之日，他奔至东林寺，号踊尽哀，悲痛无比。此后，昙邕移住荆州竹林寺，后即卒于该寺。

三　庐山寺僧团

当时庐山名寺除东西二林外，庐山寺亦是名寺，居住着数位高僧。

释僧翼，《名僧传》与《高僧传》皆有其传记。僧翼为吴兴余杭人，少而信悟，早有绝尘之操。初出家，止庐山寺，依慧远修学。蔬素苦节，见重门人。晚适关中，复师罗什。后于会稽结草成庵，终于彼。①

释慧庆，《名僧传》与《高僧传》亦皆有传。慧庆为广陵人，出家止庐山寺。学通经律，清洁有戒行。慧庆以诵经著名，喜诵《法华》等经，每夜吟讽，常闻暗中有弹指赞叹之声。尝于乘船时遇风波，船将覆没，慧庆唯诵经不辍，觉船在浪中如有人牵之，倏忽至岸。慧庆卒于宋元嘉末，春秋六十有二。②

庐山寺代有高僧，南朝宋时又有释道慧，俗姓张，寻阳柴桑人。年二十四，出家止庐山寺。素行清贞，博涉经典，特禀自然之声，故偏好转读。发响含奇，制无定准，绮丽分明，是一位以转读闻名的经师。

四　凌云精舍僧团

山南凌云精舍继昙现、慧永之后，亦代有名师。

《名僧传》与《高僧传》中保留有凌云寺慧安传记，两传基本相同。

---

① 释慧皎撰，汤用彤校注《高僧传》，北京：中华书局，1992，第483页。
② 释慧皎撰，汤用彤校注《高僧传》，北京：中华书局，1992，第463页。

慧安"蔬食精苦，学通经义，兼能善说，又以专戒见称"，似能继承昙现、慧永之风，而其"学徒云聚，千里从风"①，则颇有与东林寺慧远相抗衡之意味。慧安后曾至长安会见鸠摩罗什，终卒于山寺。

由于被庐山慧远僧团的大名所掩盖，庐山尚有不少高僧不为人知，如释僧融，苦节通灵，能降伏鬼物，有略传附在慧永之后。

又如释慧虔，本为皇甫高姓，年少出家，奉持戒行，志操确然。栖止庐山之中十有余年，道俗之徒，莫不慕其风采。此公应是受家学影响，亦是义学高僧，当时鸠摩罗什所出诸经，慧虔皆加以讲演，志在弘通。后"以远公在山，足纽振玄风"②，慧虔乃东游吴越，投山阴嘉祥寺，卒于彼。③

这些僧人虽不如慧远名高，但他们在庐山的修行，共同促进了庐山成长为佛教名山，是庐山僧团的重要组成部分。

第五节　庐山寺僧的数量

庐山号称五教同山，而佛道两教最为兴盛。由于资料的限制，要统计出历代庐山寺庙的准确数量是不可能的，甚至要估算出相对合理的数据也是有难度的。然而这个问题是有意义的，因为寺庙及僧人数量的统计可以直观（或准确）反映出一地佛教发展的状况。据宋代陈舜俞熙宁年间统计，当时庐山"山北老子之宇二，同名观，佛之宇五十有五""山南老子之宇九，佛之宇九十有三"④，今人邵绍周统计历代寺庙的数字则超过800。⑤ 那么慧远时期庐山寺庙和僧人有多少呢？

一　寺庙数量的统计

现存反映东晋时期庐山寺庙数量的文献不多，主要是《名僧传》（仅

---

① 释慧皎撰，汤用彤校注《高僧传》，北京：中华书局，1992，第274页。
② 释慧皎撰，汤用彤校注《高僧传》，北京：中华书局，1992，第209页。
③ 慧远住庐山的三十余年中，不排除客观上对其他僧团的压抑，范子烨《在高僧的光辉之下》（《书品》，2009年第1辑，北京：中华书局）对此虽有过度的夸张（其中亦颇多错误），但亦触及这部分内容，可以参看。
④ 陈舜俞：《庐山记》，《大正藏》第51册，石家庄：河北省佛教协会影印，2005，第1037页。
⑤ 邵绍周：《庐山古今寺庙》，香港：香港新闻出版社，2010。

存日本节抄本）、《出三藏记集》、《高僧传》以及较晚的文献，如宋陈舜俞《庐山记》、明桑乔《庐山纪事》，清代及近代《庐山志》。

（一）《名僧传抄》所记庐山寺庙

《名僧传》凡三十卷，为梁释宝唱所撰。《名僧传》梁天监九年（510）始撰，天监十三年完成。全书记当时所知僧人 400 余名，分为七科：法师、律师、禅师、神力、苦节、导师、经师。各科下又分若干类，如法师分为外国法师、中国法师两类，苦节分为兼学、感通、遗身、寻法、出经、造经像、造塔寺七种。隋唐两代之《经籍志》皆有著录，后渐散轶。今《卍续藏》第一三四册所收之《名僧传抄》一卷，系日本僧人宗性于 1235 年所抄，仅存原书之目录及部分片段。《名僧传抄》所载庐山寺庙主要有：

卷九"晋寻阳庐山释慧远"，《名僧传抄》无，据《高僧传》，慧远先住龙泉精舍，后住东林寺。

卷十"晋寻阳庐山东寺昙邕"，《名僧传抄》无，据《高僧传》，昙邕为慧远弟子，先住东林寺，后在庐山西南营立茅舍。所谓东寺，即东林寺。卷十又有"晋寻阳庐山东寺昙恒"，《名僧传抄》无，据《高僧传》，慧远有弟子道恒，或即此人。

卷十"宋寻阳庐山西寺道生"，卷二十二有"晋寻阳庐山西寺惠永"，《名僧传抄》无，所谓西寺，即西林寺，《名僧传抄·说处》有"庐山西林惠永、惠远已后正教陵迟事"。

卷十三"宋寻阳庐山释昙诜"，《名僧传抄》无，据《高僧传》，昙诜为慧远弟子，当住东林寺。

卷二十一"宋寻阳释惠通"，《名僧传抄》存，《高僧传》卷十作"齐寿春释慧通"，不云住寻阳何寺。

卷二十三"晋寻阳庐山陵云寺释惠永"，《名僧传抄》有，陵（凌）云寺在庐山南岭。卷二十五又有"宋寻阳庐山陵云寺惠安"。

卷二十三"晋寻阳释僧济"，《名僧传抄》无，《高僧传》卷六有"晋庐山释僧济"，是慧远弟子，住东林寺，早卒。

卷二十三"晋寻阳庐山释僧融"，《名僧传抄》无，《高僧传》卷六慧永传附，不云住庐山何寺。

卷二十三"宋寻阳庐山竺惠庆"，《名僧传抄》存，惟不云住何寺，《高僧传》卷十二"宋庐山释慧庆"亦有此人，云止庐山寺。

卷二十四"宋寻阳庐山僧瑜"，《名僧传抄》无，《高僧传》卷十二"宋庐山招隐寺释僧瑜"记其与同学昙温、慧光等于庐山南岭共建精舍，名曰招隐，时当元嘉十五年，则是晋之后之事。

《名僧传抄·说处》："清信之士一百二十三人集庐山之阴般若台精舍无量寿像前率事。"般若台精舍非寺名，乃东林寺内般若台房屋之名。

以上共计有东（林）寺、西（林）寺、陵（凌）云寺3寺（招隐寺不计）。

（二）《出三藏记集》所载庐山寺庙

《出三藏记集》为齐梁时代律学大师释僧祐所撰。《出三藏记集》共十五卷，略分四科，卷一撰缘记，叙述印度佛经的编纂和中国译经的渊源。卷二至卷五为铨名录，著录佛经2162部4328卷，并有小序，叙述各类佛经源流。卷六至卷十二为总经序，汇集一些佛典的前序与后记。卷十三至卷十五为列传，包括中外32位高僧之传记。《出三藏记集》中保留庐山寺庙资料有限。

卷十，"其年冬于寻阳南山精舍，提婆自执胡经，先诵本文，然后乃译为晋语，比丘道慈笔受"。南山精舍，即东林寺。

卷十五，"息心清信之士百有二十三人，集于庐山之阴般若台精舍阿弥陀像前"，般若台精舍，已见《名僧传抄·说处》。

卷十五，慧远"义熙末卒于庐山精舍"。此"庐山精舍"与"般若台精舍"一样，非寺名，乃指东林寺。

卷十五，道生"隆安中移入庐山精舍"。此庐山精舍同上，指东林寺。下又云"以宋元嘉十一年冬十月庚子于庐山精舍升于法座"，《名僧传》称"庐山西寺道生"，则知道生晚年讲法在西林寺，此"庐山精舍"指西林寺。

（三）《高僧传》所载庐山寺庙

《高僧传》所记庐山寺庙有：

卷五，慧远建龙泉寺、东林寺。

卷五，慧永建西林寺。

卷六，昙邕"于山之西南营立茅宇，与弟子昙果澄思禅门"。昙邕后至荆州竹林寺，卒于彼。此茅宇之寺似为其暂时住所，未留下名字。

卷七，道生"以宋元嘉十一年冬十一月庚子于庐山精舍升于法座"。已见《出三藏记集》。

卷七，释慧安"止庐山陵云寺"。陵（凌）云寺已见《名僧传》。

卷八，释道慧"与友人智顺，沂流千里，观远遗迹。于是憩庐山西寺，涉历三年，更还京邑"。西寺已见《名僧传》。

卷十二，释僧瑜"与同学昙温、慧光等于庐山南岭共建精舍，名曰招隐"。招隐寺已见《名僧传》。

卷十二，释慧庆，"出家止庐山寺"。

卷十三，释僧翼，"初出家，止庐山寺，依慧远修学"。

卷十三，释道慧，"寻阳柴桑人，年二十四出家，止庐山寺"。庐山寺三见于《高僧传》，而不云其具体位置，从僧翼依慧远修学的情形来看，似离东林寺不远，同处山北。

卷十四，龙光寺僧果与慧皎同避难在庐山，慧皎往生，"葬庐山禅阁寺墓"，聊为记之。此禅阁寺晋时是否已有，不得而知。

以上共计有龙泉寺、东林寺、西林寺、凌云寺、庐山寺 5 寺（招隐寺、禅阁寺不计）。[1]

《广弘明集》尚记载有香炉峰寺、西贤寺等晋后所建寺庙，《庐山记》《庐山志》等则记载有部分晋代庐山寺庙，如昙诜建大林寺，但文献晚出，此不作据。[2] 总计以上确切可考者，知晋时庐山有寺庙 5 处，山北有 4，山南有 1，此外尚有零星和临时的僧人禅房若干。

二　僧人数量的估量

文献中明确点出庐山僧人数量的有几处，现列出如下，并做一初步分析。

---

[1]　严耕望统计的东晋时期庐山寺庙无庐山寺，这大概是因为他认为庐山寺不是寺名。见其《魏晋南北朝佛教地理稿》，上海：上海古籍出版社，2007，第 129 页。

[2]　这些传说建于晋时的寺庙包括龙池、清泉、圆觉、中大林、上崇福、天池、多佛、高良诸寺，笔者以为，这些说法见于晚出文献，多同归宗寺建寺传说一样，出于伪托，不足为信。

第一条是《高僧传》记载慧远离开襄阳时"与弟子数十人，南适荆州"①。此数十人是慧远从襄阳出发时的数字，他们在荆州上明寺停留，然后方至庐山。揆之以理，这数十人既是慧远弟子，则应当全部或大部分随慧远到了庐山，成为慧远僧团的主体。

《出三藏记集》不记慧远出襄阳时僧人数量，但曾记录了道安僧团僧人的数量。一是南投襄阳前，"四方学士，竞往师之，受业弟子法汰、慧远等五百余人"；当道安僧团南投襄阳时，"与弟子慧远等五百余人渡河"②。此两数字当有一误，盖因渡河之前，道安已分遣法汰、法和率领部分僧人投扬州、蜀郡，而法汰"与弟子昙一、昙二等四十余人，沿江东下"③，随法和入川僧人的数量虽然不能确知，但既"率徒入蜀"④，其数量亦当在四十左右，再加上慧永等人，则渡河前后道安僧团数字应该相差百人左右，所以，《高僧传》记"与弟子慧远等四百余人渡河"⑤，想来即是此理。

法汰率领的徒众为"四十余人"，法和僧团的数量亦当相差不大，则慧远僧团最初之"数十人"亦当不会近百人，而亦在四十左右。慧永请求刺史桓伊为慧远建寺时说："远公方当弘道，今徒属已广，而来者方多。"⑥情况亦相吻合。所以，慧远初至庐山时，其僧团数量在四十人左右，加上慧永僧团以及其他散居僧人，当时庐山僧人数量在五十左右。

第二条资料可反映庐山僧团稳定时期的常态数字。镇南将军何无忌刺史江州时，驻寻阳，曾邀慧远、慧永等高僧在虎溪集会，《高僧传》记载此次雅集，慧远"从者百余，皆端整有风序"，而慧永则"怙然独往，率尔后至"⑦。可见慧远东林寺僧团有"百余"人，慧永西林寺僧团僧人数量的确不大，其他僧团僧人数量亦多在数人左右，故"百余"人当是庐山僧团较稳定的僧人数量。

---

① 释慧皎撰，汤用彤校注《高僧传》，北京：中华书局，1992，第212页。
② 释僧祐撰，苏晋仁、萧炼子点校《出三藏记集》，北京：中华书局，1995，第562页。
③ 释慧皎撰，汤用彤校注《高僧传》，北京：中华书局，1992，第192页。
④ 释慧皎撰，汤用彤校注《高僧传》，北京：中华书局，1992，第189页。
⑤ 释慧皎撰，汤用彤校注《高僧传》，北京：中华书局，1992，第178页。
⑥ 释慧皎撰，汤用彤校注《高僧传》，北京：中华书局，1992，第212页。
⑦ 释慧皎撰，汤用彤校注《高僧传》，北京：中华书局，1992，第232页。"怙然"，一作"恬然"。

这个数据亦可通过另几条资料得到证明。其一为《高僧传》在叙述完慧远弟子之后，有一总结性话语，曰："又有法幽、道恒、道授等百有余人，或义解深明，或匡拯众事，或戒行清高，或禅思深入，并名振当时，传业于今。"① 这个"百有余人"是慧远弟子的数量，与慧远僧团僧人的数量亦相差不远。

又，《阿毗昙心序》记提婆在庐山译《阿毗昙心》的盛况时说：

　　其年冬于寻阳南山精舍，提婆自执胡经，先诵本文，然后乃译为晋语，比丘道慈笔受。至来年秋，复重与提婆校正，以为定本。时众僧上座竺僧根、支僧纯等八十人。地主江州刺史王凝之，优婆塞西阳太守任固之为檀越，并共劝佐而兴立焉。②

此次译一经，而有僧人"八十人"之多！③ 这大概是一种集体学习的机会，所以庐山对义学稍感兴趣而又能到来的僧人皆来参加。

又，晋安帝元兴元年（402），慧远集合众人在东林寺般若台精舍无量寿佛像前，建斋立誓，共期西方，刘遗民曾作有发愿文，其文称："同志息心贞信之士，百有二十三人，集于庐山之阴，般若台精舍阿弥陀像前，率以香华敬荐而誓焉。"④ 这是庐山教团的一次盛会，所以大部分僧人均参与其中。这"百有二十三人"中，有僧人，亦有居士，其详细人名已不可知，此一数字亦证明庐山僧团的常有数量正在"百余"。

按照谢和耐的统计，9～10 世纪敦煌地区每一寺内的平均人数为 45人，而在 317～320 年晋王朝境内的各寺庙中，平均有 14 名僧人。⑤ 又据

① 释慧皎撰，汤用彤校注《高僧传》，北京：中华书局，1992，第 238～239 页。
② 释僧祐撰，苏晋仁、萧炼子点校《出三藏记集》，北京：中华书局，1995，第 377～378 页。
③ 中译本许理和《佛教征服中国》曾说："根据无名氏《阿毗昙心》的题记，公元 391 年之僧伽提婆译著此经时仅有 8 个和尚在一起。"（南京：江苏人民出版社，1998，第 392 页；2003，295 页。）笔者手头有荷兰布里尔（Brill）公司 2007 年英文版，原文是 "eighty"（八十）而非 "eight"（八）。
④ 释僧祐撰，苏晋仁、萧炼子点校《出三藏记集》，北京：中华书局，1995，第 567 页。亦见《高僧传》。
⑤ 谢和耐：《中国 5～10 世纪的寺院经济》，上海：上海古籍出版社，2004，第 15 页。

《比丘尼戒本所出本末序》：

> 拘夷国寺甚多，修饰至丽，王宫雕镂，立佛形像与寺无异。有寺
> 名达慕蓝（百七十僧），北山寺名致隶蓝（五十僧），剑慕王新蓝
> （六十僧），温宿王蓝（七十僧）。右四寺佛图舌弥所统，寺僧皆三月
> 一易屋床座或易蓝者，未满五腊，一宿不得无依止。王新僧伽蓝（九
> 十僧，有年少沙门，字鸠摩罗，乃才大高，明大乘学，与舌弥是师
> 徒，而舌弥阿含学者也）。
>
> 阿丽蓝（百八十比丘尼），输若干蓝（五十比丘尼），阿丽跋蓝
> （三十尼道），右三寺比丘尼统，依舌弥受法戒。①

这是东晋孝武帝时西域寺庙僧尼的情况。②庐山僧团以慧远僧团为最
大，初始数量为"四十"左右，接近谢和耐统计的平均数，而巅峰时期数字
为"百余"，则远超过平均数字，与当时大庙的僧人数量相吻合。但考虑到
其他僧团僧人数量的稀少，则庐山每寺庙平均数量与谢和耐统计基本吻合。

此外，提到庐山僧团僧人数量的文献还有一条，即《慧持传》中所
称："庐山徒属，莫匪英秀，往返三千，皆以持为称首。"③ 这个"三千"
是很大的数量，但应该是个估计的数字，而且是指往返庐山的僧人，即包
括来庐山游学、观化的僧人，如僧伽提婆、法识道人、宝云、慧观等。则
此"三千"虽是估数，但亦大体可信。考虑到僧传中称当时的鸠摩罗什僧
团有"三千余僧"④"三千徒众"⑤，稍早的佛图澄僧团则"受业追游，常
有数百，前后门徒，几且一万"⑥，则此数字在文字上尚显保守。

三　庐山寺院经济

谢和耐先生对5～10世纪的寺院道场和僧人数量之研究，目的在考察

---

① 释僧祐撰，苏晋仁、萧炼子点校《出三藏记集》，北京：中华书局，1995，第410～411页。
② 北魏时代，限制出家人数，如孝文帝诏令，大州每年出家100人，中州50人，下州则20人。
③ 释慧皎撰，汤用彤校注《高僧传》，北京：中华书局，1992，第229页。
④ 释僧祐撰，苏晋仁、萧炼子点校《出三藏记集》，北京：中华书局，1995，第534页。
⑤ 释慧皎撰，汤用彤校注《高僧传》，北京：中华书局，1992，第54页。
⑥ 释慧皎撰，汤用彤校注《高僧传》，北京：中华书局，1992，第356页。

当时的寺院经济。谢氏开篇曾感叹研究资料的匮乏，然则，对于 5 世纪以前的中国佛教寺院及僧人数量的考察则更是难上加难。笔者此处对庐山寺院及僧人数量的考察主要意图在估量当时庐山佛教发展之概貌，而对于当时寺院经济的考量仅能浅尝辄止。

笔者首先注意到的是寺院所处地理位置。在东晋时期，僧人已经开始进军山林，其意图在于"躲避"城市。而城市是经济的中心，那么，僧人投身山林是否就意味着"躲避"经济，而不产生经济活动呢？

就主观意图来讲，僧人无论身在都市，抑或是在山林，其修行目的皆在自度度人，均有避免经济活动的意图。但僧人的修行又不可能与世隔绝，必然产生物质消耗活动，特别是形成规模的寺院道场僧人的生活消费，即使主要依靠檀越资助，亦不能避免经济活动的产生。依我们的世俗眼光来看，有消费就有经济活动的产生。

非止于此。笔者在考察庐山寺院地理位置时发现，在山林中修建寺院，发展道场与纯粹的头陀修行有本质区别。头陀修行，虽处山林野郊，多是个人行为，而山林道场则是有组织、有宗旨的集体修行，两者意义大异。所以，山林道场虽处山林，却与都市保持着密切联系。严格来讲，头陀是有意识地"躲避"都市，山林修行则可看作栖身山林，或者仅是将山林作为修行场所，是"借用"山林。所以，早期的山林道场多选在接近都市的郊外，有便捷的交通与都市保持各种联系。道安所住檀溪寺如此，慧远东林寺亦如此。

东林寺之位置位于驿道一侧，地近繁华。即使是慧远早期所住龙泉寺，亦非深山老林。另一个值得注意的现象，就是这些寺庙多数聚集在山北。东林寺、西林寺、龙泉寺、庐山寺，皆在山北，山北靠近寻阳郡治，正接近都市一面。①

庐山寺院经济第二点可注意的地方是我们可以从残存资料里推测出，寺院生活应以自给自足为重要来源甚至主要来源。

笔者以为，一般的资料或研究著作中过高估计了地方大族或政府的檀越行为。《名僧传抄》里曾记载了宝云参加修建般若台的经历，这说明虽

① 山林佛教与都市佛教的独立是相对而言的，非谓互相隔绝，此详后章。

然有陶范、桓伊等人资助修建寺院的行为，但寺院僧人在寺院建设中并不是袖手旁观或指挥的，而是亲身参与劳动的。至于那些佛像铸造、佛影图绘，无不凝聚着僧人的劳动。

至于日常普通衣食，笔者以为当时亦主要依靠自力更生。有关庐山僧众自力更生的直接资料尚无，但我们可以给出有说服力的推测。《高僧传》曾记载了道安、法显参与田间劳动的事实。如道安初出家，"驱役田舍，至于三年"，后虽得到学习佛经的机会，亦是"赍经入田，因息就览"①。又如法显，"尝与同学数十人，于田中刈稻"②。这说明，寺院均有自己的田园，而不少寺院的田园里，僧人是主要的劳动力。

从庐山走出的僧人法安在新阳时因为为百姓除去虎患，而得到当地人民爱戴，供给寺庙，寺庙"左右田园皆舍为众业"③。而在今天的东、西林寺旁边，仍可见良田、池塘。寺前虎溪，蜿蜒流向漉水，进入长江，农业耕作条件极其优良。至近代，寺旁不少田园仍属二寺。可以想见，在东晋时期，东、西二林以及其他寺庙可以拥有一定数量的田园，僧人的基本生活正是依赖这些田园得到保证。

当然，这些田园一定是从政府手中得到或者得到政府肯定而获得，但这并不能改变寺院经济自给自足的事实。

庐山寺院经济的第三点，即施舍仍是寺院经济的重要补充。

真正的高僧应该将主要精力放在修行和弘法方面，而不是其他，所以，在印度等地，僧团的一切物质需要皆来自施主施舍。但在中国，由于传统文化的关系，这种方式不可能得到完全展开，而需要有寺院自己的生产。但寺院的修行和弘法使得他们没有精力去从事大规模的生产和经济活动，而自给自足的那些生产活动难以满足全部的需要，必须要有外部的施舍来进行补充。

道安在襄阳期间，曾得到当地大族如习凿齿和地方官如朱序的资助。习凿齿曾赠众僧梨子十枚，数量似乎少了些，但可以想见，这样的赠送活

① 释慧皎撰，汤用彤校注《高僧传》，北京：中华书局，1992，第177页。
② 释慧皎撰，汤用彤校注《高僧传》，北京：中华书局，1992，第87页。
③ 释慧皎撰，汤用彤校注《高僧传》，北京：中华书局，1992，第235页。

动不止一次。而郗超一次赠米即至千斛，晋孝武帝则更慷慨，下诏："俸给一同王公，物出所在。"① 道安是否真的能够按期得到王公的俸禄，可以打个问号。但由此亦可以看出，寺院，特别是一些大寺院能够经常得到檀越们的资助。从资料里可见慧远僧团得到资助的情形如下：

陶范资助慧永建西林寺。

桓伊资助慧远建东林寺。

王凝之资助东林寺译经，此类檀越资助译经的活动在当时较为普遍。

卢循赠送益智等六种食物②，情节与习凿齿赠梨相类。

秦主姚兴"致书恳勤，信饷连接"③。

宋武帝刘裕"赍书致敬，并遗钱米"④。

晋安帝过寻阳，"遣使劳问"，似亦有馈赠。至于殷仲堪"过山展敬"，卢循"入山诣远"等等，自然亦有资助。

此外，刘遗民、周续之、宗炳、雷次宗等人入山事远，应当皆有所献。如刘遗民，《广弘明集》载其"晋太元中除宜昌、柴桑二县令"，丁母忧，去职入山，于西林涧北，别立禅坊，养志闲处，"安贫不营货利"⑤。此处特别点明其不营货利，而元康所作《肇论疏》引慧远所作《刘遗民传》云其"禄寻阳柴桑，以为入山之资"⑥。"入山之资"自然不一定是物质之资，但"禄寻阳柴桑"之"禄"字则说明，刘遗民入山的确是需要一定的物质资本的，这些资本一是供自己使用，另一些施舍给寺院亦在情理之中。

慧远临终疾笃，众人先"请饮豉酒""又请饮米汁""又请以蜜和水为浆"，米汁或为常见，豉酒、蜜恐非寻常百姓家多见，此资料若属实，则当时的僧众生活资料亦比较丰富。这些物品自然不是全部自给自足而来。

---

① 释慧皎撰，汤用彤校注《高僧传》，北京：中华书局，1992，第181页。

② 欧阳询《艺文类聚》卷八十七载慧远致卢循书："损饷六种，深抱情至。益智乃是一方异味，即于僧中行之。"上海：上海古籍出版社，1965，第1498页。

③ 释慧皎撰，汤用彤校注《高僧传》，北京：中华书局，1992，第218页。

④ 释慧皎撰，汤用彤校注《高僧传》，北京：中华书局，1992，第216页。

⑤ 释道宣：《广弘明集》，《大正藏》第52册，石家庄：河北省佛教协会影印，2005，第304页。

⑥ 释元康：《肇论疏》，《大正藏》第45册，石家庄：河北省佛教协会影印，2005，第181页。

第二章　庐山慧远教团与
各地教团的联系

　　慧远到达庐山后，对内加强佛法修持，经典讲论，对外则与地方修睦关系，尤其加强与上游荆襄教团、蜀郡教团，下游东南教团和北方长安教团的联系。这些联系既促进了各地佛教僧才的交流，延续了道安慧远一系教团在长江流域的发展，亦促进了佛理探讨和佛学发展，促进了庐山慧远教团佛教中心地位的确立。用一个不恰当的比喻，荆襄教团可谓道安慧远系教团中军，蜀郡教团、东南教团为左右军，庐山居于指挥中枢，长安教团则为友军。

第一节　与荆襄教团的联系

　　广义的荆州与湖广地区重合较多，东汉时辖七郡，东汉末年析出襄阳、章陵二郡，故称荆襄九郡。荆州州治先后在湖南汉寿，湖北襄阳、公安、江陵，以今湖北省地域为主。湖广有三个政治经济中心，从上至下依次为襄阳、江陵（荆州）、武昌（鄂州）。顾祖禹曾云："湖广之形胜，在武昌乎？在襄阳乎？抑在荆州乎？以天下言之，则重在襄阳；以东南言之，则重在武昌；以湖广言之，则重在荆州。"[①] 湖广地区的早期重心在襄阳、江陵，后期则偏向东南武昌，故此一地区亦称荆襄。考虑到历史上较长时期内，襄阳、荆州、武昌三地的紧密联系，此处乃将襄阳与江陵等地

---

① 顾祖禹撰，贺次君、施和金点校《读史方舆纪要》，北京：中华书局，2005，第 3484 页。

教团合称荆襄教团，武昌教团亦附于此。①

在道安之前，襄阳已是佛教的重要地域，传称，竺法慧于"晋康帝建元元年至襄阳，止羊叔子寺"②。法慧在襄阳，不受别请，至时分卫，保持着印度僧人的习惯，颇有神异之迹。

至道安将襄阳作为其"仪轨西北"并与法汰等人呼应的重要根据地，襄阳便成为当时天下佛教中心之一。道安的北归使襄阳佛教事业受到重创，但战后又渐渐恢复，襄阳继续成为佛法重地，吸引着各地高僧。曾支持道安译经的苻秦赵正，在苻坚逝后出家，更名道整，"后遁迹商洛山，专精经律。晋雍州刺史郄恢，钦其风尚，逼共同游，终于襄阳，春秋六十余矣"③。

慧远晚年所收弟子有名僧彻者，深受慧远器重。僧彻本晋阳王族之人，少孤，兄弟二人流落寓居襄阳。因慕慧远之名，僧彻十六岁入庐山拜师，问答颇得慧远之心。慧远问："宁有出家意也？"僧彻对曰："远尘离俗，固其本心。绳墨镕钧，更唯匠者。"意思是本心要远离尘俗，出家为僧，但要真正得道，成为合格僧才，尚待高僧教化指点。慧远评价说："君能入道，当得无畏法门。"僧彻在慧远门下受业，尤精《般若》经典，至年二十四，得讲《小品》，听者无以折其锋。慧远亡后，僧彻住江陵五层寺，后移琵琶寺。

慧远的另一弟子释道温亦来自襄阳。释道温为安定皇甫谧之后，流落襄阳，年十六入庐山依慧远受学，后又入关师事鸠摩罗什，"元嘉中还止襄阳檀溪寺，善大乘经，兼明数论，樊邓学徒并师之"④。众多弟子来自襄阳，说明襄阳的道风依然保留甚盛，檀溪寺亦未因道安离去而遭毁，道温等人游学各地后又回到襄阳，对当地的佛教发展有重要的推动作用。襄阳皇甫氏后又有释僧慧，出家荆州竹林寺，事昙顺为师，为慧远再传弟子。僧慧后为荆州僧主，专心义学，兼善庄老，颇有慧远遗风。

---

① 当时的襄阳为梁州州治，江陵为荆州州治，武昌则与寻阳郡同属江州，江州州治先在武昌，后转豫章、寻阳等地。
② 释慧皎撰，汤用彤校注《高僧传》，北京：中华书局，1992，第371页。
③ 释慧皎撰，汤用彤校注《高僧传》，北京：中华书局，1992，第35页。
④ 释慧皎撰，汤用彤校注《高僧传》，北京：中华书局，1992，第287～288页。

荆州是道安教团一系的重要基地，道安在襄阳时，教团已经延伸到了江陵（当时荆州治所）一带，这源于昙翼住持长沙寺。

释昙翼，俗姓姚，乃羌人之后，一说冀州人。年十六出家，事安公为师。少以律行见称，学通三藏，为门人所推重。慧远法师在道安门下，贫旅无资，昙翼常给以灯烛之费，使得慧远能够专心学习，深受道安的赞赏。道安栖止襄阳檀溪寺，昙翼乃往侍奉。长沙太守滕含在江陵有一处房舍，欲舍之为寺，于是请求道安派遣一位高僧为纲领。道安乃指派昙翼前往，临行前，道安对昙翼说："荆楚士庶，始欲师宗，成其化者，非尔而谁!"昙翼杖锡南征，以滕含旧宅为基础，缔构寺宇，取名长沙寺。

江陵是荆州治所，当时镇守荆州的是桓豁。桓豁，字朗子，谯国龙亢（今安徽怀远西）人，桓温次弟。初征聘于司徒府，授以秘书郎，后简文帝召其为抚军从事中郎，授吏部郎，皆不就。谢万败于梁濮，许昌、颍川诸城相继陷没，西藩骚动，桓豁乃督沔中七郡军事，击破慕容屈尘，进号右将军。桓温把持朝政，桓豁被任为荆州刺史，督荆、扬、雍州军事，领护南蛮校尉。桓豁镇荆州时，曾请道安至江陵传法。[①] 后朱序镇襄阳，道安受朱序之邀又返回襄阳。所以，道安对江陵之地十分重视，派遣昙翼前往传法是道安一系僧团发展的重要举动。

太元三年（378）二月，秦将苻丕侵扰襄阳，兼及江陵。八月，桓豁卒。十月，朝廷以车骑将军桓冲都督荆、梁、宁、益、交、广六州诸军事、领护南蛮校尉、荆州刺史。桓冲到达江陵，以敌势尚强，乃将荆州州治从江北之江陵转移至江南上明（今湖北松滋）。昙翼随众到彼，在上明又立上明寺。战争结束后，昙翼又返回江陵，上明寺仍存，亦称东寺。

昙翼等人在江陵、上明所立寺庙成为道安僧团的重要基地。襄阳被苻坚政权攻陷，道安被迫北上，门下弟子多至昙翼处避难，或留在此地协助昙翼弘法，或在此休整后辗转到他地弘法。于是，在江陵长沙寺及上明寺聚集了一批道安同学及弟子，前者如竺僧辅，后者如昙翼、法遇、昙徽、昙戒等。

---

① 《高僧传·法汰传》谓是桓温，《出三藏记集·道安传》谓是桓冲，皆误。

慧远等人亦在江陵停留，后方至庐山。至庐山后，慧远等人与江陵僧团仍保持着密切联系。《法遇传》载：

> 时一僧饮酒，废夕烧香，遇止罚而不遣。安公遥闻之，以竹筒盛一荆子，手自缄封，题以寄遇。遇开封见杖，即曰："此由饮酒僧也，我训领不勤，远贻忧赐。"即命维那鸣槌集众，以杖筒置香橙上，行香毕，遇乃起，出众前，向筒致敬。于是伏地，命维那行杖三下，内杖筒中，垂泪自责。时境内道俗莫不叹息，因之励业者甚众。既而与慧远书曰："吾人微暗短，不能率众，和上虽隔在异域，犹远垂忧念，吾罪深矣。"①

道安在襄阳曾条制佛法宪章，为天下僧人所遵守，其中即有"行香定座上经上讲之法"，所以行香是极重要的佛事活动。法遇在江陵率众修行，有僧因饮酒而废夕烧香，一定有相应的惩罚措施，法遇"止罚而不遣"，则说明按规应遣出寺门，而法遇给予了较轻的惩罚。此事能远传至北方秦地的道安，说明当时道安虽在异域，仍能比较畅通地得到南方的消息，他犹是江陵等地僧团的精神领袖。而法遇致书慧远，自揭己短，则是与庐山兄弟僧团之间互相砥砺、肝胆相照的表现，亦说明江陵僧团与庐山僧团之间保持着密切的联系。②

佛驮跋陀罗被秦僧摈出，应慧远之邀请，南下至庐山。随同佛驮跋陀罗来到庐山的是曾在庐山学习的宝云、慧观等人。在庐山住了一年多时间，佛驮跋陀罗与宝云、慧观于义熙八年（412）到达江陵。在江陵，佛驮跋陀罗等人得到司马休之的崇敬。司马休之为慧观等人建高惺寺。后来宋武帝刘裕攻打司马休之，来到江陵，对慧观亦十分敬重。后应刘裕之请，大家又一起到京师，安止道场寺。由此可见，江陵与庐山佛教间一直有着不断的人员往来。

---

① 释慧皎撰，汤用彤校注《高僧传》，北京：中华书局，1992，第 201 页。"题以寄遇"，原无"题"，据《大正藏》本及《名僧传抄》补。
② 这可能还意味着慧远在庐山，已取得道安一些教团的领导地位。

南蛮校尉刘遵于江陵立竹林寺，请慧远派遣僧人住持，慧远派遣了昙顺。昙顺本黄龙人，受业鸠摩罗什，后到庐山师事慧远。昙顺德行高远，至竹林寺后，专心义学，使之成为荆州名寺。昙邕追随慧远，始终不忍离弃，慧远卒后，昙邕乃至竹林寺，卒于彼寺。竹林寺后有释僧慧、释道馨、释慧球等高僧，皆与昙顺之力密不可分。尤其僧慧，为慧远再传，颇有远之风范。

慧少出家，止荆州竹林寺，事昙顺为师。顺庐山慧远弟子，素有高誉。慧伏膺以后，专心义学，至年二十五，能讲《涅槃》、《法华》、《十住》、《净名》、《杂心》等。性强记，不烦都讲，而文句辨析，宣畅如流。又善庄老，为西学所师。与高士南阳宗炳、刘虬等，并皆友善。炳每叹曰："西夏法轮不绝者，其在慧公乎。"吴国张畅经游西土，乃造慧而请交焉。齐初敕为荆州僧主，风韵秀然，协道匡世，补益之功，有誉遐迩。年衰，常乘舆赴讲，观者号为秃头官家。与玄畅同时，时谓黑衣二杰。[①]

慧远另一弟子法安，出外游方，至阳新县，因为消除了当地虎患，被当地百姓留住，捐社屋为寺，左右田园皆舍为寺业。法安在当地颇得信奉，并曾资助慧远一铜钟以铸造佛像。

《高僧传》又载太元年间慧远迎请武昌寒溪寺文殊菩萨像之事。初，陶侃得一阿育王像，送至武昌寒溪寺。像有灵验，寺主僧珍往夏口，梦寺遭大火，而像屋有神龙围绕。僧珍回寺，发现全寺焚尽，唯像及像屋独存。陶侃移镇，以像有威灵，欲携以自随，而像沉长江，竟不能获。慧远创寺既成，祈心奉请，佛像乃飘然自轻，从容至寺。依此故事，慧远曾远赴武昌，迎请佛像。或者虽不一定是慧远亲自前往，或者根本是武昌送来佛像亦未可知，但当时庐山与武昌一带的佛教亦有联系则可证明。[②]

---

① 释慧皎撰，汤用彤校注《高僧传》，北京：中华书局，1992，第 321 页。

② 在今鄂州（古武昌）则流传着慧远在此地建西山寺、寒溪寺、灵泉寺之说，因为后起之说，姑不讨论。

第二节　与蜀郡教团的联系

道安慧远一系教团与蜀郡教团的联系可追溯到法和。道安新野分张徒众之时，法汰诣扬州，"法和入蜀，山水可以修闲""巴汉之士，慕德成群"①。襄阳陷没，道安北归，法和又追随入关，先后助道安、鸠摩罗什译经，可谓鞠躬尽瘁。道安另一弟子释昙翼，亦曾经游蜀郡，为刺史毛璩所重。

至慧远时，其弟慧持与蜀郡教团乃产生莫大关系。慧持自幼与慧远形影不离，游学许洛，投簪道安，自襄阳至庐山，皆随远共止。隆安三年，乃辞远入蜀，住龙渊精舍，大弘佛法。刺史毛璩，雅相崇挹，沙门慧岩、僧恭，望风推服。慧持在蜀有弟子道泓、昙兰等人，临终遗留经籍、法典于弟子，以务勖律仪为命。

慧远教团中另一弟子释道汪亦与蜀郡教团有莫大渊源。道汪年十三，即投慧远出家，研综经律，雅善《涅槃》。后经行四方，旋于成都，征士费文渊从之受业。道汪立寺于州城西北，名曰祇洹，"化行巴蜀，誉洽朝野"②。

慧远另一弟子，释慧睿，则自蜀郡而来。慧睿少小出家，执节精峻，常游方而学经。在蜀郡西界时，被人掠为奴，被一位优婆塞商人赎回。慧睿后又游历诸国，至南天竺界，"音译诂训，殊方异义，无不必晓"③。归国后，还憩庐山。后又入关从什公谘禀，终止京师乌衣寺。

总体来讲，由于蜀郡离庐山较远，关山阻隔，两地教团之间的联系不如庐山教团与荆襄教团、东南教团之间密切。

第三节　与东南教团的联系

建康一带一直是南方的政治和经济中心，也一直是南方佛教的中心。道安早就读过康僧渊等人的作品，他自然对那里既陌生而又熟悉，所以，

---

① 释慧皎撰，汤用彤校注《高僧传》，北京：中华书局，1992，第178页、189页。
② 释慧皎撰，汤用彤校注《高僧传》，北京：中华书局，1992，第283页。
③ 释慧皎撰，汤用彤校注《高僧传》，北京：中华书局，1992，第259页。

在新野分张徒众时，道安建议法汰前往扬州："彼多君子，好尚风流。"①法汰则对道安说："法师仪轨西北，下座弘教东南，江湖道术，此焉相望矣。"② 法汰到达建康后，不负厚望，逐渐树立起威信，使道安教团的力量扩充开来，很好地支援了长江上游如江州、荆州、蜀地佛教的发展。

法汰至建康后，住瓦官寺。瓦官寺本是河内山玩公墓地，后为陶处（官府管理陶业之处），晋兴宁中沙门慧力启乞为寺，及汰居之，更拓房宇，修立众业，使之成为名寺。随法汰至建康者四十余人，有名者有昙一、昙二等人。昙一、昙二"并博练经义，又善老易，风流趣好，与慧远齐名"。另有竺僧敷，传称其西晋末移居江左，似与法汰等人不同，但依其学说，亦道安集团中人也。僧敷尤善《放光》及《道行波若》，正与道安、法汰以及当时的学术文化风气相合。僧敷著《神无形论》及《放光》《道行》等经义疏，传播了般若学说，当时仗辩之徒，慨然信服。在这些人的帮助下，瓦官寺成为道安集团的重要基地。晋太宗简文帝曾亲临瓦官寺听法汰讲《放光经》，王侯公卿，莫不毕集，黑白观听，士女成群。法汰慧解过人，流名四远，咨禀门徒，以次骈席，《高僧传》称："三吴负袠至者千数。"所谓三吴，一般指吴郡、吴兴郡、会稽郡三郡之地，是吴越以至孙吴时的统治中心地带。晋时的东南除建康京师外，以三吴最为核心，尤其在会稽郡集中了众多高僧。慧远未至庐山前，南方佛教以建康及会稽最为隆盛。《高僧传》以"三吴"为名，实则概括了当时东晋最为核心的统治区。法汰等人的努力不仅奠定了法汰在扬州三吴，即长江下游的地位，亦确立了道安集团在南方佛教中的影响和地位，建立起了道安集团与扬州佛教的联系。

法汰在建康期间，多次与道安通信。僧敷之传称："（法）汰与（道）安书，数述（僧）敷意。"③ 僧敷卒后，法汰致书道安云："每忆敷上人周旋如昨，逝殁奄复多年，与其清谈之日，未尝不相忆。思得与君共覆疏其美，岂图一旦永为异世。"④ 可见，法汰在建康与道安等人一直保持着密切

---

① 释慧皎撰，汤用彤校注《高僧传》，北京：中华书局，1992，第178页。
② 释慧皎撰，汤用彤校注《高僧传》，北京：中华书局，1992，第192页。
③ 释慧皎撰，汤用彤校注《高僧传》，北京：中华书局，1992，第197页。
④ 释慧皎撰，汤用彤校注《高僧传》，北京：中华书局，1992，第197页。

联系。

与庐山关系密切的竺道生曾是法汰高弟。道生俗姓魏，寓居彭城，遇法汰而改俗皈依，伏膺受业。法汰太元十二年（387）往生，道生乃于隆安年间到达庐山，幽栖七年，以求其志。慧睿、慧严、慧观等人与道生似是同时至山，当皆是在东南风闻庐山之名，乃与道生一起至止庐山的。又有释道汪，俗姓潘，幼随叔寓居建康，年十三即投庐山从慧远出家。道汪在庐山修行十余年，研综经律，雅善《涅槃》，后往梁州，化行巴蜀。①

而吴地台寺支法济弟子道祖、僧迁、道流等人亦慕慧远之风，共入庐山七年，并在山中受戒，各随所习，日有其新。慧远曾言，若尽如此辈，不复忧后生矣。僧迁、道流不幸二十八岁时病卒②，道祖学成后则返回至京师瓦官寺讲说，深受桓玄敬重。桓玄欲使沙门敬王者，道祖乃辞还吴之台寺。当时慧远亦反对沙门敬王者之议，道祖此举是京城沙门与庐山僧团团结的表现。从吴地到庐山求学的尚有释慧静等人。

庐山对东南僧众的吸引力一直在延续。余姚释道慧，寓居建康，十一岁时出家灵耀寺，为僧远弟子。至其年十四岁时，读到慧远文集，慨然叹息，恨有生之晚。乃与友人智顺溯流千里，住西林寺，观远遗迹，涉历三年，更还京邑。寿春释僧印，初游彭城，从昙度受《三论》，禀味钻研，穷其幽奥。僧印后专至庐山，从慧龙谘受《法华》。慧龙为当时《法华》名家，疑为慧远后学。

与道生、道祖等人游方求学不同，亦有不少法师对慧远等人充满怀疑，认为名实不符，前来挑战。京师慧义法师，风格秀举，志业强正，备通经义，曾欲造山问难，对慧远弟子慧宝说："诸君庸才，望风推服，今试观我如何。"及至山，正值慧远讲《法华经》，慧义每欲发难，辄心悸汗

---

① 此据《名僧传抄》，《高僧传》于道汪"年十三投庐山远公出家"后，谓其蔬食数十年，易生误会。不若《名僧传抄》谓其"停山十余载"之后方言"茹蔬饮素五十余年"清晰。汤用彤校注未能清晰辨明此点。

② 《高僧传·鸠摩罗什传》云姚兴"使沙门僧□、僧迁、法钦、道流、道恒、道标、僧睿、僧肇等八百余人谘受什旨"，此僧迁、道流似仅与庐山之僧迁、道流同名而已。

流，终不敢语。慧义法师可作为当时前来论战僧人的一个典型。①

既有东南僧众来庐山游方问学，亦有庐山僧众前往建康观化。慧远、慧持有一姑，出嫁同郡解直为妻。解直曾为寻阳县令，不幸病亡在任，她乃出家在江夏，法名道仪。道仪欲至京师观化，慧持陪同。太元二十一年（396），慧持与道仪至建康，道仪住何后寺，慧持住东安寺。慧持在建康受王珣礼遇，与京师高僧共同参究佛理，助译《中阿含》等佛经。其时，僧伽提婆亦从庐山来，庐山所译《阿毗昙心》在京师传播开来。经过僧伽提婆与慧持等人的宣传，阿毗昙学在东南迅速成为显学。

又有释慧虔，俗姓皇甫，栖憩庐山十余年。慧虔专心义学，罗什新出诸经，皆加敷显，宣扬德教，道俗景仰，莫不属慕风采。《高僧传》谓其以慧远在山，足以振兴玄风，乃东游吴越，弘赞佛法。②

第四节　与长安教团的联系

道安教团与北方教团有着千丝万缕的联系。首先，他们来自北方。后赵短期和局部的安定局面曾给佛教发展提供了巨大机遇，并助生了一代高僧佛图澄的伟大弘法事业，佛图澄成为当时北方的僧伽领袖。道安是佛图澄最优秀的弟子之一，佛图澄曾对众僧赞扬道安说："此人远识，非尔俦也。"在后赵覆亡后的很长一段战乱时间里，道安仍是以北方为根据地，辗转山林，发展其教团的。

其次，道安本人一直向往北方，即使北方被所谓的蛮夷——少数民族占领。无论如何，北方曾是中土政治、经济、文化的中心，亦是中土文化

---

① 释慧皎撰，汤用彤校注《高僧传》，北京：中华书局，1992，第215页。《高僧传》卷七有《慧义传》，卷六《慧远传》不言造山问难之慧义即卷七之慧义，恐为之讳，而《慧远传》谓慧义"强正少惮"，《慧义传》亦谓其"志业强正""备通经义"，与与乌衣寺慧睿交好，可证两慧义为一人。

② 释慧皎撰，汤用彤校注《高僧传》，北京：中华书局，1992，第209页。慧虔疑为安定朝那皇甫谧之后。《高僧传》所记有四位高僧姓皇甫，其中僧远家族避难海隅，改姓皇，为宋齐间人，住京师上定林寺，其余三位皆与庐山有关。慧虔之外，道温《高僧传》明确为高士谧之后，年十六入庐山依慧远受学，后游长安复师童寿，元嘉中这止襄阳檀溪寺。僧慧，《高僧传》亦明确为高士谧之苗裔，先人避难寓居襄阳，出家荆州竹林寺，事昙顺为师，昙顺则为庐山高弟。

的代表。道安虽然逃离北方，但亦和其他南迁士族、百姓一样，希望有朝一日能够回到北方，这亦是他选择襄阳的原因。襄阳处于南北交界之地，基本处于南方政权控制之下，有较稳定的政治、经济局面，但从文化上来讲，与北方联系更加紧密。这里曾是东汉发源地，南阳故都所在地。而且，道安在这里仍然可以和北方僧伽保持联系。在新野分张徒众时，法汰曾对道安说："法师仪轨西北，下座弘教东南。"可见，坐镇襄阳，规划西北佛教弘法大局，正是道安的计划。

道安在襄阳时，与北方佛教保持着密切联系。不仅苻坚等人送来各种佛像，前凉地区亦有僧人辗转送来《光赞》《须赖》《首楞严》《渐备经》等。《渐备经十住梵名并书叙》载：

> 此同如慧常等凉州来疏，正似凉州出，未详其故。或乃护公在长安时，经未宣流，唯持至凉州，未能详审。泰元元年，岁在丙子，五月二十四日，此经达襄阳。释慧常以酉年，因此经寄互市人康儿，辗转至长安，长安安法华遣互市人送至互市，互市人送达襄阳，付沙门释道安。襄阳时有斋僧三百人，使释僧显写送与扬州道人竺法汰。《渐备经》以泰元元年十月三日达襄阳，亦是慧常等所送，与《光赞》俱来，顷南乡间人留写，故不与《光赞》俱至耳。《首楞严》、《须赖》并皆与《渐备》俱至凉州，道人释慧常，岁在壬申，于内苑寺中写此经，以酉年因寄，至子年四月二十三日达襄阳。①

我们看这四部经的流传，从长安至凉州，复又从凉州至长安，再至南乡、襄阳，后又至扬州，其间跨历多个政权，经过多人的努力，真正的不易！由此我们可以看出，当时僧界的联系，虽有政权的阻隔，但由于僧人的坚韧和智慧，却一直保持着，我们不能不对他们感到由衷的敬佩！

当道安回归长安之后，因了他的影响，仍能担当当时中土僧界的领袖，所以有寄荆法遇等事的发生。道安亡后，鸠摩罗什凭借其佛学知识背景，成为当时僧界当之无愧的佛学领袖，慧远、王珣、王稚远等人皆曾致书罗什，

---

① 释僧祐撰，苏晋仁、萧炼子点校《出三藏记集》，北京：中华书局，1995，第333页。

问学咨决，许多义学沙门亦不远万里，到长安求学。以下从人员交流、经像交流、佛学交流三方面将庐山与长安之间的佛教交流勉强述之。

一　人员交流

由于慧远和鸠摩罗什在南北两地的地位，使得庐山和长安成为当时南北最大两处僧人求学目的地，两地有着频繁的人员交流。从庐山到长安求学的有道生、慧睿、慧严、慧观、宝云、道温、慧安、法庄、僧翼等人。尤其道生、慧观在鸠摩罗什僧团中声誉颇高，时人称之曰："通情则生、融上首，精难则观、肇第一。"① 其中生即道生，观即慧观，皆从庐山而出。慧皎总结译经则说："时有生、融、影、睿、严、观、恒、肇，皆领悟言前，辞润珠玉，执笔承旨，任在伊人。"② 其中不仅有道生、慧观，又有慧严。宝云、慧观二人后随佛驮跋陀罗重至庐山，辗转江陵，最后到京师，住道场寺，于南方佛经翻译事业影响重大。

由长安到庐山亦有不少高僧，如昙邕、昙顺、慧庆等。昙邕本是苻秦之将军，淝水之战后从道安出家。道安逝后，昙邕到庐山投慧远为师。因为昙邕熟悉长安情形，且有独当一面的才能，所以曾作为庐山信使往来两地十余年，为两地佛教交流立下卓著功勋。慧远请教大乘大义的书信。帮助佛驮跋陀罗解围的书信等等，皆是昙邕送出。昙顺少受业于鸠摩罗什，后来到庐山师事慧远。后为慧远派遣到江陵竹林寺，成为该寺第一代住持。慧庆则稍晚，《高僧传》记此人较简略，而《名僧传抄》则较详细。据《传抄》，慧庆本广陵人，专笃戒行，涉学经律，泛研禅诵。慧庆于晋义熙中到达长安，后于宋元嘉年间来到庐山。慧庆乘船时曾遇大水，因专心念诵观世音而得救，三归五戒弟子贵贱数万人。③

二　经像交流

长安与庐山之间的人员交流是两地最重要的交流内容，直接促进了两

---

① 释慧皎撰，汤用彤校注《高僧传》，北京：中华书局，1992，第264页。

② 释慧皎撰，汤用彤校注《高僧传》，北京：中华书局，1992，第142页。

③ 释宝唱撰，释宗性抄《名僧传抄》，《卍续藏经》第134册，台北：新文丰出版公司，1976，第23页。

地佛教的沟通和发展。另外，通过僧人之间及其他渠道（比如互市），两地还互相交流佛经、佛像等法物，这也是两地佛教交流的重要内容之一。

后秦姚兴等人对慧远等人深加礼敬，致书殷勤，信饷连接，赠以龟兹国细缕杂变像，又令姚嵩献其珠像。鸠摩罗什新译《大智度论》刚刚完毕，姚兴即派人送至庐山，并邀请慧远为论作序。

此外，《十诵律》《禅法要解》等经论亦均在长安译就，传播到庐山。《十诵律》梵本先有弗若多罗诵出，罗什译为晋言，而译至三分之二时，多罗不幸弃世。慧远关心此经的翻译进程，甚至应该能看到翻译的初稿，当他知道翻译未竟时，十分惆怅，所以当他听说善诵此部的昙摩流支到达长安后，立即派遣昙邕带着他的书信到长安，祈请续译。而当佛驮跋陀罗在庐山翻译出数部禅法经典后，慧远为它们作了《统序》，序中他称赞跋陀罗的禅法，而对鸠摩罗什的《禅法要解》提出委婉的批评。可见，慧远对长安的译经非常了解，并进行过深入研究。这均得益于两地佛经交流的畅通。此前，道安在长安组织翻译的《阿毗昙心》等经论亦传至庐山，所以，当僧伽提婆来到庐山，慧远邀请他重新翻译，因为先前的翻译颇多疑滞，且有缺漏。

慧远除了与长安交流佛经外，还有更宏大的佛经计划，他修建般若台，作为接待来往西域高僧的专门场所，亦将之作为翻译佛经的专门场所。他还派出法净、法领等人组成的取经团，主动去西域之地寻求佛经。法净等人于东晋孝武帝太元十七年（392）前往西域，后秦弘始十年（408）到达长安。这次西行，据鸠摩罗什弟子僧肇之说，请得佛经二百余部，请得法师四人，大大促进了长安译经事业的发展，被僧肇誉为"千载之津梁"①。

三 佛理探讨

通过人员交流、书信往来等形式，长安与庐山互相请益，对佛学展开讨论，加深了人们对佛教和佛学的认识，促进了佛理的传播。其中有两次

---

① 释僧肇：《致刘遗民书》，《肇论》，《大正藏》第 45 册，石家庄：河北省佛教协会影印，2005，第 155 页。

大的佛教讨论是值得纪念的。

　　一次是慧远与鸠摩罗什之间有关大乘大义的问答讨论。《高僧传》载慧远致罗什书云:"日有凉气,比复何如?去月法识道人至,闻君欲还本国,情以怅然。先闻君方当大出诸经,故来欲便相咨求。若此传不虚,众恨可言。今辄略问数十条事,冀有余暇,一二为释。此虽非经中之大难,要欲取决于君耳。"① 今《出三藏记集》所载陆澄《法论》目录有慧远《问如法性真际》《问实法有》《问分破空》等 19 篇。至隋费长房编《历代三宝记》时,卷七"东晋录"收录慧远著作"十四部三十五卷",其中慧远与鸠摩罗什的问答书因为比较集中,被集成《问大乘中深意十八科》三卷。此书后以《大乘大义章》等名相沿传播,尤其在日本有较广泛的传播。②

　　另一次重大讨论主要在刘遗民与僧肇之间展开,话题是有关般若之学。鸠摩罗什弟子僧肇曾著《般若无知论》,罗什评价说:"吾解不谢子,辞当相挹。"意指僧肇真正抓住了佛教思想的根本,同当时流行的以老庄等中国传统思想"格义"佛教般若思想有根本的不同,又因为僧肇是中土僧人,对汉语的把握胜过罗什,所以能将般若的精髓准确地传达给中土僧人。道生对此论亦深加赞赏,在他从长安返回南方时,将之带至庐山。刘遗民见到此论后,欣喜非常,赞叹曰:"不意方袍,复有平叔!"并将《般若无知论》呈给慧远,慧远亦赞叹未常有也。刘遗民致书僧肇:"去年夏末,见上人《波若无知论》,才运清俊,旨中沈允,推步圣文,婉然有归。披味殷勤,不能释手,真可谓浴心方等之渊,悟怀绝冥之肆,穷尽精巧,无所间然。但暗者难晓,犹有余疑。今辄条之如左。愿从容之暇粗为释之。"③ 僧肇在答书中说:"贫道一生猥参嘉运,遇兹盛化,自恨不睹释迦泥洹之集,余复何恨?但恨不得与道胜君子同斯法集耳。称咏既深,聊复委及。然来问婉切,难为郢人。贫道思不关微,兼拙于华语,且至趣无

---

① 释慧皎撰,汤用彤校注《高僧传》,北京:中华书局,1992,第 217 页。

② 参见牧田谛亮《慧远著作の流传について》,木村英一编《慧远研究·研究篇》,东京:创文社,1962。中译本有曹虹译本,载《古典文献研究》第五辑,南京:江苏古籍出版社,2002,及《慧远评传》附。

③ 释慧皎撰,汤用彤校注《高僧传》,北京:中华书局,1992,第 249～250 页。

言，言则乖旨。云云不已，竟何所辩？聊以狂言，示酬来旨也。"①

在慧远时代，以义学而论，当以长安鸠摩罗什僧团为天下之重，庐山逊之；若以统领天下僧团而论，则以庐山慧远僧团得中土僧伽信服，从慧远调和鸠摩罗什与佛驮跋陀罗之间的关系可以看出，从慧远著论《沙门不敬王者论》，成功说服桓玄等人亦可以看出。陆澄《法论》目录里载有慧远《法社节度序》《外寺僧节度序》《节度序》《比丘尼节度序》，以此四序来看，《（比丘）节度》《比丘尼节度》《外寺僧节度》《法社节度》正是一套包括二众、常住与游方以及僧众与信众结合体（法社）的完整有序的僧伽管理制度。慧远能为此数节度作序，则此节度即使非庐山所制，亦当秉持庐山之节度原则或得庐山节度之精神。北方姚秦是较早设置僧官制度的政权，姚兴所下诏书云："大法东迁，于今为盛，僧尼已多，应须纲领，宜授远规，以济颓绪。"② 历来认为，此中所谓"远规"即慧远所制僧规。其实，慧远师傅道安早制《僧尼轨范》《佛法宪章》，条为三例，天下寺舍，则从之。

慧远时代的庐山因为其佛教中心地位，因而通过往来高僧、南北胡梵，游方观化，保持着与各地佛教的密切联系，此处所述荆州、东南、长安仅就大略言之而已。比如，与西域佛教的交往此处就从略了，事实上，慧远对西域佛教有着高度热情，"每逢西域一宾，辄恳恻咨访"③。慧远亦曾派遣法净、法领这样比较庞大的团队去西域求取佛经。《高僧传》还记载了慧远曾赠送高昌和尚法进一袭袈裟。此皆庐山与西域佛教联系之直接证据。《出三藏记集》谓："外国众僧咸称汉地有大乘道士，每至烧香礼拜，辄东向致敬。"④ 所谓大乘道士，即指慧远。无怪乎，后来在敦煌一带流行《庐山远公话》了。

庐山慧远教团的兴起，进一步促进了道安教团的壮大发展。江州州治先在武昌，后移寻阳，庐山地处江州寻阳郡，上可达荆州、川蜀，北可通

---

① 释慧皎撰，汤用彤校注《高僧传》，北京：中华书局，1992，第 250 页。
② 释慧皎撰，汤用彤校注《高僧传》，北京：中华书局，1992，第 240 页。
③ 释慧皎撰，汤用彤校注《高僧传》，北京：中华书局，1992，第 216 页。
④ 释僧祐撰，苏晋仁、萧炼子点校《出三藏记集》，北京：中华书局，1995，第 568 页。《高僧传》略同。

长安，下可至扬州，成为当时佛教发展的枢纽。学界研讨东晋南朝时南北佛教交往颇多，专文亦不乏见，但有两点似未引起注意，一是僧人有着游方观化的传统。这一传统成为推动各地佛教交流的强大动力，或曰内动力，亦是最根本的力量。二是僧人的正统观念与世俗有别。僧人的正统观念更多与文化有关而与政权无涉，这就使得即使在政权更迭、政权林立的情况下，各地佛教交流亦能保持。

第三章　从城市到山林：　慧远教团选择庐山

　　"天下名山僧占尽。"虽然道教有洞天福地之完整谨严的系统，将天下名山网罗甚多，但说到佛道二教对山的利用，还是佛教略占上风，乃至丛林、山门等词成为僧人、寺庙的专用。这是中国佛教独具的特色，虽然印度也有丛林山寺，虽然中国寺庙不尽在山中，但无疑从一开始，中国佛教就向秀水青山进军，并奠定了中国佛教的某种特质。难道中国的佛教天生就具有儒家所说的"仁者爱山"之性格？

　　中国佛教的山林化完成于唐代的禅宗，而此一趋势开始于东晋。严耕望《魏晋南北朝佛教地理稿》有专章"东晋南北朝佛教城市与山林"，为我们展示了当时佛教在城市与山林间的地理分布状况。严氏并云当时佛教之发展，"大抵以都市为中心，择近地山林沿交通渠道而发展"[1]，此即学界所谓"都市佛教"与"近郊佛教"是也。不过，以笔者的浅见，《高僧传》标目中，有直接标示在都市者，如"晋京师瓦官寺竺法汰"；有都市下某某山者，如"晋长安覆舟山释道立"者；然后即直接以山标目者，如"晋泰山昆仑岩竺僧朗""晋庐山释慧远"等。而且凡以庐山标目者，前皆不冠江州、寻阳等名，共计有"庐山僧伽提婆""庐山释慧远""庐山释慧永""庐山释僧济""庐山释昙邕""庐山凌云寺释慧安""庐山招隐寺释僧瑜"等目，这可以看作庐山教团成功脱离城市的一个标志。

　　不过，似此类仅冠山名者屈指可数，说明当时佛教山林化的趋势刚刚

---

① 严耕望：《魏晋南北朝佛教地理稿》，上海：上海古籍出版社，2007，第 84 页。

开始，都市佛教及近郊佛教仍是主流，而这恰恰突出了庐山的特点。《出三藏记集》慧远本传最后总结说："自卜居庐阜三十余载，影不出山，迹不入俗。故送客游履，常以虎溪为界焉。"①"影不出山"成为慧远及其教团高尚德操的一种象征。慧远的高行清操甚至远传西域国外，"外国众僧，咸称汉地有大乘道士，每至烧香礼拜，辄东向稽首，献心庐岳"。庐山，曾经因为匡俗而得名庐山，现在因为慧远而被尊为"庐岳"。当时，佛教名山已不少，唯庐山得称庐岳，从此意义上讲，庐山亦得谓中国佛教第一名山。慧远僧团为什么会选择远离大都市的庐山？

许理和亦曾注意到，"寺庙与山林（尤其是名山）之间的密切关系是中国佛教的一大特色"，并将慧远入住庐山归结于三个因素的影响：道家、道安、印度佛教，惜语焉不详。②陈坚曾在一篇文章中探讨了中国佛教山林化的佛学依据，认为天台湛然与南阳惠忠的"无情有性""无情说法"理论为山林佛教的合法化做了很好的辩护。③这种理论显然是针对唐代佛教山林化的完成而言，而不能说明早期佛教山林化的原因。笔者则试图在许著的基础上，以慧远教团为例，对陈文未探讨的中国佛教山林化的文化学原因进行一番梳理。

第一节　"庐峰清净，足以息心"：庐山的自然地理

晋时的庐山，条件自然是艰苦的。慧远初到庐山，住地去水太远，慧远用自己的禅杖扣地立誓："若此中可得栖立，当使朽壤抽泉。"说刚说完，便有泉水流出。此故事当然是虚构的，但它除了表现慧远的神异之外，似乎亦说明当时条件的艰苦。慧远教团中还流行着许多关于龙、虎、蛇的故事。某年寻阳亢旱，慧远在水池旁诵《海龙王经》，便有巨蛇从池中腾空，须臾大雨。

---

① 释僧祐撰，苏晋仁、萧炼子点校《出三藏记集》，北京：中华书局，1995，第570页。《高僧传》略同。

② 许理和撰，李四龙等译《佛教征服中国》，南京：江苏人民出版社，2003，第256页。

③ 陈坚：《"无情有性"与"无情说法"：中国佛教山林化的佛学依据》，《文史哲》2009年第6期。

其后少时，寻阳亢旱，远诣池侧，读《海龙王经》。忽有巨蛇从池上空，须臾大雨，岁以有年。①

不仅有此"巨蛇"，而且有善驱蛇的行者及巡山虎，陈舜俞《庐山记》谓：

予熙宁四年九月与数道人饭于峰顶，由香积路策杖而下，其至栖贤，则日夕矣。峰顶院之前有辟蛇行者饮牛池。远公始居山，多蛇虫。行者不知何许人，尝侍远公，善驱蛇，蛇为之尽去，故号辟蛇行者。常耕于峰顶，有辟蛇行者田，塍垄仿佛可辨，今无耕者。说者曰盖山神云，故至今，山虽高深，樵苏弋猎之人，不闻罹虫蛇之毒。山中人言，山有一虎，亦未尝伤人。深蹊土中，但时有行迹，人谓之游山虎。或为游山之客道此事，恐涉讥嫌，亦谓之巡山虎也。②

后之《东林十八高贤传》乃据此敷衍入《慧远传》：

有行者来侍师，善驱蛇，蛇为尽去，因号辟蛇行者。有一虎往来，时见行迹，未尝伤人，人号游山虎。师与社众每游憩上方峰顶，患去水远，它日有虎跑其石，水为之出，因号虎跑泉。③

这些故事以神异事迹，将慧远教团在虎蛇等大自然威胁面前的无畏勇敢、聪明智慧以及他们所代表的佛的力量展现出来。剔除这些故事的夸张成分，把它们看作僧人与当时艰苦环境斗争的记述则是可信的。

如果说这些故事带有虚构的成分，那么《庐山香炉峰寺景法师行状》中所记则近于写实了。

① 释慧皎撰，汤用彤校注《高僧传》，北京：中华书局，1992，第212页。
② 陈舜俞：《庐山记》，《大正藏》第51册，石家庄：河北省佛教协会影印，2005，第1030页。
③ 佚名：《东林十八高贤传》，《卍续藏经》第78册，台北：新文丰出版公司，1976，第114页。

（僧景）以永明十年七月，振锡登峰。行履所见，宛如梦中。乃即石为基，倚岩结构，匡坐端念，虎豹为群。先德昙隆、慧远之徒，亦卜居于此。既人迹罕至，遂不堪其忧，且山气氛氲，令人头痛身热，曾未几时莫不来下，唯法师独往，一去不归。既却禾黍之资，不避霜露之气。时扪萝越险，行动若飞。或有群魔不喜法师来者，能使雷风为变以试。法师既见神用确然，魔群乃止。①

僧景至庐山，已是刘宋时期，当慧远逝世后不久。此时的庐山仍然"虎豹为群""人迹罕至""且山气氛氲，令人头痛身热"。兼之又少"禾黍之资"而多"群魔"，条件真是糟糕之极。

山林初看起来，条件艰苦，但却可以提供基本的生活保障，木食涧饮就是这种生活的写照了。首阳山有薇可采，介子推也是躲到山上。若依进化论而言，人类本从山林中走来，所以山林是人类最易亲近之地。真正修行的僧人只需这些基本的生活保障来医治他们的饿病就可以了。而庐山是一个得天独厚的地方，这里又似乎天然地适宜居住。传说周武王时人匡俗，遁世隐时，在庐山修道成仙，留下空庐一座，世人乃称此山为庐山，庐山因有神仙之庐的美誉。

庐山集鄱阳湖之灵气，一年四季多雾。云雾在山间随意变换，时快时慢，时薄时厚，时而团簇，时而平铺，有时大片的云从山顶顺着山体直泻而下，形成罕见的瀑布云。尤其是雨后的庐山，空气清澈透明，山体黝黑灵秀，白云洁白无瑕，在山间悠悠飘浮，无论你是在山脚之下，还是在山涧之旁，抑或是在山巅之上，心中不免产生一个念头：这或许正是某位仙人的云。我猜测，慧远正是看见了庐山这云，才决定要留下来的。慧远描述此云：

天将雨，则有白气先搏，而映络于岭下，至触石吐云，则倏忽而

①　释道宣：《广弘明集》，《大正藏》第 52 册，石家庄：河北省佛教协会影印，2005，第 269 页。

集。或大风振崖，逸响动谷，群籁竞奏，奇声骇人，此其变化不可测者矣。①

慧远教团中重要一员张野描述此云：

> 庐山天将雨，则有白云，或冠峰岩，或亘中岭，俗谓之山带，不出三日必雨。②

《高僧传》叙慧远等人初至庐山，"及届寻阳，见庐峰清静，足以息心"。让慧远息心的是清静庐峰，让庐峰清静的是庐山白云。此白云终日与众僧做伴，《出三藏记集》记慧远东林寺：

> 远创建精舍，洞尽山美，却负香炉之峰，傍带瀑布之壑。仍石迭基，即松栽构，清泉环阶，白云满室。复于寺内别置禅林，森树烟凝，石径苔合，凡在瞻履，皆神清而气肃焉。③

庐山白云无所不至，甚而飘进僧人寮舍，予人清静，正是这"白云满室"的庐山自然让众僧神清气肃。

第二节 "神仙之庐"：宗教地理角度的考察

庐山"一山飞峙大江边"，南临鄱阳湖，北依寻阳城，位于江南北部，古代属于楚头吴尾之地。自远古以来，这里就充满着浓厚的宗教氛围，是宗教发展的沃土。

---

① 《九江府志·碑碣》，转引自《永乐大典》卷六千六百九十七，北京：中华书局，1960，第18～19页。
② 李昉：《太平御览》，北京：中华书局，1960，第196页。
③ 释僧祐撰，苏晋仁、萧炼子点校《出三藏记集》，北京：中华书局，1995，第566页。《高僧传》略同。

一 江南巫术流行之地

宗教起源于巫术，或者说巫术即是原始的宗教。一般人视宗教为世俗之外或与世俗相对立的事物，而从社会学角度看，宗教乃是人们处世（俗）的一种方式。当人们在日常生活中遇到依靠人力不能解决的问题以及接触到人的智慧不能解释的自然现象时，他们有一种方式就是把它归之于一种神秘不可知的力量，这就导向于巫术及宗教。

南方（楚、吴、越之地）是中国古代巫术最发达的地区，各种带有地方色彩的原始宗教盛行，这在历代史料中有明确的记载。先秦及西汉时期的《楚辞》《山海经》被公认是南方巫文化的代表作。古籍中记载南方好巫的资料俯拾皆是。

《吕氏春秋·异宝》："荆人畏鬼而越人信机。"

《汉书·地理志》云：楚人"信巫鬼，重淫祀"。

王逸《楚辞章句·九歌序》云："昔楚国南郢之邑，沅湘之间，其俗信鬼而好祠。"

《隋书·地理志》："大抵荆州率敬鬼，尤重祠祀之事，昔屈原为制《九歌》，盖由此也。"

吴越之地，亦颇多巫。《汉书·地理志下》："本吴、粤与楚接比，数相并兼，故民俗略同。"

《史记·封禅书》："越人俗鬼，而其祠皆见鬼，数有效。"

《后汉书·第五伦传》载："会稽俗多淫祀，好卜筮。"

《晋书·艺术传》中所记多是能行巫术之人（佛教的法术亦被视为巫术，故佛图澄等人亦入此传），这些巫术被用来"决犹豫，定吉凶，审存亡，省祸福"，入此传者为"推步尤精、伎能可纪者"，而其中三分之一为吴越之人，如陈训、戴洋、韩友、杜不愆、严卿、隗炤、吴猛、幸灵等。

《高僧传》亦谓"东境旧俗，多趣巫祝"①，乃至于传中多记僧人以佛法征服巫祝、山神之事。

今九江一带为"楚头吴尾"之地，早期为吴国所开发，是吴、楚两国

---

① 释慧皎撰，汤用彤校注《高僧传》，北京：中华书局，1992，第122页。

屡次争夺之地。《汉书·地理志》："吴地，斗分野也。今之会稽、九江、丹阳、豫章、庐江、广陵、六安，临淮郡，尽吴分也。"汉时，今九江地区设有柴桑、彭泽等县，属豫章郡，庐山则在柴桑县境内。这一带正是巫风盛炽的地方。

《晋书·艺术传》载吴猛之事迹：

> 吴猛，豫章人也。少有孝行，夏日常手不驱蚊，惧其去己而噬亲也。年四十，邑人丁义始授其神方。因还豫章，江波甚急，猛不假舟楫，以白羽扇画水而渡，观者异之。庾亮为江州刺史，尝遇疾，闻猛神异，乃迎之，问己疾何如。猛辞以算尽，请具棺服。旬日而死，形状如生。未及大殓，遂失其尸。识者以为亮不祥之征，亮疾果不起。[①]

晋张僧鉴《寻阳记》亦记载有吴猛之事：

> 庐山上有三石梁，长数十丈，广不盈尺，杳然无底。吴猛将弟子登山，过此梁，见一翁坐桂树下，以玉杯承甘露浆与猛。又至一处，见数人为猛设玉膏。猛弟子窃一宝，欲以来示世人，梁即化如指。猛使送宝还，手牵弟子，令闭眼相引而过。[②]

又有幸灵，亦是豫章之人，能用巫术为人治病，百姓奔趣，水陆辐辏，从之如云，颇传其事。高悝家有鬼怪，言语诃叱，投掷内外，不见人形，或器物自行，普通的巫祝之人，前去厌劾而不能绝。幸灵至其家，见符索甚多，谓悝曰："当以正止邪，而以邪救邪，恶得已乎！"并使焚之，惟据轩小坐而去，其夕鬼怪即绝。[③]

直至明代，九江境内仍巫风不断，如瑞昌境内，"山险俗讦，信巫好祀"[④]。

---

① 房玄龄：《晋书》，北京：中华书局，1974，第 2482 ~ 2483 页。
② 陈桥驿：《水经注校释》，杭州：杭州大学出版社，1999，第 686 页。《述异记》与此略同。
③ 房玄龄：《晋书》，北京：中华书局，1974，第 2483 ~ 2484 页。
④ 《九江府志》卷一《方舆志·风俗》，上海：上海古籍出版社影印嘉靖刻本，1962，第 19 页。

二 丰富的原始道教元素

以上材料说明了庐山所在地域巫风盛行，原始宗教在此地兴旺发达。这种具有浓厚地方色彩的宗教一直在各地流行，有时它们会被吸收或改造进佛教或道教领域从而继续流行，并不总是消亡。中国土生土长的道教在传入中国的佛教刺激下，在教义、组织方面有飞跃的发展。相对于后来的成熟道教，我们姑且强名此前的一些"道教"现象为道教的文化因子或曰原始道教。在庐山，有着丰富的道教文化因子和道教文化氛围。

一是匡俗，或作匡裕、匡续。匡俗之真实身世，已莫可得而详。较流行的说法是，匡俗为周武王时人，亦即殷周之际人，在庐山修道成仙，留下空庐一座，世人乃称此山为庐山。

三国吴人徐整所撰《豫章旧志》记载："庐俗，字君孝，本姓匡，夏禹苗裔，东野王之子。秦末，百越君长与吴芮助汉定天下，野王亡军中。汉八年，封俗鄡阳男，食邑兹部，印曰庐君。俗兄弟七人，皆好道术，遂寓于洞庭之山，故世谓庐山。"①

晋人周景式《庐山记》记载："庐山匡俗，字子孝，本东里子，出周武王时，生而神灵，屡逃征聘，庐于此山，时人敬事之。俗后仙化，空庐犹存，弟子睹室悲哀，哭之旦暮，事同乌号。世称庐君，故山取号焉。"②

晋人张僧鉴《寻阳记》云："匡俗，周武王时人，屡逃征聘，结庐此山。后登仙，空庐尚在，弟子等呼为庐山，又名匡山，盖称其姓。"③

《九微志》："周武王时，方辅先生与李聃跨白驴入山，炼丹得道，仙去，唯庐存，故名庐山。"④

匡俗后被奉为道教神仙，庐山列为道教洞天福地之一，与之有关。谢颢《广福观碑》记载："匡续修炼虎溪之上七百年，白日轻举，虎溪由是

① 刘义庆撰，刘孝标注，余嘉锡笺疏《世说新语笺疏》，北京：中华书局，1983，第572~573页。《水经注》所引略异。
② 陈桥驿：《水经注校释》，杭州：杭州大学出版社，1999，第685页。
③ 李昉：《太平御览》，北京：中华书局，1960，第196页。
④ 陈梦雷编《古今图书集成》第19册《方舆汇编·山川典》，北京：中华书局，成都：巴蜀书社影印，1985，第23129页。

为三十六福地，盖养真之福地也。"① 匡俗后被尊为"靖明真君"，庐山今天仍保存着他的庙宇，前往祭祀和观光的游客络绎不绝。

二是董奉。董奉，字君异，一说字君平，又名董平。福建侯官人，东汉建安时期名医。杜燮为交州刺史，中毒病死，已过三天，董奉将其医活，可谓起死回生。董奉后至庐山，关于他的传说极多，比如祈雨、治病、杀蛟之类，其中最有名的是他在庐山植杏林的故事，晋葛洪《神仙传》卷十载：

> 又君异居山间，为人治病，不取钱物，使人重病愈者，使栽杏五株，轻者一株。如此数年，计得十万余株，郁然成林。而山中百虫群兽，游戏杏下，竟不生草，有如耘治也。于是杏子大熟，君异于杏林下作箪仓，语时人曰："欲买杏者，不须来报，径自取之，得将谷一器置仓中，即自往取一器杏云。"每有一谷少而取杏多者，即有三四头虎嗞逐之。此人怖惧而走，杏即倾覆，虎乃还去。到家量杏，一如谷少。又有人空往偷杏，虎逐之到其家，乃啮之至死。家人知是偷杏，遂送杏还，叩头谢过，死者即活。自是已后，买杏者皆于林中自平量之，不敢有欺者。君异以其所得粮谷赈救贫穷，供给行旅。岁消三千斛，尚余甚多。②

董奉在人间百年，其颜色常如三十许人。晋永嘉元年（307），孝怀帝封董奉"太乙真人"，号"碧虚上监"，并建太乙宫。南唐保大十一年（953），太乙宫更名为太一观，北宋大中祥符年间（1008~1016），宋真宗赐额"大中祥符观"。宣和二年（1120），宋徽宗又封董奉为升元真君。

匡、董之外，前述吴猛亦被视为早期道士，在庐山颇有传说。庐山道教的发展晚于佛教，但由于道教是本土宗教，其文化因子早于佛教而存在，这种道教文化因子和气氛既为道教成长提供了良好环境，亦为佛教发展提供了文化基础，这在慧远《庐山记》中有充分的反映。

---

① 吴宗慈：《庐山志》，南昌：江西人民出版社，1996，第52页。
② 葛洪撰，钱卫语释《神仙传》，北京：学苑出版社，1998，第256页。

三　佛教对庐山的开拓

慧远有《庐山记》一篇，因为记录了庐山的形势、得名、胜景，被推为庐山志书之祖。从这篇几百字的散文中，我们可以看出早期庐山佛教发展时的浓厚宗教氛围和佛教对道教文化的借重。在这部数百字的著名游记中，慧远谈到了四位人物，一匡俗，二董奉，三安世高，四为着沙弥服之人。

> 有匡俗先生者，出自殷周之际，遁世隐时，潜居其下。或云俗受道于仙人，而失迹此崖。遂托空崖，即岩成馆，故时人谓其所止为神仙之庐而命焉。……众岭中第三岭极峻……其岭下半许有石室，即古仙之所居也。其后有岩，汉董奉馆岩下。常为人治病，法多神验，绝于俗医。病愈者令栽杏五株。数年之中，蔚然成林。计奉在民间近二百年，容状常如三十然。俄而升仙，遂绝迹于杏林。其北岭西崖有悬流，遥注百余仞。云气映天，望之若山在霄雾焉。其南岭临宫亭湖，下有神庙，即宫亭为号。七岭同会于东，共成峰崿。其崖穷绝，莫有升者。有野夫见人着沙门服，凌空直上，回身踢鞍，良久，与云气俱灭。①

慧远此记不是一时之游记，而是多次游览庐山后对庐山深刻体悟、深思熟虑之后的创作，很能表现他对庐山的文化态度。庐山是一个得天独厚的地方，这里天然地似乎适宜居住，首先居住在这里的人竟然成了神仙。慧远时代，"道"字尚未为道家道教专用，佛教亦自称为道，僧人亦可称为道人，是以此记中既称匡俗"受道"于仙人，又称着沙弥服之人似"得道"者。匡俗、董奉皆被后世道教信徒尊为本教中人，匡、董二人修行成仙，他们的故事在慧远到来之前已广为流传，亦为慧远津津乐道，他还亲自去察看了古仙所居的石室。慧远引此以为说，与安侯之事并列，应有借此渲染的成分，似在说明庐山对于修行的适宜，不仅适合匡、董二仙庐

---

① 《九江府志·碑碣》，转引自《永乐大典》卷六千六百九十七，北京：中华书局，1960，第18～19页。

居，亦适合我辈僧人庐居，是一个适合佛教发展的地方。神仙思想是道教的重要源头之一，此处被用来渲染佛家气氛，证明了佛教最初发展时对道家文化的借重。佛教徒为了发展佛教，既利用格义之法借用道家思想，亦利用方术取悦于君，取信于民。由慧远这篇记可以看出，慧远的确有意利用了神仙信仰来拉近与当地人士的关系，借此来宣传自己。

尤其是那着沙弥服飞升的人，颇引人注意。一者，此人着沙弥服而飞升，与先前成仙的匡裕、董奉皆不同；二者，此人飞升之事，为多人所见，而且不乏能文之士，更佐证了此事的真实性。

王乔之奉和慧远之诗有"有标造神极，有客越其峰"之句①，疑即指此事。又，湛方生《庐山神仙诗序》：

> 寻阳有庐山者……列真之苑囿矣。太元十一年，有樵采其阳者，于时鲜霞褰林，倾辉映岫。见一沙门，披法服独在岩中，俄顷振裳挥锡，凌崖直上，排丹霄而轻举，起九折而一指，既白云之可乘，何帝乡之足远哉！穷目苍苍，翳然灭迹。②

这里已有了具体时间，而《冥祥记》记此事更有眉目，更加完整：

> 晋庐山七岭同会于东，共成峰崿。其崖穷绝，莫有升者。晋太元中，豫章太守范宁将起学馆，遣人伐材其山。见人著沙门服，凌虚直上，既至，则回身踞其峰，良久，乃与云气俱灭。时有采药数人，皆共瞻睹。能文之士，咸为之兴词。沙门释昙谛《庐山赋》曰：应真凌云以踞峰，眇翳景而入冥者也。③

---

① 陈舜俞：《庐山记》，《大正藏》第 51 册，石家庄：河北省佛教协会影印，2005，第 1042 页。

② 欧阳询等：《艺文类聚》卷七十八，上海：上海古籍出版社，1965，第 1334 页。

③ 释道世：《法苑珠林》卷十九，北京：中华书局，2003，第 631 页。释道宣《集神州三宝感通录》所录稍略："庐山七岭，同会于东，共成一峰。晋太元中，豫章大守范宁遣人伐木此山，见一沙门陵虚直上，踞峰，久之与云俱隐，能文之士咸为之兴词。沙门昙谛赋此山曰：应真陵云以据峰峰，眇翳景而入冥是也。"（《大正藏》第 52 册，第 433 页）

此中提到的释昙谛，《高僧传》卷七有传，作"支昙谛"。《广弘明集》卷二十三有丘道护撰《支昙谛诔》，谓其先本康居人，以国为姓，后出家，乃从师姓支。《高僧传》谓其本姚秦高僧弘觉，曾为僧□师，后转世为昙谛。又说他"性爱林泉""闲居涧饮"，宋元嘉末卒于山舍，似有误。《支昙谛诔》称其卒于义熙七年（411），似有道理，《隋志》亦将《昙谛集》列于晋代，且在《慧远集》之前，似亦同意诔文之说。然则，昙谛与慧远同时，年龄略小，而早卒。《高僧传》不言其至庐山，而今《艺文类聚》存有其《庐山赋》，惜有残缺，其文云：

> 昔哉壮丽，峻极氤氲。包灵奇以藏器，蕴绝峰乎青云。景澄则岩岫开镜，风生则芳林流芬。岭奇故神明鳞萃，路绝故人迹自分。严清升山于玄崖，世高垂化于□亭。应真陵云以踞峰，眇忽翳景而入冥，咸豫闻其清尘，妙无得之称名也。若其南面巍崛，北背迢蒂，悬雷分流以飞湍，七岭重□而叠势。映以竹柏，蔚以桂松，萦以三湖，带以九江。嗟四物之萧森，爽独秀于玄冬，美二流之潺湲，津百川之所冲。峭门百寻，峻阙千仞。香炉吐云以像烟，甘泉涌雷而先润。①

此文与慧远《庐山记》有异曲同工之妙，皆为僧人咏唱庐山之篇。尤为可贵的是，此赋对沙门飞升一事有进一步注解之功。章沧授以为，此赋提到了四位庐山高僧事迹，即"严清升山、世高垂化、应真踞峰、咸豫称名"②。这四人中我们现在清楚的是安世高宫亭湖度化庙神的故事，而对另三位却了解不多，甚至仅止于此而已。前引《冥祥记》等文似言"应真陵云以踞峰，眇忽翳景而入冥"两句是为野夫所见着沙门服飞升事而作，则"应真"其名乎？不过，笔者倒以为，此处仅写了两位僧人事迹，即"严清升山、世高垂化"，至于"应真陵云以踞峰，眇忽翳景而入冥，咸豫闻其清尘，妙无得之称名也"两句，则是进一步解释，谓严清"应真陵云以

---

① 欧阳询等：《艺文类聚》卷七，上海：上海古籍出版社，1965，第134页。陈舜俞《庐山记》卷一引同，梅鼎祚编《释文纪》不收此赋。

② 章沧授：《佛家笔下看庐山——读支昙谛〈庐山赋〉》，《古典文学知识》1999年第6期。

蹑峰"，世高"眇忽翳景而入冥"，众人"咸豫闻其清尘"，得以称名"妙无得"。"应真"非人名，而是指严清得道之状态，"咸豫"亦非人名，而是指众人均得以参与，言此二人之事人皆知之，正与所谓"能文之士，咸为之兴词"相呼应。总之，依昙谛之说，则着沙门服飞升之人实有其人，乃当时之山中修行的梵僧，名严清。

四　在荆州和扬州之间

慧远在庐山发展佛教不仅有以上良好的自然、宗教文化优势，而且是道安一系教团在长江流域发展的需要。

还在襄阳道安时期，道安已将教团发展的触角伸展到荆州和扬州等地。新野之别，道安分派法和到长江上游蜀地传教，法汰至长江下游扬州弘法，自己则率领徒众到长江中游襄阳，瞻上顾下，联系南北。法汰临别时，曾对道安说："法师仪轨西北，下座弘教东南，江湖道术，此焉相望矣。"[1] 可见，当时道安、法汰等人确有自己的弘法布局计划。

法和、法汰等人的弘教努力的确收到了效果，尤其法汰在建康传法获得巨大成功。建康是东晋都城，亦是当时南方最重要的佛教基地，居住着朝中王公贵族，佛教对上层影响很大。司马氏、王氏、谢氏、何氏等多个家族世代信佛，偏好清谈。法汰与弟子昙一、昙二等人在京城弘法，取得晋太宗简文帝、烈宗孝武帝以及谢安、王珣等人的支持，三吴门徒，至者千数。

同时，道安还抓住机会将荆州江陵一带纳入自己的弘法版图，并使之成为道安一系重要的弘法基地。当时，桓豁在荆州江陵驻军[2]，道安曾从襄阳到那里短暂弘法。后值长沙太守滕含舍江陵宅为寺，请道安派一人为寺主。道安乃请弟子昙翼前往住持。襄阳被苻秦攻陷，道安被迫北上。当时，江陵局势一度紧张，昙翼亦从江北的江陵暂移江北上明，又立上明寺。在同门竺僧辅、释法遇等人的帮助下，昙翼将荆州发展成道安一系弟子在南方弘传佛教的又一个根据地。

---

① 释慧皎撰，汤用彤校注《高僧传》，北京：中华书局，1992，第192页。
② 《高僧传·法汰传》谓是桓温，《出三藏记集·道安传》谓是桓冲，皆误。

这样，至慧远等人避难上明时，道安一系教团发展的局面并未因战乱受到根本伤害。虽然迭有战乱，虽然道安北上，但荆州仍由昙翼、法遇等人经营，建康则有法汰，襄阳在战后亦有所恢复，道安当初分张徒众的弘法布局被证明是卓有远见的举措。

从襄阳到江陵、上明，从江陵到江州寻阳庐山，从庐山到建康，皆可顺水而下。慧远选择庐山，就能更好地连接东西荆州、扬州（建康）两个道安系僧团，同时填补这两个地区间的弘法空白。

第三节 庐山的文化地理：慧远政治和文化的选择倾向

道安曾提出，"不依国主，则法事难立"，然则他仅是将法汰等人派往建康，而自己则留住襄阳。如果说，这仅是为了仪轨西北的一种分工，那么慧远为什么也没有选择建康或者三吴那样的大都会，而选择偏处一隅的庐山呢？笔者以为，从道安到慧远，这种选择背后不仅有政治的选择，亦有文化的考量。

春秋时期曾是华夷之争的一个高峰，西晋灭亡，所谓"五胡乱华"则激起了又一轮华夷之争。[1] 进入内地的少数民族一面吸收中土的儒家礼仪，一面又因华族的反抗而凸显了内心的边族意识。道安曾经生活的后赵政权即是如此，石勒等人仿照汉族政权建立了官制，又曾复兴儒学，但当朝中汉臣王度以汉家旧仪向石虎提出禁止赵人出家时，即遭到了石虎的驳斥。王度奏云：

> 夫王者郊祀天地，祭奉百神，载在祀典，礼有尝飨。佛出西域，外国之神，功不施民，非天子诸华所应祠奉。往汉明感梦，初传其道，唯听西域人得立寺都邑，以奉其神，其汉人皆不得出家。魏承汉制，亦修前轨。今大赵受命，率由旧章。华戎制异，人神流别，外不同内，飨祭殊礼，华夏服祀，不宜杂错。国家可断赵人悉不听诣寺烧

---

① 有关中国文化中华夷之问题，参见饶宗颐《中国史学上之正统论》，上海：上海远东出版社，1996。

香礼拜，以遵典礼，其百辟卿士，下逮众隶，例皆禁之。其有犯者，与淫祀同罪。其赵人为沙门者，还从四民之服。①

后赵君临中土，已被视为承继大统，依照改良过的夷狄观念，既用华夏制度，则可视为华夏。华夏制度，"王者郊祀天地"，祭祀权不可假之于人。佛出西域，虽未被视为淫祠，但其是外国之神，华戎制异，飨祭殊礼，华夏服祀，不宜杂错。人可以为我所用，变夷为夏，而不可变夏为夷。王度此奏激起了石虎的民族自尊，石虎下诏云："度议云，佛是外国之神，非天子诸华所可宜奉。朕生自边壤，忝当期运，君临诸夏。至于飨祀，应兼从本俗，佛是戎神，正所应奉。"② 石虎虽采用了中土不少制度礼仪，但仍保留原来民族的部分传统，所谓"至于飨祀，应兼从本俗"是也。

后赵之下的人民自如王度、石虎，各有所想。道安亦不例外，其《道地经序》云："予生不辰，值皇纲纽绝，猃狁猾夏，山左荡没。"③ 其《阴持入经序》又云："安来近积罪，生逢百罗，戎狄孔棘，世乏圣导。"④ 这正是道安夷夏观的反映。北方五胡乱华，唯有南方东晋政权延续了原来的文化传统，被汉人视为正统。道安被掳北方，曾劝阻姚兴攻打东晋，或许是佛教慈悲立场，或许是臣子立场，又或许是为了东晋考虑。道安最终选择向南转移，是否有所谓政治和文化正统因素，或可商榷，但他"对胡族入主华夏抱有反感，他有某些大汉族主义种族偏见"则当是事实，亦非当时人所能免。⑤

道安既提出"不依国主，则法事难立"的主张，则其对"国主"一定有选择的原则。国主顺天承运，为天之骄子，他不仅是一国之主，亦是神州文化的系命所在。东晋虽偏处南方，而有承继文化正统之责，北方政权虽由后赵等边壤民族建立，而其入主中原，即有可能用夏变夷，担当其文

化发展使命。汉末以来，直至唐代，天命所归，文化正统之争一直不绝。道安等人一样面临着艰难选择。从血统继承来看，东晋可谓正宗；从文化承载来看，北方一直是礼仪源头。

道安虽因战乱和华夷之见选择了离开北方，但他一直未曾远离北方，他先是在北方辗转，不忍离弃，后扎根于襄阳。襄阳虽属东晋政权，而从地理位置讲，仍属北方，他在此地从事的正是"仪轨西北"的弘教事业。北方虽然被所谓的蛮夷占领，但曾是中土政治、经济、文化的中心，亦是中土文化的代表。道安虽然逃离北方，但他和其他南迁士族、百姓一样，希望有朝一日能够回到北方。道安选择襄阳这样的多个政权交界之处，兵家必争之地，可能还有回归北方的打算。但是道安没有等来这一机会，而是被迫回到北方。

慧远作为曾在北方许洛深受儒家教育的僧人，长期跟随道安，是道安僧团中的重要一员，其在夷夏观念及政治正统的选择上与道安有相通之处。慧远年轻未出家时就有到南方与范宣子共契嘉遁的理想，说明他对北方政权早已失望。后来追随道安，也是一步步远离北方政权，投入南方政权的怀抱。道安在襄阳被攻破前重又分张徒众，这些徒众没有一人回到北方，说明他们潜意识的文化选择仍在南方，他们对北方政权并不认可。

道安被苻秦政权掳走，教团兄弟四散，十五年襄阳安定弘法的生活一度重回当年颠沛流离的状态，一定给慧远等人以重大影响。留在荆州，意义不大，因为那里已有同志将佛法弘传开来，自己在那里不便施展拳脚，而庐山则几乎是一片处女地。无论是选择罗浮山，还是庐山，都说明了慧远对南方政权的一种承认态度，尤其是考虑到道安定下的"不依国主，则法事难立"的弘教政策，慧远的政治态度就显而易见了。

"不依国主，则法事难立"，可国主却是那么的不可捉摸，令人难以亲近。国主可以扶持佛教，成为护法之主，亦可以随心所欲改变佛教，改变僧人的命运。而且东晋的国主也已经软弱到让人不能放心地去依靠，要在各路诸侯里选择一个依靠也是很难，因为鹿死谁手，尚难得知。夷夏观念、正统政治与王权险恶，纠葛于一起，增加了慧远等人对前途选择的难度。襄阳一别，何去何从？虽然走到哪里，都是王化之地，"普天之下，莫非王土；率土之滨，莫非王臣"，但求一块相对安定的栖身之所，总是可能的。地处江州的庐山或许可以在一定程度上满足这个要求。庐山地处江州寻阳郡之旁，江州是东晋政权的重要地区，但与都城又有一定的距离，属于外围地区。选择江州这样一个远离朝廷政治争斗焦点而又有发展空间的地方不是非常合适吗？

　　还应该说明的是，汉族僧人的夷夏观在接触佛教以后已有所变化，只是这种变化仅在僧人中间不同程度地流行，尚未形成大的文化势力，更未在社会上产生大的影响而已。僧人所信奉的佛教来自印度，出于对佛教的崇拜，僧人乃将天竺视为中国，而原来的中土成为边地。这一观念对汉族僧人的夷夏观当有所冲击，以致僧人可以往来各政权间而不会有不忠之虞。对北方政权虽然有文化上的隔膜，但慧远这样的僧人不可能像政治家那样去处理与北方的关系。而且，师父道安还在长安。所以，在庐山，慧远仍可以与北方政权包括符秦、姚秦等保持着并不疏远的关系。这种文化观念和实践策略恐怕是慧远等人继续选择东晋，而又远离建康的潜在因素。后来教团的发展也证明慧远对东晋政权采取的是若即若离的态度，这种在文化上归依、在政治上保持距离的政策虽与道安有别，却取得了维持教团发展的效果。

第四节　中国隐逸文化的影响

　　选择像庐山这样的山林修行，不是慧远教团一个教团的行为，而是越来越多的僧团的行为。泰山一带有竺僧朗教团隐修，仰山一带的山林则为竺法潜、支遁、于法兰等高僧所栖居，钟山、豫章山、虎丘山、若耶山等当时名山皆已为高僧名僧所占领。①

　　选择山林，尤其是风景秀美的山林，这和中国的隐逸文化有较大的关系。② 山在中国和隐逸文化十分有缘，隐士多隐于山。《史记》《汉书》皆无隐士之传，至《后汉书》始有《逸民列传》，但这并不说明逸民自后汉

---

① 参见严耕望《魏晋南北朝佛教地理稿》，上海：上海古籍出版社，2007。
② 东晋南朝普遍流行隐逸之风，参考王瑶《希企隐逸之风》，《王瑶全集》第一卷，河北教育出版社，2000。该文已指出，"名士们是将沙门和隐士当作一样来看待的"。

始有，也不证明至后汉而臻高潮。逸民之始，当自尧舜时代的许由等人，而《后汉书》之有《逸民列传》，恰恰反映的是撰写者范晔对东晋南朝时期隐逸之风的理解和认识。

> 或隐居以求其志，或回避以全其道，或静己以镇其躁，或去危以图其安，或垢俗以动其慨，或疵物以激其情。[1]

概而言之，实际上只有两种动机：一是主动的求志；二是被动的避难。政治不清，战乱不宁，隐士多出，用以避祸，如孙登等人是也。僧人则如西晋末帛法祖，"见群雄交争，干戈方始，志欲潜遁陇右，以保雅操"[2]，可惜终未能全身。

又如昙始，其潜遁山林亦与避乱有关。赫连勃勃据有朔方，多有杀戮，"时（昙）始亦遇害，而刀不能伤。勃勃嗟之，普赦沙门，悉皆不杀。始于是潜遁山泽，修头陀之行"[3]。

我们只看当时的僧人多与"隐士"相往还，就知他们实际即以隐士自居。如竺法崇，未详何人，少入道，以戒节见称，又敏而好学。尝游湘州麓山。

> 后还剡之葛岘山，茅庵涧饮，取欣禅慧，东瓯学者，竞往凑焉。与隐士鲁国孔淳之相遇，每盘游极日，辄信宿忘归，披衿顿契，自以为得意之交也。崇乃叹曰："缅想人外，三十余年。倾盖于兹，不觉老之将至。"后淳之别游，崇咏曰："浩然之气，犹在心目。山林之士，往而不反。其若人之谓乎。"[4]

竺法崇所交孔淳之为鲁国孔子之后，生逢乱世，而为隐士，法崇称他为"山林之士"，两人为得意之交。又：

---

① 范晔：《后汉书》卷八三，北京：中华书局，1965，第 2755 页。
② 释慧皎撰，汤用彤校注《高僧传》，北京：中华书局，1992，第 26 页。
③ 释慧皎撰，汤用彤校注《高僧传》，北京：中华书局，1992，第 386 页。
④ 释慧皎撰，汤用彤校注《高僧传》，北京：中华书局，1992，第 171 页。

释法晤，齐人，家以田桑为业。有男六人，普皆成长。晤年五十丧妻，举家翕然慕道，父子七人，悉共出家。南至武昌，履行山水，见樊山之阳，可为幽栖之处，本隐士郭长翔所止，于是有意终焉。①

释法晤举家为道，而与隐士郭长翔同止。而佛图澄弟子，与道安僧团颇有关系之竺僧朗在泰山，亦与著名隐士张忠同处一山。

朗常蔬食布衣，志耽人外，以伪秦苻健皇始元年移卜泰山，与隐士张忠为林下之契，每共游处。忠后为苻坚所征，行至华阴山而卒。②

竺法潜、支遁可以作为中国僧人由城市走向山林的隐逸型代表。竺法潜传为东晋丞相王敦之弟，永嘉初避难过江，出入皇宫朱门，可谓是典型的城市僧人。但他并不感到快乐，以隐迹剡山为志。《高僧传》说他："潜虽复从运东西，而素怀不乐，乃启还剡之仰山，遂其先志，于是逍遥林阜，以毕余年。"③ 支遁本亦在京师讲说佛法，深得晋哀帝、谢安等人敬重。但支遁更爱过"木食涧饮，浪志无生"的生活，先后隐居余杭山、石城山、剡山、余姚坞等地。当支遁要买竺法潜仰山旁边一个沃洲小岭作为隐居之所时，竺法潜曾说："欲来辄给，岂闻巢、由买山而隐？"巢父、许由这样的中国隐士已成为他们人生理想的符号，而当支遁上书皇帝请辞京师，返回东山时也曾提到几位历史人物："曩四翁赴汉，干木蕃魏，皆出处有时，默语适会。今德非昔人……上愿陛下，时蒙放遣，归之林薄，以鸟养鸟，所荷为优。"④ 四翁、干木等人都是曾短暂出仕而后又归隐的高士，支遁用这两个例子来说明自己并不是不愿"短暂"出仕，而是才能不

---

① 释慧皎撰，汤用彤校注《高僧传》，北京：中华书局，1992，第422页。
② 释慧皎撰，汤用彤校注《高僧传》，北京：中华书局，1992，第190页。
③ 释慧皎撰，汤用彤校注《高僧传》，北京：中华书局，1992，第157页。
④ 释慧皎撰，汤用彤校注《高僧传》，北京：中华书局，1992，第162～163页。一种意见（如许理和，见其《佛教征服中国》，南京：江苏人民出版社，2003，第130页）认为支遁出离都城是因为政治斗争的缘故，不过，即使这是可能的，也不影响我们对支遁等人隐士人格的判断。

堪，请求皇帝能够让他归隐。其实，二位高僧"潜""遁"这样的名字是否已经暗示他们早有隐居的志向呢？似乎可以说，在中国，隐士生来不是僧人，但僧人天生地就是隐士。

法汰的弟子竺道壹在法汰逝后，隐居虎丘山，学徒苦留不止，丹杨的长官曾强命他返回京师。这位隐士高僧这样回答："盖闻大道之行，嘉遁得肆其志。唐虞之盛，逸民不夺其性。弘方由于有外，致远待而不践。大晋光熙，德被无外，崇礼佛法，弘长弥大。……今若责其属籍，同役编户，恐游方之士，望崖于圣世，轻举之徒，长往而不反，亏盛明之风，谬主相之旨。"① 这番话大概因为是对一个地方长官所发，所以语气恭维中而显强硬，而所用的立论却是隐士逻辑。过去的盛世都允许高士自由归隐，现在大晋是盛世，怎么能不允许我们隐居呢，难倒要把我们和编户一样对待吗？这是已经直接称自己为隐士了。

此一类僧人皆悠游山水，在当时颇为不少，三吴会稽，多是此辈。如支昙谛："公之中年，爰乃慨以城傍难置幽居为节，且山水之性，素好自然。静外之默，体自天心。于是谢缘人封，遁迹岩壑。乃考室于吴兴郡故障之昆山，味道崇化二十余载。"② 这里则明显提出城市与山林的对立，指出城市对僧节的束缚。

在越来越多的僧人走向隐逸、走向山林之时，庐山自然未能例外。

庐山一开始即与隐逸之士结缘。周代匡俗兄弟隐居于此，庐山得名匡山。汉代董奉在此隐居行医，留下杏林佳话。晋时的庐山，仍是隐士的乐土，《世说新语》注引《寻阳记》云：

> 周邵字子南，与南阳翟汤隐于寻阳庐山。庾亮临江州，闻翟、周之风，束带蹑履而诣焉。③

周、翟与寻阳陶氏皆为联姻之族，俱有隐风，代有隐居庐山之士。慧

---

① 释慧皎撰，汤用彤校注《高僧传》，北京：中华书局，1992，第 207 页。
② 释道宣：《广弘明集》，《大正藏》第 52 册，石家庄：河北省佛教协会影印，2005，第 263 页。
③ 刘义庆撰，刘孝标注，余嘉锡笺疏：《世说新语笺疏》，北京：中华书局，1983，第 902 页。

远未出家以前，便对隐士颇有向往，当时的理想就是与著名隐士范宣子共契嘉遁。而此范宣子正处豫章，离庐山不远。初到庐山的慧远，对庐山文化中蕴含的隐逸文化颇感兴趣，把匡、董等人皆写入《庐山记》。

慧远自入庐山之后，"影不出山，迹不入俗"，不正是一位隐士吗？范晔有"隐居以求其志"的话，而慧远在《答桓玄论沙门不应敬王者书》里正用此语描绘僧人："是故凡在出家，皆隐居以求其志，变俗以达其道。"①谢灵运诔文里描述慧远，亦云："怀仁山林，隐居求志。"②

《高僧传》承继《名僧传》而来，将僧人分为十科，分类颇有不同。而《名僧传》将僧人分为法师、律师、禅师、神力、苦节、导师、经师等目，其中中国法师又有高行三卷、隐道三卷和其他七卷。隐道正是隐居的道人之意，为此类僧人列传，而大书之，正说明了隐逸文化在僧人中的盛行，僧人已堂而皇之地隐而弘道。在隐道诸卷中，卷九赫然有"晋寻阳庐山释惠（慧）远"的单传。慧远教团中的周续之、刘遗民是"寻阳三隐"中的二隐，教团中的宗炳、雷次宗等人亦列正史隐逸传中，为隐逸中人，由此可见隐逸文化在这个教团中的影响了，而慧远俨然成为隐逸人士的领袖。略晚于慧远，当刘宋之时，有上定林寺释僧远，行事与慧远颇为相近，蔬食五十余年，涧饮二十余年，曾抵制宋孝武帝的沙门敬王者令。当他隐居定林寺时，"山居逸迹之宾，傲世陵云之士，莫不崇踵山门，展敬禅室"③，可见，整个南朝，皆将佛门作为隐逸的一面旗帜。

道安教团曾短暂地在山中待过，但他是反对隐逸的，他和道护等人在飞龙山隐居时曾共同发愿弘法而不愿独善其身。

> 又有沙门道护，亦冀州人，贞节有慧解，亦隐飞龙山，与安等相
> 遇，乃共言曰："居靖离俗，每欲匡正大法，岂可独步山门，使法轮辍

---

① 释僧祐：《弘明集》，《大正藏》第 52 册，石家庄：河北省佛教协会影印，2005，第 83 页。又见《集沙门不应拜俗等事》卷一，略见于《高僧传》卷六。

② 释道宣：《广弘明集》，《大正藏》第 52 册，石家庄：河北省佛教协会影印，2005，第 267 页。

③ 释慧皎撰，汤用彤校注《高僧传》，北京：中华书局，1992，第 319 页。

羾？宜各随力所被，以报佛恩。"众佥曰善，遂各行化，后不知所终。①

这些话颇似孔子见到隐士所说的话。法和亦与道安相善，数度追随前后。新野之别，法和率徒入蜀，巴汉之士，慕德成群。当道安从襄阳返回长安，法和又自蜀入关，二人曾至僧朗隐居的金舆谷赴会。

　　后于金舆谷设会，与安公共登山岭，极目周睇。既而悲曰："此山高耸，游望者多。一从此化，竟测何之？"安曰："法师持心有在，何惧后生？若慧心不萌，斯可悲矣！"②

大概道安、法和对僧朗等人隐居之道有不同意见，当他们登高望远，极目周睇之时，看见与僧朗共同隐居之士颇有不少，因而感伤，而道安则予以安慰。后道安逝世，关中扰乱，法和乃与提婆等人东适洛阳。姚兴王秦，关中佛法复盛，提婆渡江至南方庐山，法和仍入长安，协助鸠摩罗什等人译经传法。可见，自佛图澄始，至道安、法和，自始至终秉持"不依国主，则法事难立"之准则。道安、法和、道护等人是当时僧团中的"事功派"，颇有积极进取之精神，与后期慧远"迹不出山，影不入俗"形成鲜明对比。后世对此有所评论：

　　中有释道安者，资学于圣师竺佛图澄，安又授业于弟子慧远。惟此三叶，世不乏贤，并戒节严明，智宝炳盛，使夫慧日余晖，重光千载之下；香土遗芬，再馥阎浮之地；涌泉犹注，实赖伊人。远公既限以虎溪，安师乃更同辇舆，夫高尚之道，如有惑焉，然而语默动静，所适唯时。四翁赴汉，用之则行也；三闾辞楚，舍之则藏也。经云：若欲建立正法，则听亲近国王及持仗者。安虽一时同辇，乃为百民致谏，故能终感应真，开云显报。③

---

①　释慧皎撰，汤用彤校注《高僧传》，北京：中华书局，1992，第195页。
②　释慧皎撰，汤用彤校注《高僧传》，北京：中华书局，1992，第189页。
③　释慧皎撰，汤用彤校注《高僧传》，北京：中华书局，1992，第343页。

此为慧皎义解之论，道安、慧远同在义解传中，而其行事颇有不同，"远公既限以虎溪，安师乃更同辇舆"，不能不令人生疑，所以慧皎特予以解释说明。而所用的理论正是隐士之理论，所谓用之则行，舍之则藏。此正可见当时世风之变，已由道安时代之积极事功转为隐修弘道，亦就无怪乎僧人从都市走向山林了。

第五节　印度禅修方式的影响

促进僧人由城市走向山林的还有禅法修行的需要。

东晋及以前，中土佛教有两大思潮：一是以支谶为代表译介进入的般若学，一是以安世高为代表译介进入的禅数之学。禅数之学假北方重实修的传统而盛行于北，般若学借南方重玄学尚清谈的风气而盛行于南。但这是就大体而论，实际上，般若学和禅数学在当时的南北皆有流传，只是不同的阶段有不同的特点，汉地僧人对二者的认识可谓无甚分别，而将二者视为佛教的两个方面，故汉地高僧对此二者均加以讲解和修习，每岁再讲《放光经》而又为《阴持入经》作序的道安可为一个代表。

禅，梵文"禅那"的简称，意译有"思维修""静虑"等名，它的本意是通过思维的修炼来达到一种宁静安详的最佳心灵状态。"禅"常与"定"并称，而严格意义的禅只指十二定中的四种。《大智度论》卷二八谓："四禅亦名禅，亦名定，亦名三昧。除四禅，诸余定亦名定，亦名三昧，不名为禅。"此四禅亦称"四静虑"。大小《十二门经》中即介绍此"四静虑""四无量""四无色定"十二门禅法。以"四禅"对治贪淫，以"四无量"对治嗔恚，以"四无色定"对治痴爱。

十二门禅法略显烦琐，简单易行而影响长远的禅法是安般禅法，这种禅法集中地体现在《安般守意经》中，康僧会将其概括为"四禅六事"。"四禅"指行禅的四个阶段，是"四静虑"的又一种表达；"六事"指"数息""相随""止""观""还""净"，是修炼"四禅"中应注意的问题，包括操作方法，必须达到的心理状态和对佛教教义的掌握。"四禅六事"的核心是"止""观"，注意力集中，使浮躁杂乱的心安静下来，从而控制自己的思想运转，从而获得诸种神通。

以上为小乘禅法，在当时最为流行，修行传播此种禅法的主要是安世高、陈慧、康僧会、谢敷、支遁等人。另外，支谶介绍般若思想时，也介绍了一些大乘禅法，其中有影响的是"般舟三昧"。

般舟三昧意译"佛现前定"，是通过专心念佛，从而佛的形象现于面前的一种禅定。"独一处止，念西方阿弥陀佛今现在。随所闻当念，去此千万亿佛刹，其国名须摩提。一心念之，一日一夜，若七日七夜，过七日已后见之。"①　在弃绝尘世和用禁欲主义来实现信仰的专一方面，大小乘禅法是一致的，但是大乘禅法这里采用的念佛方法显然要比小乘简便。同时，它又坚持自己的"本无"理论，把"佛现前"的境界作为梦幻一样的产物，只是"念所想耳"。

无论是小乘禅法，还是大乘禅法，在禅法修持上都强调安静、安定。这种修持方法在环境的选择上便要求有相对独立而偏僻的地方。从现在流传的资料我们可以看出，当时僧人的禅房多是精心设计而单独建设的，这种特点很容易走向"隐居"的修行方式。

前曾言及，《名僧传》中专设"隐道"一科，而在《名僧传》《高僧传》中所记录的禅僧里，我们可以发现，禅僧对修禅之地有较特殊的要求，如有条件，他们都会单独建立一间禅室。

求那跋摩住始兴虎市山寺时，"于山寺之外别立禅室。室去寺数里，磬音不闻"②。

释慧览住中兴寺，建康禅僧皆随踵受业，"吴兴沈演、平昌孟颛并钦慕道德，为造禅室于寺"③。

释僧审专志禅那，常谓非禅不智，原住灵曜寺，"灵鹫寺慧高从之受禅业，乃请审还寺，别立禅房"④。又：

　　昙摩密多，此云法秀，罽宾人也。……常以禅道教授，或千里谘

---

①　支娄迦谶译《佛说般舟三昧经》，《大正藏》第 13 册，石家庄：河北省佛教协会影印，2005，第 899 页。
②　释慧皎撰，汤用彤校注《高僧传》，北京：中华书局，1992，第 107 页。
③　释慧皎撰，汤用彤校注《高僧传》，北京：中华书局，1992，第 418 页。
④　释慧皎撰，汤用彤校注《高僧传》，北京：中华书局，1992，第 423 页。

受，四辈远近，皆号大禅师焉。……元嘉十年还都，止钟山定林下寺。密多天性凝靖，雅爱山水，以为钟山镇岳，埒美嵩华，常叹下寺基构，临涧低侧，于是乘高相地，揆卜山势，以元嘉十二年，斩石刊木，营建上寺。士庶钦风，献奉稠迭，禅房殿宇，蔚尔层构。于是息心之众，万里来集，讽诵肃邕，望风成化。定林达禅师即神足弟子。①

此定林下寺亦单独建有禅房，《名僧传》则记他"讽诵经藏，坚持律部，偏好禅那，兼修定品"，至元嘉十年移憩定林，"寺后别禅堂，师友十余，并雅精业，昼夜不休"②。

这些禅室可能简陋或者考究，但有一个共同之处，即均为单独设计建造，而与寺院其他建筑保持距离，甚至远离寺院，以保证禅修时的安静和修习效果。

专门修习禅定的房间不是一般僧人所能拥有，更多僧人的禅定之所可能就是在旷野之地，大树之下，荒塚之上。如慧远弟子法安"善戒行，讲说众经，兼习禅业"，游化到新阳县，就在一棵大社树下通夜坐禅。

天竺沙门僧伽达多、僧伽罗多，"并禅学深明，来游宋境。达多尝在山中坐禅，日时将迫，念欲虚斋，乃有群鸟衔果飞来授之"。僧伽罗多"以宋景平之末来至京师，乞食人间，宴坐林下，养素幽闲，不涉当世"③。

阿那摩低"以宋孝建中，来止京师瓦官禅房，恒于寺中树下坐禅"④。

其他如释慧嵬"多栖处山谷，修禅定之业"⑤；释净度"常独处山泽，坐禅习诵"⑥；释法成"隐居岩穴，习禅为务"⑦。此外的例子尚多不胜举。

头陀僧多习禅定，他们习禅的地点多在空旷幽静之地：

诃罗竭，曾至娄至山石室中专心坐禅，僧传又说他"多行头陀，独宿

---

① 释慧皎撰，汤用彤校注《高僧传》，北京：中华书局，1992，第 120～122 页。
② 释宝唱撰，释宗性抄《名僧传抄》，《卍续藏经》第 134 册，台北：新文丰出版公司，1976，第 19 页。
③ 释慧皎撰，汤用彤校注《高僧传》，北京：中华书局，1992，第 128 页。
④ 释慧皎撰，汤用彤校注《高僧传》，北京：中华书局，1992，第 134 页。
⑤ 释慧皎撰，汤用彤校注《高僧传》，北京：中华书局，1992，第 405 页。
⑥ 释慧皎撰，汤用彤校注《高僧传》，北京：中华书局，1992，第 416 页。
⑦ 释慧皎撰，汤用彤校注《高僧传》，北京：中华书局，1992，第 417 页。

山野"①。

竺僧显，"贞苦善戒节，蔬食诵经，业禅为务。常独处山林，头陀人外"②。

释法绪，"德行清谨，蔬食修禅。后入蜀，于刘师冢间头陀山谷，虎兕不伤"③。

释僧周，"性高烈，有奇志操。而韬光晦迹，人莫能知。常在嵩高山头陀坐禅"④。

释法晤"不食粳米，常资麦饭，日一食而已""头陀山泽，不避虎兕。有时在树下坐禅。或经日不起"⑤。

释道韶，"备学诸禅，头陀为事业，披服弊衣，或冢间而坐。年过知命，操节愈明，每至独处山林，单行兽窟，遍入诸门，历观生死。尝夜坐树下，忽雷电霹雳，折树甫枝，猛虎群号，转石奔落。韶端然不动，禅嘿无异"⑥。

竺昙猷，"少苦行习禅定，后游江左止剡之石城山，乞食坐禅"⑦。

释道法，"专精禅业，亦时行神咒""常行分卫，不受别请及僧食。乞食所得，常减其分以施虫鸟，每夕辄脱衣露坐以饴蚊虻。如此者累年"⑧。

释慧弥，在长安终南山剪茅结宇，精修三昧，"时至则持钵入村，食竟则还室禅诵，如此者八年"⑨。这些僧人均是头陀禅僧。

可见，无论是何种修行禅定的方式，最佳去处均是山林。在旷野中修行禅定，包括头陀之行，条件艰苦，若是有专门的禅室来进行禅思，当然最好不过。同江南名士日相亲近的禅僧们便多是这样，支遁可算是这样的代表。他精通大乘般若之学，也栖心于小乘禅数之学，曾"注《安般》、

① 释慧皎撰，汤用彤校注《高僧传》，北京：中华书局，1992，第 370 页。
② 释慧皎撰，汤用彤校注《高僧传》，北京：中华书局，1992，第 401 页。
③ 释慧皎撰，汤用彤校注《高僧传》，北京：中华书局，1992，第 408 页。
④ 释慧皎撰，汤用彤校注《高僧传》，北京：中华书局，1992，第 414 页。
⑤ 释慧皎撰，汤用彤校注《高僧传》，北京：中华书局，1992，第 422 页。
⑥ 释宝唱撰，释宗性抄《名僧传抄》，《卍续藏经》第 134 册，台北：新文丰出版公司，1976，第 19 页。
⑦ 释慧皎撰，汤用彤校注《高僧传》，北京：中华书局，1992，第 403 页。
⑧ 释慧皎撰，汤用彤校注《高僧传》，北京：中华书局，1992，第 420 页。
⑨ 释慧皎撰，汤用彤校注《高僧传》，北京：中华书局，1992，第 473 页。

《四禅》诸经""宴坐山门，游心禅苑，木食涧饮，浪志无生"①。

慧远之师道安亦是一位兼修般若之学与禅定之学的高僧，他在襄阳每岁再讲《放光经》，亦曾为《十二门经》《安般守意经》等禅数经典作序，其修习小乘禅法是可以肯定的，《名僧传》即说他在襄阳檀溪寺中已经"别立禅房以栖"②。

道安一系僧人皆有此特点，道安之友释僧先隐居飞龙山，"游想岩壑，得志禅慧，道安后复从之，相会欣喜"③。道安弟子释道立，"随安入关，隐覆舟山，岩居独处，不受供养，每潜思入禅，辄七日不起"④。

慧远《大智论钞序》谓龙树菩萨：

> 有大乘高士，厥号龙树，生于天竺，出自梵种。积诚曩代，契心在兹。接九百之运，抚颓薄之会，悲蒙俗之茫昧，蹈险迹而弗容。于是卷隐衡门，云翔赤泽，慨文明之未发，思或跃而勿用，乃喟然叹曰："重夜方昏，非萤烛之能照。虽白日寝光，犹可继以朗月。"遂自誓落簪，表容玄服，隐居林泽，守闲行禅。⑤

龙树之经历，在慧远看来，正有隐居修禅之一段。⑥ 继承道安禅法的慧远，在庐山的东林寺亦建有独立的禅房。《高僧传》说他建东林寺后，"复于寺内别置禅林，森树烟凝，石筵苔合"⑦。据《高僧传》，西林寺的慧永也是如此，"别立一茅室于岭上，每欲禅思，辄往居焉"⑧。

---

① 释慧皎撰，汤用彤校注《高僧传》，北京：中华书局，1992，第 161 页。
② 释宝唱撰，释宗性抄《名僧传抄》，《卍续藏经》第 134 册，台北：新文丰出版公司，1976，第 12 页。有人以为道安的思想有个转变过程，即从小乘禅法转向大乘般若学，笔者以为，无论如何，此只是学习重点的转移，并不代表着抛弃。
③ 释慧皎撰，汤用彤校注《高僧传》，北京：中华书局，1992，第 194 页。
④ 释慧皎撰，汤用彤校注《高僧传》，北京：中华书局，1992，第 203 页。
⑤ 释僧祐撰，苏晋仁、萧炼子点校《出三藏记集》，北京：中华书局，1995，第 388~389 页。
⑥ 婆罗门信徒将其一生分为四个阶段，其中第三个阶段即"壮年入林，潜心修道的森居期"，此一时期即禅观时期。参见苏渊雷《中国禅学史·早期禅法》，《华东师范大学学报》（哲学社会科学版）1996 年第 2 期。
⑦ 释慧皎撰，汤用彤校注《高僧传》，北京：中华书局，1992，第 212 页。
⑧ 释慧皎撰，汤用彤校注《高僧传》，北京：中华书局，1992，第 232 页。

尤为重要的是，慧远还请佛驮跋陀罗到庐山传授禅法，翻译禅经，慧远亲自为这些禅经作序。在《庐山出修行方便禅经统序》中，慧远委婉地批评鸠摩罗什等人以及以前中土传授的禅法不成系统，其道未融，而佛驮跋陀罗的禅法传自达磨多罗与佛大先，其人为西域之俊，是禅训之正宗。慧远亲自给长安僧人写信，排解觉贤与他们之间的矛盾，保护了觉贤和他门下的禅门弟子，使最有系统的禅法在南方得以流传。慧远可谓是禅法流传的功臣。

慧远教团中一直保持着习禅的传统。慧永、法安已如上述，均是禅修的高僧。教团中其他人如昙邕在庐山西南"营立茅宇，与弟子昙果澄思禅门"①。

道汪，"年十三，投庐山远公出家，研味禅律，停山十余载"②。

弟子中"又有法幽、道恒、道授等百有余人，或义解深明，或匡拯众事，或戒行清高，或禅思深入，并振名当世，传业于今"③。

慧远往生后，庐山仍然保持着作为禅修重要基地的地位。法瑗先依道场慧观为师，"笃志大乘，傍寻数论"。慧观是随佛驮跋陀罗学禅的禅学大师，法瑗随其学习禅数之学后，"后入庐山守静味禅，澄思五门，游心三观"④。而《高僧传》的作者慧皎避侯景之难至庐山，"葬庐山禅阁寺墓"⑤。此禅阁寺是以禅修为特色的寺庙，还是以某寺禅阁为基础而建的寺庙不得而知，但庐山确是南方禅修重要基地。禅修方式成为佛教走向山林的一个重要原因。

当佛法初传时，政府"惟听西域人得立寺都邑"⑥，长安、洛阳、建康等城市成为佛法隆兴之地。佛教初传东土，首要任务是宣传佛教，让更多的人知晓、信仰佛教。城市人口众多，条件最好，所以弘法高僧要首先占领城市，特别是说服皇帝、高官贵族等高层统治者。随着僧人数量的增

---

① 释慧皎撰，汤用彤校注《高僧传》，北京：中华书局，1992，第236页。
② 释宝唱撰，释宗性抄《名僧传抄》，《卍续藏经》第134册，台北：新文丰出版公司，1976，第22页。
③ 释慧皎撰，汤用彤校注《高僧传》，北京：中华书局，1992，第238页。
④ 释慧皎撰，汤用彤校注《高僧传》，北京：中华书局，1992，第312页。
⑤ 释慧皎撰，汤用彤校注《高僧传》，北京：中华书局，1992，第554页。
⑥ 释慧皎撰，汤用彤校注《高僧传》，北京：中华书局，1992，第352页。

多，个人修行便显得重要起来，寻找合适的修行地便成为当时佛教的另一重要任务。由城市转向山林，是佛教发展到一定阶段，一部分中国化僧人的需要。

道安教团在北方时，曾因战乱而到山中临时避难。濩泽、飞龙山、恒山、牵口山、王屋山、女休山等都留下了道安教团的痕迹，在山中，道安教团过着"木食修学"的艰苦生活。但道安的活动范围主要是在城市，道安曾两次总结弘教经验，一次是"今天灾旱蝗，寇贼纵横，聚则不立，散则不可"，率众入山；另一次则是"今遭凶年，不依国主，则法事难立，又教化之体，宜令广布"，将弟子一部分分派到扬州、蜀地的都市中去传法，另一部分则随他到当时相对安定，条件较好的襄阳发展。① 在山林中发展在道安只是一种暂时政策，而在慧远则成为一种终生选择，并成为他成功的一个关键，成为他人格的一种象征。

当道安于襄阳再次分张徒众之时，诸长德皆被诲约，独慧远不蒙一言，慧远跪问道安："独无训勖，惧非人例。"道安回答："如公者岂复相忧。"② 慧远"不蒙一言"，不仅与当时诸长德皆被诲约形成鲜明对比，亦与新野分张徒众时法汰、法和等人接受指示形成鲜明对比。慧远"不蒙一言"，说明道安没有对慧远以后的发展做出指示，而是让他独立自主地发展。这是道安对慧远的信任，还是预感到慧远会有与自己不同的道路呢？

不过，应该指出，当佛教转向山林时，并不是说城市佛教就衰落了。事实上，因为城市是政治和经济中心，有达官贵族，更有众多的市民，佛教在那里仍然拥有巨大的市场，那里仍是佛教发展的主要战场。从某种意义上说，山林佛教具有的符号意义似乎更大，这一点就和禅宗比较契合了。③ 而且，山林佛教也并没有完全脱离城市。襄阳檀溪寺所在的砚山、万山一带，地处城郊，交通便利，与襄阳城联系紧密。慧远等人所立东林寺、西林寺均在山北，靠近寻阳城。由长江靠岸，从古寻阳，也就是今天的七里湖古溢浦上岸，便有一条古驿道路通往东林寺。

---

① 释慧皎撰，汤用彤校注《高僧传》，北京：中华书局，1992，第 178 页。
② 释慧皎撰，汤用彤校注《高僧传》，北京：中华书局，1992，第 212 页。
③ 参阅陈坚《"无情有性"与"无情说法"：中国佛教山林化的佛学依据》，《文史哲》2009年第 6 期。

　　如果走水路，则是由古溢浦直接从龙开河，即慧远《庐山记》所云小江古溢水，坐小船向上游行驶。明代徐霞客即走此路线，其游记云："八月十八日至九江，易小舟，沿江南入龙开河。二十里，泊李裁缝堰。登陆，五里，过西林寺，至东林寺。"① 今天龙开河故道市区部分已淤塞而填为公路，2005 年 11 月，九江市又对故道进行了疏通，原马路一段改为暗河，直达甘棠湖（甘棠湖原亦通江），唯不能行船耳。由此可见，东林寺的确具有相当优越的地理位置，既有高山流水的静谧可供禅修，亦有地近都市的便利可资，更兼上接荆州，下控扬州，北通长安，真是修禅弘法的宝地。而东晋时期的政治动荡、文化阑珊则是促使僧人走向山林的又一因素。"常欲总摄纲维，以大法为己任"② 的慧远利用庐山成就了自己的伟业，庐山亦因接纳慧远而成为南国德镇，匡世庐岳。

---

① 　徐霞客：《徐霞客游记》，北京：中华书局，2008，第 17 页。
② 　释慧皎撰，汤用彤校注《高僧传》，北京：中华书局，1992，第 211 页。

第四章　慧远教团与世俗王权

　　有关慧远教团在沙门礼敬王者之争中的表现问题，其实质乃是佛教与世俗权力之间关系的问题。学界的探讨或者惊奇于这种讨论竟然能以类似玄谈的方式来解决，如许理和；或者赞叹于慧远在强大王权面前的无畏，称赞其奠定了以后佛教和世俗权力之间的基本关系，如夏毅辉①；或者指出佛教的胜利仅是由于王权的不够强大，如岛田虔次等人②。笔者基本同意这些学者的观点，慧远、桓玄等人实际上是在各自的理论圈子里讨论问题，阐发意见，他们的理论实际上是两条平行线，利用玄谈的方式永远不可能有什么结果。

　　但笔者亦看到，在这场争论中，双方还做到了互相照顾彼此的感受，慧远所作的沙门"内乖天属之重，而不违其孝，外阙奉主之恭，而不失其敬"的立场表白，实际上是一种示弱，是向本土文化的靠拢。当时的王权虽然处于中国历史上较弱的时代，但相比佛教，它依然足够强大。如果说，慧远在沙门不敬王者之争中略占上风的话，那么他在沙汰沙门事件中却处于劣势，拱手将沙汰沙门之权让给了世俗权力，并最终导致了南朝僧权隶属于王权的制度。

第一节　慧远对待王者态度的转变

　　从佛图澄、道安到慧远，时代在发生变化，沙门与王者之间的关系亦

---

① 夏毅辉：《晋南北朝时期佛教教团对国家权威的抗衡与妥协》，载殷宪主编《北朝史研究：中国魏晋南北朝史国际学术研讨会论文集》，北京：商务印书馆，2004。
② 岛田虔次：《桓玄和慧远的礼敬问题》，载《慧远研究·研究篇》，日本：创文社，1962，又收入其著，见邓红译《中国思想史研究》论文集，上海：上海古籍出版社，2009。

在发生微妙的变化。道安时代，"不依国主，则法事难立"，而至慧远时代，他领导的庐山教团则采取了不即不离，若即若离的政策。

一　政治势力对待僧人的态度

东晋时期的高僧鸠摩罗什，父鸠摩炎为天竺人，避难龟兹国，与龟兹国公主婚育而生鸠摩罗什。罗什在西域游历罽宾、沙勒、莎车、温宿诸国，学于众师，遍参大小乘，得到各国的尊重。龟兹王请罗什说法，为表尊重，专门为罗什制造了金师子座，并用大秦锦褥铺盖。《出三藏记集》并记载："西域诸国伏什神俊，咸共崇仰。每至讲说，诸王长跪高座之侧，令什践其膝以登焉。"① 可谓荣耀之极。

但在中土，鸠摩罗什却没这么幸运。前秦苻坚派吕光等人西伐龟兹，图取罗什。吕光获取罗什之后，强妻以龟兹王女。罗什拒而不受，吕光乃饮以醇酒，将其与龟兹王女同闭密室，罗什遂亏其节。吕光又令罗什骑牛或骑恶马，欲令堕地而出丑。如果说吕光的这种行为只是胜利者对失败者的羞辱而与对佛教的不尊重尚有一定距离的话，则姚兴逼令罗什亏节之事就显然是政权最高领导者将自己凌驾于佛教之上了。罗什在姚秦，虽被待以国师之礼，甚见优宠，但不过为之所蓄，非如西域诸王尊重之也。所以才会出现姚兴以妓女十人，逼令受之之举。②

北地之少数民族政权既与西域少数民族有着种族与文化上的天然联系，又在与中原汉民族文化的长期交往中熏习过，对汉文化已有不同程度的接受。无论是后赵石虎，还是前秦、后秦等北方政权，无疑都在走向汉化，所以，他们的崇佛，与西域的崇佛亦有不同。诚如韦伯等人所指出，中国的皇权不仅高于教权，而且表现出皇权与教权一体，皇帝自称天子，"替天行道"，有至高无上的权威。在汉文化中，"普天之下，莫非王土；

---

① 释僧祐撰，苏晋仁、萧炼子点校《出三藏记集》，北京：中华书局，1995，第531页。《高僧传》略同，"每至"或作"每年"，参见释慧皎撰，汤用彤校注《高僧传》。

② 罗什亏节一事，无可争辩，此罗什亦自知，故每至讲说之际，先自说譬喻，臭泥生莲花，但采莲花，勿取臭泥。但后世多有为其辩解者，如《晋书》中载众僧有效仿他不住僧房而别居亏节之事，罗什乃集合众僧，当众表演了吃针的本事，并说如有僧人亦能食针，方可蓄室。《出三藏记集》《高僧传》并载罗什年十二时，有一罗汉谓其母曰："常当守护此沙弥，若至三十五不破戒者，当大兴佛法，度无数人。"笔者以为此亦史家故作伏笔也。

率土之滨，莫非王臣"，这种观念似已为石虎、姚兴等人所接受，所以他们才自然地将自己视为最高，鸠摩罗什虽然德行修为很高，佛陀虽然有因果轮回等说，也未能阻止他们对佛教和佛教徒的滥为。

僧人遭受到的来自皇权的威胁有多种，破戒只是其中之一，其他尚有逼迫还俗，甚至是毁灭性的打击。

西晋末年，战乱方起，帛法祖潜遁陇右，时张辅为秦州刺史，乃逼迫法祖反服，为己僚佐。法祖固志不移，结怨于张辅。后法祖因言触怒张辅，张辅收之行罚，法祖受鞭五十，奄然命终。法祖之弟法祚，年二十五出家，亦为梁州刺史张光逼令罢道。法祚执志坚贞，以死为誓，遂为张光所害。①

释道恒、释道标二人追随鸠摩罗什，"多所兼通，学该内外，才思清敏"。姚兴乃几番下书，并致书鸠摩罗什、僧䂮，逼迫恒、标二人还俗，助振王业。阖境救之，殆而得免。道恒有感于此，乃窜影岩壑，毕命幽薮。②

释法愿遭僧导嫉恨，宋孝武帝敕其还都，问法愿为何诈为菜食，法愿答："菜食已来十余年。"孝武帝乃强逼法愿食肉，法愿不肯，以至断了两颗牙齿，但终不回其操。孝武帝大怒，敕其罢道。法愿被任命为广武将军，直华林佛殿，但他虽形同俗人，却栖心禅戒，终不亏节。③

慧远本人亦曾遭桓玄此种待遇，《高僧传》载桓玄以震主之威，苦相延致，贻书骋说，劝令登仕。幸而慧远答词坚正，确乎不拔，终莫能回。④桓玄一方面感叹历代咸有肥遁之士，而己世独无，乃征皇甫谧的后代皇甫希之为著作郎，并给其资用，又令其让而不受，号曰高士，时人名为充隐；另一方面又希望像慧远这样的高僧能为其所用，亦有装点门面之意。

以上只是统治者对僧人的个别"待遇"，更有甚者，统治者因了自己的遭遇而对佛教产生不满，乃对整个佛教施以毁灭性的打击。其中有名的

---

① 事见释慧皎撰，汤用彤校注《高僧传》，北京：中华书局，1992，第26页。
② 事见释慧皎撰，汤用彤校注《高僧传》，北京：中华书局，1992，第246～247页。
③ 事见释慧皎撰，汤用彤校注《高僧传》，北京：中华书局，1992，第518页。
④ 释慧皎撰，汤用彤校注《高僧传》，北京：中华书局，1992，第219页。《弘明集》卷十一载有《庐山慧远法师答桓玄劝罢道书》并《桓玄书》。

"三武一宗"灭佛事件已为人熟知，北魏太武帝拓跋焘废佛时间就在南北朝时期。其实，早于拓跋焘，已有类似事件发生。

河西北凉政权承玄二年（429），沮渠蒙逊伐乞伏暮末于抱罕，以世子兴国为前驱，不幸为末军所败，兴国被擒。后乞伏失守，暮末与兴国俱获于赫连定定，后又为吐谷浑所破，兴国遂为乱兵所杀。蒙逊迁怒于佛门，谓事佛无应，乃下令遣斥沙门，五十已下皆令罢道。①

统而观之，佛教自传入中国后，即使是在少数民族政权大发展的十六国和北朝，佛教有了飞跃发展，也没有超过皇权，相反，乱世时期佛教更加依赖于皇权。中国的沙门可能永远没有感受过印度沙门那种尊贵的地位，他们最理想的不过是做一个不缴税的隐逸之士罢了，而隐逸之民只是一种不同于编户之民的民罢了，仍受王权的管辖。虽然也有一些人，想要摆脱政权的束缚，或者与王权保持独立，如僧远即说："我剔头沙门，本出家求道，何关于帝王？"②

那么，沙门与王者之间，到底应该或者会如何处理关系呢？

二　不依国主，法事难立：佛图澄、道安的弘教政策

佛教在中国的大发展，开始于十六国时期的佛图澄。佛图澄所走的弘教路线是上层路线，他通过法术与个人佛教修养先后征服后赵的石勒、石虎等统治者，依靠他们发展佛教事业。《高僧传》记载：

> （石勒）召澄问曰："佛道有何灵验？"澄知勒不达深理，正可以道术为征，因而言曰："至道虽远，亦可以近事为证。"即取应器盛水，烧香咒之。须臾生青莲华，光色曜目。勒由此信服。③

石勒本专以杀戮立威，因受佛图澄影响，多有收敛，不计其数的人因此得以存活。佛图澄采取的传教政策正是后来其弟子道安总结的"不依国

---

① 事见释慧皎撰，汤用彤校注《高僧传》，北京：中华书局，1992，第76页。
② 释慧皎撰，汤用彤校注《高僧传》，北京：中华书局，1992，第318页。
③ 释慧皎撰，汤用彤校注《高僧传》，北京：中华书局，1992，第346页。

主，则法事难立"。佛图澄传教的效果比较明显，当时"中州胡晋略皆奉佛""所历州郡，兴立佛寺八百九十三所，弘法之盛，莫与先矣"，而"受业追游，常有数百，前后门徒，几且一万"。① 因为佛教发展过于迅猛，以致当时的人们"相竞出家，真伪混淆，多生愆过"②，但石虎政权却在这时发布诏书，公开准许所有百姓出家为僧，成为中国历史上第一个在法律层面允许汉人出家的政权。

佛图澄虽然对自己的弘教政策没有系统表述，但我们从他一生的弘教实践中仍可清楚看出其政策。佛图澄虽然被列于《高僧传·神异》，并且的确依靠其神异法术取得石勒政权的信任，但从其一生弘法实践来看，佛图澄作为战略家和谋略家的一面更为突出。当刘曜、石勒等各路势力混战时，佛图澄"潜泽草野，以观事变"，最终选择了石勒。但佛图澄并未直接去见石勒，而是先投止石勒的一位大将军郭黑略家，并用自己的智慧帮助战场上的郭，这就逐渐引起了石勒的兴趣，并用法术征服了石勒。即便佛图澄常常使用神异法术，但他对此仍有清醒的认识，所谓："至道虽远，亦可以近事为证。"③ 当时的北方，不仅有各少数民族之间的争斗，即如一族内部也阴谋不断，在这样的情势下进行传教活动，需要的不仅仅是抓住机遇，更需要一种战略眼光。佛图澄传教的成功可以说是佛教在中国第一次成功的尝试，这种成功的模式为他的弟子道安继承并继续弘扬。

这和康僧会取得孙权的信任而发展佛教类似：

（孙权）即召会诘问有何灵验，会曰："如来迁迹，忽逾千载。遗骨舍利，神曜无方，昔阿育起塔，乃八万四千。夫塔寺之兴，所以表遗化也。"权以为夸诞，乃谓会曰："若能得舍利，当为造塔。如其虚妄，国有常刑。"会请期七日，乃谓其属曰："法之兴废，在此一举。今不至诚，后将何及？"乃共洁斋静室，以铜瓶加几，烧香礼请。七日期毕，寂然无应，求申二七，亦复如之。权曰："此欺诳也。"将欲

----

① 释慧皎撰，汤用彤校注《高僧传》，北京：中华书局，1992，第346、356页。
② 释慧皎撰，汤用彤校注《高僧传》，北京：中华书局，1992，第352页。
③ 释慧皎撰，汤用彤校注《高僧传》，北京：中华书局，1992，第346页。

加罪，会更请三七，权又特听。会曰："法云应被，而吾等无感，何假王宪，当誓死为期耳。"三七日暮，犹无所见，莫不震惧。既入五更，忽闻瓶中铿然有声，会自往视，果获舍利。明旦呈权，举朝集观，五色光焰，照耀瓶上。权手自执瓶，泻于铜盘，舍利所冲，盘即破碎。权肃然惊起曰："希有之瑞也。"会进而言曰："舍利威神，岂直光相而已。乃劫烧之火不能燔，金刚之杵不能坏矣。"权命取铁槌砧，使力士击之，砧槌并陷，而舍利无异。权大嗟服，即为建塔。以始有佛寺，故曰建初寺。因名其地为佛陀里。由是江左大法遂兴。①

江左大法确自康僧会始而兴起，但并未自康僧会而大兴，钱大昕《十驾斋养新录》卷八"沙门入艺术传始于晋书"条称"晋南渡后，释氏始盛"。此语不假，但单看此条目之名，以为说的都是南方之事，其实，《晋书·艺术传》所收之僧人皆为北方僧人，钱大昕所谓"皆在僭伪之朝，与晋无涉""唐初史臣可谓无识之甚"②。其实，这只是南北僧人风格不同使然。

"晋南渡后，释氏始盛"，实可概南北而言，《晋书》非纪东晋之事，自然可包括佛图澄等人，此非唐初史臣无识，而因唐朝一统天下，不作偏安之史耳。北方佛教乃自佛图澄而兴，南方佛教亦自南渡之僧而兴。佛图澄在北方依靠石勒、石虎等人，南方僧人则与王公大族借玄学清谈打成一片。

过江之僧帛尸梨密多罗，住建初寺，与丞相王导、大将军敦、太尉庾元规、光禄周伯仁、太常谢幼与、廷尉桓茂伦等相善。③ 至于竺法潜，本为王敦之弟，永嘉初过江，与元帝、明帝、哀帝皆善，出入宫阙，以致有朱门之讥。④ 支遁应晋哀帝之请，住京师东安寺，淹留三载，后上书告辞，晋帝资给发遣，事事丰厚。⑤ 此外依附国主王公之僧人尚多，此不赘述。

道安少时游方问学，在佛图澄门下得益最多。佛图澄逝后，北方重又

① 释僧祐撰，苏晋仁、萧炼子点校《出三藏记集》，北京：中华书局，1995，第513页。
② 钱大昕撰，陈文和、孙显军校点《十驾斋养新录》，南京：江苏古籍出版社，2000，第132～133页。
③ 释慧皎撰，汤用彤校注《高僧传》，北京：中华书局，1992，第29页。
④ "潜尝于简文处，遇沛国刘恢，恢嘲之曰：'道士何以游朱门？'潜曰：'君自睹朱门，贫道见为蓬户。'"见释慧皎撰，汤用彤校注《高僧传》，北京：中华书局，1992，第156页。
⑤ 释慧皎撰，汤用彤校注《高僧传》，北京：中华书局，1992，第161～163页。

陷入战乱。道安四处避难，颠沛流离。迫于北方的战乱局势，道安几度调整发展策略，逐渐向南转移。冉闵之乱时，"天灾旱蝗，寇贼纵横"，他提出"聚则不立，散则不可"的策略，率众入山，"木食修学"。教团南投襄阳，行至新野，道安又提出："今遭凶年，不依国主，则法事难立，又教化之体，宜令广布。"① 于是他根据徒众的特点安排法汰等人到扬州、法和等人到蜀地去发展。

法汰初至建康，不为人知，领军王恰必得法汰同车方与诸名士相聚，渐为所重。② 简文帝、孝武帝皆重之，三吴之地，咨禀门徒，数以千计。在襄阳的道安则与地方官绅梁州刺史朱序，荆州刺史桓豁，地方名士望族习凿齿、张殷，朝中大臣郗超、谢安，东晋国主孝武帝结交来往，并得到他们的支持。习凿齿献其谷隐山房舍为道安修建谷隐寺，张殷献其房屋为道安建檀溪寺，郗超遣使赠米千斛，修书累纸，晋孝武帝下诏："安法师……俸给一同王公，物出所在。"当时的凉州刺史杨弘忠曾送铜万斤，助道安修建寺院，前秦苻坚则遣使送来外国金箔倚像、金坐像、结珠弥勒像、金缕绣像、织成像等。道安在当时中国南北都获得了无上的荣誉与认可。这些皆是道安"不依国主，则法事难立"政策的成功。

不过，同佛图澄依靠为统治集团出谋划策而获得信任支持不同，道安主要依靠教团高尚的道德修养赢得统治集团的欣赏。习凿齿向谢安描写道安道："来此见释道安，故是远胜。非常道士，师徒数百，斋讲不倦。无变化伎术可以惑常人之耳目，无重威大势可以整群小之参差，而师徒肃肃，自相尊敬，洋洋济济，乃是吾由来所未见。其人理怀简衷，多所博涉。内外群书，略皆遍睹。阴阳算数，亦皆能通。佛经妙义，故所游刃。"③

三 "愿檀越安稳，使彼亦无他"：慧远教团政策的转变

慧远自拜在道安门下始，一直追随道安，亲身经历了道安教团的发展和壮大，直到襄阳被后秦政权进攻，慧远才和大家一起被迫离开道安。慧

---

① 释慧皎撰，汤用彤校注《高僧传》，北京：中华书局，1992，第 178 页。
② 事见《世说新语·赏誉》篇。王洽不可能与法汰同时，此传闻有误，当另有主人公，或许为王洽之子。
③ 释慧皎撰，汤用彤校注《高僧传》，北京：中华书局，1992，第 180 页。

远离开襄阳前的佛教活动史载十分有限①，但毫无疑问，他亲身经历了道安教团发展壮大的历程，也亲身经历了教团发展政策的形成和变化过程，并是道安政策的忠实和主要执行者。

道安在襄阳所立之寺，以檀溪寺最为宏伟。此寺以清河富户张殷所舍田宅为基础建成，又得到其他大富长者的资助，建塔五层，起房四百。凉州刺史杨弘忠送铜万斤，道安以之铸成佛像，光相丈六，神好明著，每夕放光，彻照堂殿。《广弘明集》载有《襄阳丈六金像颂》，即慧远代道安所作。

另有一件事情亦能说明慧远在道安教团中的地位。竺法汰为道安同学，被派往江南弘教，遇疾停阳口，道安乃遣慧远前去慰问，这是慧远在教团中代表道安的第二个例子。慧远在此次慰问法汰的过程中，还恰逢法汰组织人员与执心无义的道恒等人辩论。法汰弟子昙一等人与道恒激辩无果，是慧远出面，设难数番，击败了道恒等人。

正因为慧远的突出表现，道安对他期望很高。新野分众，慧远被留在身边，是否可以看作希望慧远能继承自己的"衣钵"，而别有一种期待呢？慧远自己"常欲总摄纲维，以大法为己任"，而道安亦常欣慰地叹曰："使道流东国，其在远乎！"

当襄阳被围，道安自身难保时，他不得不又一次分张徒众，保存和散播这些弘法的种子。徒弟们临行前，"诸长德"如同新野之分时法汰、法和等人一样，均得到了道安的指示。这些指示显然是告诉他们到了某某地后，应该如何行事，如何弘法，注意些什么等等。但对慧远，道安一句话也没有讲，就让他离开。长期随侍道安的慧远一旦要真正独立，不舍中不免有些不安："独无训勖，惧非人例。"为什么独独我没有得到开示呢，恐怕不合乎弟子之例吧？慧远的不安似乎很有意思，他担心的不是没有得到开示，以后无所适从，而仅是"非人例"的一种形式上的不平等。道安的回答亦有深意："如公者岂复相忧?!"道安改变过去以师为姓的传统，以释为姓，能为广大佛教徒所接受，是因为这一主张更加符合中国传统，而且也在一定程度上弥补了佛教对中国孝道的伤害，迎合了中国人的习惯。"儿远行，父母忧。"慧远与道安分别，双方都知道应该是永别了，而道安

① 《高僧传》中只记载有他拜道安为师、以《庄子》为人讲经及荆州破心无义等数事。

感到"岂复相忧",正是师父对慧远的极大信任。不过,道安的"独无训勖"似乎也暗示慧远:你可以依照自己的主意行事,而不必死守师父制定的规约。

于是在庐山,慧远的弘教政策在继承中真的有了重大改变。

道安在襄阳的政策是在慧远协助下执行的,慧远熟悉和理解那一套理论。和在襄阳时期一样,慧远教团也和寻阳当地的达官贵族保持着良好关系。

慧远初至寻阳,住龙泉精舍,其地去水太远,地势稍偏。后在江州刺史桓伊的帮助下,建东林寺。"远创造精舍,洞尽山美,却负香炉之峰,傍带瀑布之壑,仍石垒基,即松栽构,清泉环阶,白云满室。复于寺内别置禅林,森树烟凝,石筵苔合。凡在瞻履,皆神清而气肃焉。"[1] 这样的一座东林寺和慧永当年在陶范帮助下建立的"所栖褊狭"的西林寺相比,不可同日而语。东林寺建寺过程中流传着"神运殿"和"出木池"的故事,大意是说东林建寺之初,木料缺乏,慧远大师很是犯愁。一日夜半,慧远梦见山神告知:"此处幽静,足以栖身。"忽然,天空雷电交加、风雨大作,及至天明,大家发现殿前的池塘中涌出许多上好的木材,解决了建寺木材问题。于是东林寺便有一座"神运殿",涌出木材的那口池塘便名"出木池"。"神运殿"的故事不止东林寺一家传说,但此一故事除说明神的相助外,亦说明当时建寺的艰难,若无地方官相助,更是难上加难。

除陶范、桓伊之外,慧远教团同其他地方官亦有密切之关系。如豫章郡太守范宁"崇儒抑俗",以为"浮虚相扇,儒雅日替",始于王弼、何晏,乃著论非之,比之于少正卯。他先在余杭兴学校,养生徒,后在豫章大设庠序,取四姓子弟,皆充学生。慧远门下之周续之即范宁豫章之学生。范宁曾邀请慧持前往讲《法华》《毗昙》,以至四方云聚,千里遥集。

慧持形长八尺,风神俊爽,庐山徒属,往反三千,皆以持为称首,在教团中属于活跃的领导者之一。他曾护送已为尼姑的姑姑道仪到都城,和晋卫军琅邪王珣等人有密切交往,并在京城讨论佛理,助译佛经。王珣、王珉兄弟是京城有名的佛教世家,深究佛理。王珣因未见过慧远,曾写信

① 释慧皎撰,汤用彤校注《高僧传》,北京:中华书局,1992,第212页。

问范宁:"远公持公孰愈?"范答书云:"诚为贤兄弟也。"

后来的镇南将军、江州刺史何无忌驻寻阳,曾多次与慧远教团中人雅集,《高僧传·慧永传》中曾记载了一次众人的集会:"何无忌作镇寻阳,陶爱集虎溪,请(慧)永及慧远。远既久持名望,亦雅足才力。从者百余,皆端整有风序。及高言华论,举动可观。永怡然独往,率尔后至。纳衣草屣,执杖提钵,而神气自若,清散无矜。众咸重其贞素,翻更多之。"① 这些地方官或资助建寺,或助译佛经,与慧远教团保持着密切的关系。如太元十六年(391)僧伽提婆在东林寺翻译《阿毗昙心》,道慈笔受,资助这次译经的就有时任江州刺史的王凝之和优婆塞西阳太守任固之。

与道安时代不同,慧远虽然同这些达官保持着紧密联系,但同时又同各路势力保持着若即若离的关系。

殷仲堪,陈郡人,能清言,善属文,每云三日不读《道德论》,便觉舌本间强,其谈理与韩康伯齐名。曾任谢玄长史,领晋陵太守。父病,仲堪衣不解带,执药挥泪,遂眇一目,居丧哀毁。盲目可能对他清谈的形象有所损伤,但在重视孝道的晋朝,这又必然为他带来声誉。父丧服终,孝武帝召仲堪为太子中庶子,甚相亲爱,授都督荆、益、宁三州军事,镇江陵。殷仲堪与桓玄、王恭等人手握重镇,为当时权臣之一,后在与桓玄的战争中,兵败被杀。殷仲堪赴江陵上任时正是他人生走向高峰的时候,途径庐山,他特地上山会见慧远。

《高僧传·慧远传》记载这次会面:"殷仲堪之荆州,过山展敬,与远共临北涧论易体,移景不倦。见而叹曰:'识信深明,实难为庶。'"②《世说新语》记他们的讨论更详细:"殷荆州曾问远:'《易》以何为体?'答曰:'《易》以感为体。'殷曰:'铜山西崩,灵钟东应,便是易耶?'远公笑而不答。"③ 慧远的笑而不答,可能是因为觉得二人之间的立场相差太远,但我以为这主要还是因为此次两人的清谈不似当年辩心无之义,是有

---

① 释慧皎撰,汤用彤校注《高僧传》,北京:中华书局,1992,第233页。

② 释慧皎撰,汤用彤校注《高僧传》,北京:中华书局,1992,第215页。

③ 刘义庆撰,刘孝标注,余嘉锡笺疏《世说新语笺疏》,北京:中华书局,1983,第240~241页。《世说》有注,但似未注意到慧远《大智度论序》中有一段话:"虽神悟发中,必待感而应。"(《出三藏记集》,第391页)

关大体的争论，而是一场友谊赛，慧远没必要与殷仲堪争出胜负而后休。这也是慧远善于辩论而在《世说新语》中出现不多的原因吧。①

后当桓玄征殷仲堪时，亦过庐山。桓玄当时的权势炙手可热，他邀请慧远出虎溪相聚，而慧远以脚疾为由，婉拒出山，桓玄乃亲自入山相见。桓玄左右提醒慧远曾与殷仲堪有过亲密交往，桓玄并不介意。桓玄在山上直言不讳地告诉慧远他此次征讨殷仲堪的行动意图，并询问慧远的意见。慧远回答："愿檀越安稳，使彼亦无他。"② 正是依靠这种不偏不倚，不卑不亢的政策，慧远赢得了各方的尊重，在当时各股政治势力之间维护了庐山教团的利益，推动了佛教的发展。如果说"不依国主，则法事难立"可作为道安教团政策的说明，则慧远"愿檀越安稳，使彼亦无他"的这番话很能表明慧远对当时各政治势力的态度，亦可作慧远教团政策的说明。

另有一个显著的例子亦可作为此政策的脚注。卢循起兵，攻据寻阳，亦曾入山拜会慧远。慧远与卢循之父卢嘏曾为同学，可称世交，《高僧传·慧远传》记载二人相见：

　　卢循初下据江州城，入山诣远。远少与循父嘏同为书生，及见循，欢然道旧，因朝夕音问。③

二人"欢欣道旧"，大概他们并没有谈及时政，而是清谈一番。"朝夕音问"一语，则见此段时间二人之密切关系，《艺文类聚》保留了他们通书的一个片段："损饷六种，深抱情至。益智乃是一方异味，即于僧中行之。"④ 据说当时有僧人规劝慧远不要和卢循这样的国寇交往，慧远回答：

---

① 慧远颇负辩才，一是在与道恒等人辩论心无义时其才展现无遗；二是他创立了佛教唱导的教育方式，唱导所贵者有四：声、辩、才、博。其实，慧远刚入佛门时就已用《庄子》为听众讲解实相疑义，显示了机辩才华，但在《世说新语》这部注重清谈言辞的书中，对慧远所记并不多。

② 释慧皎撰，汤用彤校注《高僧传》，北京：中华书局，1992，第219页。

③ 释慧皎撰，汤用彤校注《高僧传》，北京：中华书局，1992，第215～216页。

④ 欧阳询：《艺文类聚》卷八十七，上海：上海古籍出版社，1965，第1498页。

"我佛法中情无取舍，岂不为识者所察？"① 后来刘裕征讨卢循至寻阳，果有人向他告发慧远和卢循交厚之事。刘裕的回答颇与慧远相合："远公世表之人，必无彼此。"② "情无取舍""必无彼此"与上所引"愿檀越安稳，使彼亦无他"的含义是一致的，即慧远教团作为世表之徒，对于世内之事始终保持着中立态度。

其至面对晋安帝时，慧远的这种态度也没有多大改变。元兴二年（403）十二月壬辰，桓玄称帝，以晋安帝为平固王。安帝随即因战乱流落寻阳、江陵，至义熙元年（405）始逃脱桓玄叛军之手。三月，何无忌护送安帝回京，路经寻阳，劝说慧远下山觐见。慧远以脚疾为由婉拒，而晋安帝仍然遣使慰问。

前已从隐修角度探讨了道安和慧远弘教政策的不同，此处不妨重引《高僧传》此段内容：

> 中有释道安者，资学于圣师竺佛图澄，安又授业于弟子慧远。惟此三叶，世不乏贤，并戒节严明，智宝炳盛，使夫慧日余晖，重光千载之下；香土遗芬，再馥阎浮之地；涌泉犹注，实赖伊人。远公既限以虎溪，安师乃更同辇舆，夫高尚之道，如有惑焉，然而语默动静，所适唯时。四翁赴汉，用之则行也；三闾辞楚，舍之则藏也。经云：若欲建立正法，则听亲近国王及持仗者。安虽一时同辇，乃为百民致谏，故能终感应真，开云显报。③

与道安法师的"同辇舆""依国主"相比，慧远则"限以虎溪"。慧远与国主之间的交往是有"限"度的。此一限度既是彼此无差别的对待，亦是交往距离的恰当把握，那是一种若即若离、不即不离的关系。不是不与国主交往，而是交往时端平一碗水，不是不与国主交往，而是只迎接来

① 释慧皎撰，汤用彤校注《高僧传》，北京：中华书局，1992，第216页。《晋书·卢循传》载，卢循少时，慧远"见而谓之曰：君虽体涉风素，而志存不轨"。此言恐虚。
② 释慧皎撰，汤用彤校注《高僧传》，北京：中华书局，1992，第216页。
③ 释慧皎撰，汤用彤校注《高僧传》，北京：中华书局，1992，第343页。

者，而慎于亲往。① 慧远的"限以虎溪"不仅是一种隐修态度，亦是一种弘法策略。笔者以为，从主观原因来说，这是道安、慧远二位高僧因应时势，随机应变的一种策略选择；从客观原因来说，则是当时主弱臣强，各路政治势力博弈的一种结果。

四　国主与士大夫：东晋时期中国政治社会的发展

东晋时期的政治以"门阀政治"闻名，此一问题虽有些许不同意见，但其大体如是。东晋的统治开始于士族与皇族的共治，而结束于这种共治的破裂。②

自西汉至东汉，世家大族政治一直在发展，西晋八王之乱的局面，已促使司马皇室与士族加强合作。及琅邪王司马睿偏安东南，乃借助王敦、王导之力笼络江南士族，获得初安局面。

　　　　及徙镇建康，吴人不附，居月余，士庶莫有至者，导患之。会敦来朝，导谓之曰："琅邪王仁德虽厚，而名论犹轻。兄威风已振，宜有以匡济者。"会三月上巳，帝亲观禊，乘肩舆，具威仪，敦、导及诸名胜皆骑从。吴人纪瞻、顾荣，皆江南之望，窃觇之，见其如此，咸惊惧，乃相率拜于道左。导因进计曰："古之王者，莫不宾礼故老，存问风俗，虚己倾心，以招俊乂。况天下丧乱，九州分裂，大业草创，急于得人者乎！顾荣、贺循，此土之望，未若引之以结人心。二子既至，则无不来矣。"帝乃使导躬造循、荣，二人皆应命而至，由是吴会风靡，百姓归心焉。自此之后，渐相崇奉，君臣之礼始定。③

王导为丞相，主朝政，再加上大将军王敦拥兵权，因此王氏在东晋朝廷的地位无可比拟。王导号为尚父，晋帝与王导手诏，则云"惶恐言"，

---

① 曾在庐山慧远僧团中学习过的释慧睿，宋大将军彭城王刘义康请以为师，再三乃许。王请入第受戒，睿曰："礼闻来学，不闻往教。"康大以为愧。乃入寺虔礼，祇奉戒法。见释慧皎撰，汤用彤校注《高僧传》，北京：中华书局，1992，第260页。
② 参见田余庆《东晋门阀政治》一书。
③ 房玄龄：《晋书》，北京：中华书局，1974，第1745～1746页。

中书作诏，则曰"敬问"。

> 帝初镇江东，威名未著，敦与从弟导等同心翼戴，以隆中兴，时人为之语曰："王与马，共天下。"①

自元帝、王导始，东晋政权乃形成门阀政治之格局。继琅邪王氏之后，颍川庾氏、谯郡桓氏、陈郡谢氏又先后当权，"王与马，共天下"的局面，相继变成庾与马、桓与马、谢与马"共天下"的格局，而皇权衰弱，士族强大局面愈演愈烈。

> 京兆韦华、谯郡夏侯轶、始平庞眺等率襄阳流人一万叛晋，奔于（姚）兴。兴引见东堂，谓华曰："晋自南迁，承平已久，今政化风俗何如？"华曰："晋主虽有南面之尊，无总御之实，宰辅执政，政出多门，权去公家，遂成习俗。刑网峻急，风俗奢宕。自桓温、谢安已后，未见宽猛之中。"②

旧的士族不断衰落，新的士族不断产生。在整个东晋政治中，虽然有王敦、王导、桓温、谢安、庾亮、桓玄、殷仲堪等多位权臣，但他们要么恭敬保留皇权的体面，要么心有不甘而未能得遂。共天下的人虽如走马灯一般变换，"共"天下的局面却得以保留。门阀世族之间，彼此牵制，互相掣肘，最后，刘裕取代晋朝，打破了东晋士族与皇族共天下的游戏规则。这一游戏规则的打破导致了游戏的失序，南朝进入了更加混乱的局面。

但是，事实证明，中土国主与印度和西域国主是不一样的国主。这里的国主自称天子，拥有至高无上的权力，可以随心所欲。③ 东晋的国主及其代表因为有士族的威胁，已不能放心依靠其弘法。国主的觊觎者则心有

---

① 房玄龄：《晋书》，北京：中华书局，1974，第2553页。
② 房玄龄：《晋书》，北京：中华书局，1974，第2975页。
③ 刚晓法师即云："国主们总是翻手为云，覆手为雨的，所以，依了国主也很麻烦，弘法就得踩钢丝。"见《刚晓法师文集·闲暇解惑之四》，http://www.jcedu.org/edu/wenji/gangxiao/sanwen/019.htm，2011-2-9。

余而力不足，亦不可靠其弘法。试看慧远所保持距离的几位权力人物：晋安帝、桓玄、殷仲堪、卢循、何无忌、王凝之，这些国主与一方霸主，没有一位能长久。这样的国主，依之能够成事吗？在这样的背景下，依靠某一位政治人物恰是不明智的，依违游移在各位政治人物之间也是不现实的，唯有凭借不偏不倚之独立精神，由被动受制而努力成为各方主动争取的对象才是保身和发展之本。

第二节　慧远教团与王朝政权的博弈

东晋的王者虽然很弱，但它依然拥有社会赋予的最高地位。而那些觊觎王者地位的人也不会坐视王者的地位有所下降，以免威胁到未来的自己，拥护王权的一些士族势力亦是如此。慧远教团虽然可以采用若即若离的中立政策和洁身自好、加强修养的道德品格赢得各种政治势力的尊重和保护，但这种政策也会令那些"强势"和企图强势的政治势力难堪。因为，他们需要的是僧人完全臣服，而不是敷衍。虞冰是这样一种人，桓玄也是这样一种人。于是，僧人与王权之间的冲突不可避免。

一　佛教陵迟

佛图澄时期是北方佛教大发展时期，钱大昕谓"晋南渡后，释氏始盛"①，亦概指北方。佛图澄"受业追游，常有数百，前后门徒，几且一万。所历州郡，兴立佛寺八百九十三所，弘法之盛莫与先矣"②。僧传称：

> 澄道化既行，民多奉佛，皆营造寺庙，相竞出家，真伪混淆，多生愆过。……今沙门甚众，或有奸宄避役，多非其人。③

---

① 钱大昕著，陈文和、孙显军校点《十驾斋养新录》，南京：江苏古籍出版社，2000，第132~133页。
② 释慧皎撰，汤用彤校注《高僧传》，北京：中华书局，1992，第356页。
③ 释慧皎撰，汤用彤校注《高僧传》，北京：中华书局，1992，第352页。"避役"，原作"避后"，据《大正藏》本改。

石虎因为僧众的不轨情况，乃有料简沙门之议，后因民族意识的作用而崇信佛教，听任人民出家信佛，"于是慢戒之徒，因之以厉"①。

与北方一样，南方僧界情势亦不乐观。大约作于东晋孝武帝之前的《正诬论》②说明，当时社会上已见对佛教的种种批评，而此时佛教不过刚刚有兴盛的势头而已。《正诬论》载时人对佛教的批评有：

> 又诬云：道人聚敛百姓，大构塔寺，华饰奢靡，费而无益云云。③

此种议论似因佛教当时发展过快，大构塔寺，用费过多，以致聚敛百姓，此针对佛教整体而尚未见涉及僧人个体。及至义熙年间，即庐山慧远时代，佛教已深入社会，出家僧众中，乃有奸宄之徒，致使真伪混淆，遂有对僧人之攻击。

释道恒于"晋义熙之年，如闻江左袁、何二贤，并商略治道，讽刺时政。虽未睹其文意者，似依傍韩非五蠹之篇，遂讥世之阙，发五横之论，而沙门无事，猥落其例"④。南方之贤仿韩非《五蠹》之篇，发五横之论，而沙门居其一。此论竟然传至姚秦鸠摩罗什门下长安高僧道恒耳中，可见南方僧界之蠹弊到了何等程度。那么当时的情形到底如何呢？道恒《释驳论》转述这些议论有云：

> 但今观诸沙门，通非其才，群居猥杂，未见秀异。混若泾渭浑波，泯若薰莸同箧。……然触事蔑然，无一可采，何栖托之高远，而

---

① 释慧皎撰，汤用彤校注《高僧传》，北京：中华书局，1992，第 352 页。
② 汤用彤：《汉魏两晋南北朝佛教史》，第 235 页。李小荣以为该文作于东晋初年或中前期，见其《从〈弘明集·正诬论〉看变文生成的年代》（《固原师专学报》（社会科学版）1997 年第 2 期）、《变文生成年代新论》（《社会科学研究》1998 年第 5 期）。从李小荣《释家变文原初意义之推考》（《敦煌研究》2003 年第 3 期）看，以"中前期"说较为一贯。
③ 释僧祐：《弘明集》，《大正藏》第 52 册，石家庄：河北省佛教协会影印，2005，第 8 页。
④ 释僧祐：《弘明集》，《大正藏》第 52 册，石家庄：河北省佛教协会影印，2005，第 35 页。桓玄收回沙门致敬王者之议时，曾有袁恪之提出异议，此袁或即此人或者其他同族之人，比如袁悦之。何氏或即何无忌，他曾就沙门袒服之事向慧远提出异议，参见汤用彤《汉魏两晋南北朝佛教史》第十一章，武汉：武汉大学出版社，2008，第 237 页；许理和撰，李四龙等译《佛教征服中国》，南京：江苏人民出版社，2003，第 357 页注释 42。

业尚之鄙近？至于营求孜汲，无暂宁息。或垦殖田圃，与农夫齐流；或商旅博易，与众人竞利；或矜恃医道，轻作寒暑；或机巧异端，以济生业；或占相孤虚，妄论吉凶；或诡道假权，要射时意；或聚畜委积，颐养有余；或抵掌空谈，坐食百姓。斯皆德不称服，行多违法，虽暂有一善，亦何足以标高胜之美哉？①

东晋的沙门"营求孜汲，无暂宁息"，他们放弃僧人应有的"研究理味""清节之禁"，轻则从事垦殖、商旅、医道、机巧之业，与民争利，重则妄论吉凶、要射时意、坐食百姓。《释驳论》中尚有多处论述东晋沙门之种种不轨，文繁不引。其中最让有识之士忌讳的是诡道假权，要射时意，甚至干预国家政治。时左卫领营将军许荣上疏曰：

臣闻佛者清远玄虚之神，以五戒为教，绝酒不淫。而今之奉者，秽慢阿尼，酒色是耽……尼僧成群，依傍法服。五戒粗法，尚不能遵，况精妙乎！而流惑之徒，竞加敬事，又侵渔百姓，取财为惠，亦未合布施之道也。②

许荣此疏实有所指，当时司马道子执政，其人宠信佛教，流于奢侈，不惜民力，且与乳姆尼僧尤为亲昵。这些尼僧中以简静寺妙音最为突出。

妙音，未详何许人也，幼而志道，居处京华，博学内外，善为文章。晋孝武皇帝、太傅会稽王道、孟颛等并相敬信。每与帝及太傅中朝学士谈论属文，雅有才致，藉甚有声。太傅以太元十年为立简静寺，以音为寺主，徒众百余人。内外才义者因之以自达，供噪无穷，富倾都邑，贵贱宗事，门有车马日百余两。荆州刺史王忱死，烈宗意欲以王恭代之。时桓玄在江陵，为忱所折挫，闻恭应往，素又惮恭。殷仲堪时为恭门生，玄知殷仲堪弱才，亦易制御，意欲得之。乃遣使凭妙音尼为堪

---

① 释僧祐：《弘明集》，《大正藏》第 52 册，石家庄：河北省佛教协会影印，2005，第 35 页。
② 房玄龄：《晋书》，北京：中华书局，1974，第 1733～1734 页。

图州。既而烈宗问妙音，荆州缺外问。云谁应作者。答曰："贫道道士，岂容及俗中论议。如闻外内谈者，并云无过殷仲堪。以其意虑深远，荆楚所须。"帝然之，遂以代忱。权倾一朝，威行内外云。①

那在简静寺门前的车马皆是有求于妙音而来。荆州刺史王忱死，桓玄因殷仲堪弱才，易于制御，乃因妙音为殷仲堪图荆州刺史，果得成功。

发展鼎盛的佛教除了在政治上成为一大势力之外，亦在诸多地方与中国文化产生冲突。在佛教发展的初期，这些冲突只限于少数人之间和极小的范围之内，或者佛教委曲求全，而随着佛教发展的不断壮大，这些冲突便不断升级。从《弘明集》所载内容来看，当时所发生的冲突主要有踞食、业报轮回与善恶报应、形神之争等。其中最重要的冲突乃有两种，即沙门举止、服饰礼仪与传统风俗发生冲突及佛教报应思想、形神理论与传统思想冲突。②

不过，这些冲突虽然比较激烈，但仍以理论争论为主要表现形式，所以，真正关心这一冲突的大多是以本土文化为立命的儒士（知识分子），而王者及政客们关心的则是佛教对他们的政治构成的威胁。桓玄就是其中一位。

桓玄为桓温之后，桓温为东晋前期权臣，独揽朝政，有篡位之心。桓温逝时，桓玄尚幼。桓玄后与其父类似，年少英武，借王恭之乱树立自己的势力，后于403年废晋安帝，正式建立起自己的楚国。所以，可以说，桓玄是一位国主或者国主的觊觎者，亦即"王者"。桓温及桓玄皆与僧人有所交往，但似无信仰，桓玄有《心无义》之作，其功底应是玄学范畴。桓玄亦与慧远有所辩论，并欲慧远还俗。他对慧远这样的高僧是尊敬的，但他亦深知佛教中的种种弊端，尤其是建康佛教对政治的干涉，于他有切身感受。

建康宫室之内，先有明帝画佛像于乐贤堂，后穆帝何皇后、康帝褚皇

---

① 释宝唱：《比丘尼传》，《大正藏》第50册，石家庄：河北省佛教协会影印，2005，第936～937页。
② 参考刘立夫《佛教与中国伦理文化的冲突与融合》，北京：中国社会科学出版社，2009。

后皆崇信佛教，有造寺之举。至太元元年（376），孝武帝亲政，信任琅邪王司马道子，佛教乃深入宫室。太元六年（381），立精舍于殿内，引诸沙门居之。二人终日酣歌为务，尼僧为伍，酒色是耽，以致有识之士许荣、闻人奭上疏谏言。而桓玄对尼僧干政更是亲身领教，他虽曾是其中的得益者，但作为一方霸主，国主的觊觎者，他亦深知其害。道恒《释驳论》转述僧人种种不德后，又有一句评论：

> 是执法者之所深疾，有国者之所大患。①

这正是桓玄等人的心态。所以，桓玄当政之后乃推行料简沙门之政策，欲剪除伪僧，杜绝游食奸宄之众，又发起沙门致敬王者之议，欲重新树立王者之威仪。

二 沙门敬王者之议

桓玄虽然曾从僧尼干政中得到利益，但他一旦掌握政权，便立即开始对佛教的整顿，其中最引人注目的是发动关于沙门致敬王者的讨论。

沙门在印度、西域享有较高地位，不仅不需致敬王者，还可接受王者顶礼。此风经异域僧人传入中土，遂使中土僧人染有此习，与固有礼仪大大不合。目睹佛教势力的日益膨胀，桓玄等人认为有必要应对僧界的挑战，维护王权的尊严。

先是成帝咸康五年（339），王导卒，庾冰辅政。庾冰谓沙门应尽敬王者，乃代成帝下诏，令沙门屈膝，尚书令何充等议不应敬。下礼官详议，博士议与充同，门下承冰旨为驳。往返数难，庾冰之议竟寝而沙门终不施敬。桓玄从历史经验里获取教训，或者他已意识到此一问题的特殊性，所以并未直接下令让沙门致敬王者。

桓玄重提当年何、庾之论，并先与八座讨论，尤其与王谧数番往难，具在《弘明集》中，不烦具引。桓玄除了公务上必须与八座沟通外，特别请教了王谧、慧远的意见，因为王谧是一位虔诚的优婆塞，而慧远在僧界

---

① 释僧祐：《弘明集》，《大正藏》第 52 册，石家庄：河北省佛教协会影印，2005，第 35 页。

具有较高的地位。虽然王者一直要求僧人致敬他们，但《高僧传》中却充斥着王者师礼僧人之事，这在僧传中并不奇怪，但桓玄致敬慧远的这一节记载仍然颇有意味。

> 桓玄征殷仲堪，军经庐山，要远出虎溪。远称疾不堪，玄自入山。左右谓玄曰："昔殷仲堪入山礼远，愿公勿敬之。"玄答："何有此理，仲堪本死人耳。"及至见远，不觉致敬。[①]

桓玄本要求僧人致敬于他，但他和殷仲堪这样的权臣却都入山礼远。桓玄与慧远书云：

> 沙门不敬王者，既是情所不了，于理又是所未谕。一代大事，不可命其体不允近。八座书今示君，君可述所以不敬意也。此便当行之事，一二令详遣想，君必有以释其所疑耳。王领军大有任此意，近亦同游谢中，面共谘之，所据理殊未释所疑也。今郭江州取君答，可旨付之。[②]

慧远复书，首先对桓玄的意见表示赞同和理解，次用方内、方外理论说明僧人既处方外，则与方内俗人有异，其书云：

> 详省别告及八座书，问沙门所以不敬王者。意义在尊主崇上……此檀越立意之所据，贫道亦不异于高怀。求之于佛教，以寻沙门之道，理则不然。何者？佛经所明，凡有二科：一者处俗弘教，二者出家修道。处俗则奉上之礼，尊亲之敬，忠孝之义，表于经文，在三之训，彰于圣典，斯与王制同命，有若符契。此一条全是檀越所明，理不容异也。出家则是方外之宾，迹绝于物。其为教也，达患累缘于有身，不存身以息患，知生生由于禀化，不顺化以求宗。求宗不由于顺化，故不重运通之资，息患不由于存身，故不贵厚生之益。此理之与世

---

① 释慧皎撰，汤用彤校注《高僧传》，北京：中华书局，1992，第219页。
② 释僧祐：《弘明集》，《大正藏》第52册，石家庄：河北省佛教协会影印，2005，第83页。

乖，道之与俗反者也。是故凡在出家，皆隐居以求其志，变俗以达其道，变俗则服章，不得与世典同礼，隐居则宜高尚其迹。夫然故能拯溺俗于沈流，拔幽根于重劫，远通三乘之津，广开人天之路。是故内乖天属之重，而不违其孝，外阙奉主之恭，而不失其敬。若斯人者，自誓始于落簪，立志成于暮岁，如令一夫全德，则道洽六亲，泽流天下。虽不处王侯之位，固已协契皇极，大庇生民矣。如此岂坐受其德，虚沾其惠，与夫尸禄之贤同其素餐者哉。……贫道西垂之年，假日月以待，尽情之所惜，岂存一己，苟吝所执，盖欲令三宝中兴于命世之运，明德流芳于百代之下耳。若一旦行此，佛教长沦，如来大法于兹泯灭，天人感叹，道俗革心矣，贫道幽诚所期，复将安寄。缘眷遇之隆，故坦其所怀。执笔悲懑，不觉涕泗横流。①

慧远可谓深谙辩论之道，先表示自己的意见与桓玄并无二致，"贫道亦不异于高怀""檀越所明，理不容异"，最后又云"眷遇之隆""执笔悲懑，不觉涕泗横流"，以情动人，然而他的意见实际并不出何充、王谧之外。大意谓出家则是方外之宾，凡在出家，皆隐居以求其志，变俗以达其道，不得与世典同礼。这是从理论上说明方外之僧人不受世俗之礼的约束，尤为重要的是，从实际功用来说，僧人虽"内乖天属之重，而不违其孝，外阙奉主之恭，而不失其敬"。这就提醒为政者，僧人只是抛弃了世俗的形式，而从实际精神来讲，并非不孝、不敬。

慧远接到桓玄的信后，匆匆作此书答复，将自己的主要观点阐述一遍。而桓玄作为政治明星，很快成为昨夜星辰，元兴三年（404），亦即桓玄永始二年，刘裕等人起兵反抗，大战于寻阳。桓玄败于江陵被杀，安帝随军颠沛，终免于难。慧远身在庐山，目睹此一巨变，乃作《沙门不敬王者论》五篇，即其所谓："晋元兴三年，岁次阏逢，于时天子蒙尘，人百其忧。凡我同志，金怀缀旒之叹，故因述斯论焉。"②

---

① 释僧祐：《弘明集》，《大正藏》第 52 册，石家庄：河北省佛教协会影印，2005，第 83～84 页。
② 释僧祐：《弘明集》，《大正藏》第 52 册，石家庄：河北省佛教协会影印，2005，第 32 页。

《沙门不敬王者论》进一步详细论证了慧远致桓玄书的观点，也反映了慧远对此问题的重视，其用意或许更在正告后来王者，因为他不仅特别提到了"天子蒙尘"事件，也特别提到希望"后之君子，崇敬佛教者，或详览焉"。

在沙门致敬王者之议中，应该注意到庐山僧团中其他人士的反应，其中一个被历史记录下来的是道祖。道祖是慧远的得意弟子，虽然他来自三吴，最后又回归三吴，但在《高僧传》中却和慧远、慧永等人同卷，这充分说明慧皎对他身份属性的认定，道祖是庐山慧远教团中的重要一员。道祖在庐山学成后，至建康瓦官寺弘法。这是一种有意安排和选择还是偶然因素促成，我们不得而知，但至少在客观效果上达到了扩大庐山教团影响的效果，因为瓦官寺自法汰住持后成为有影响的大寺，而法汰亦为道安一系，本同庐山声息相通。道祖在瓦官寺讲说佛经，桓玄每往观听，并称赞道祖胜过慧远，只在儒博方面有所不及，这是对道祖的极大肯定。但在桓玄提出沙门致敬王者之议时，道祖做出了自己的选择，《高僧传》云：

> 及玄辅正，欲使沙门敬王，祖乃辞还吴之台寺。有顷玄篡位，敕郡送祖出京，祖称疾不行。于是绝迹人事，讲道终日。①

僧传中对僧人在此次事件中的表现记载甚少，此处亦甚简略，但我们仍可以看出，道祖在此次事件中与慧远等人保持着一致，采取了非暴力不合作姿态，用实际行动证明了僧人的高洁。

镰田茂雄曾说沙门不敬王者论自桓玄之后即销声匿迹，直到初唐才又再度复起②，这自然是一定程度内的事实，可能是指此后至初唐之间没有出现大规模的讨论场面，但它容易误导读者，因为王者在此之间的确又曾多次要求沙门尊敬他们。《高僧传》曾记录其中一次如下：

> （法）献以永明之中被敕与长干玄畅同为僧主，分任南北两岸。

---

① 释慧皎撰，汤用彤校注《高僧传》，北京：中华书局，1992，第238页。
② 镰田茂雄撰，关世谦译《中国佛教通史》（第二卷），高雄：佛光出版社，1986，第376页。

畅本秦州人，亦律禁清白，文惠太子奉为戒师。献后被敕三吴，使妙简二众。畅亦东行，重申受戒之法。时畅与献二僧皆少习律检，不竞当世，与武帝共语，每称名而不坐。后中兴僧钟于乾和殿见帝，帝问钟如宜，钟答："贫道比苦气。"帝嫌之，乃问尚书王俭："先辈沙门与帝王共语，何所称？正殿坐不？"俭答："汉魏佛法未兴，不见其记传。自伪国稍盛，皆称贫道，亦预坐，及晋初亦然。中代有庾冰、桓玄等，皆欲使沙门尽敬，朝议纷纭，事皆休寝。宋之中朝，亦颇令致礼，而寻竟不行。自尔迄今，多预坐而称贫道。"帝曰："畅、献二僧道业如此，尚自称名，况复余者。拜拜则太甚，称名亦无嫌。"自尔沙门皆称名于帝王，自畅、献始也。[1]

南朝至宋、齐时，犹有慧远遗风，见国主"多预坐而称贫道"，即僧人不用致敬王者。尚书王俭这里帮助我们总结了南朝历次沙门致敬王者讨论的情况，先是晋朝咸康、元兴间庾冰、桓玄两次之议，至宋"亦颇令致礼"，则指的是宋孝武帝之事，《高僧传·僧远传》亦有记载：

大明六年九月，有司奏曰："臣闻邃拱凝居，非期宏峻，拳跪盘伏，岂止敬恭？将欲昭张四维，缔制八宇。故虽儒法枝派，名墨条流，至于崇亲严上，厥繇靡爽。唯浮图为教，遐自龙裔，宗旨缅邈，微言沦远，拘文蔽道，在末弥扇，遂乃凌越典度，偃居尊戚。失随方之妙迹，迷制化之渊美。夫佛法以谦俭自牧，惠虔为道，不轻比丘遭人必拜，目连桑门遇长则礼，宁有屈膝四辈而间礼二亲，稽颡耆腊而直骸万乘者哉？故咸康创议，元兴载述，而事屈偏党，道挫余分。今鸿源遥洗，群流仰镜，九仙照宝，百神从职，而纁黻之内含弗臣之氓，阶席之间延抗礼之客，惧非所以澄一风范，详示景则者也。臣等参议，以为沙门接见，皆当尽虔礼敬之容。依其本俗，则朝徽有序，乘方兼远矣。"帝虽颇信法，而久自骄纵，故奏上之日，诏即可焉。[2]

---

①　释慧皎撰，汤用彤校注《高僧传》，北京：中华书局，1992，第489页。
②　释慧皎撰，汤用彤校注《高僧传》，北京：中华书局，1992，第318页。

宋大明年间，有司重弹沙门致敬王者之调，宋孝武帝诏可。僧人敢怒而不敢言，有志如僧远者亦只能效法道祖，谢病而隐迹上定林山。及景和之中，此制又寝，还遵旧章。到法献之时，齐武帝又重提此事。法献、玄畅二人精通戒律不成问题，让他们担任"妙简二众"之责的南北两岸僧主亦不成问题，但这一僧主却是敕命。既是敕命，难免气短，因此与武帝共语，"称名而不坐"，取致敬王者之意。而中兴寺僧钟却自称贫道，武帝嫌其清高而动了心思，故在"抱拜"与"称名"中选择了后者，下令让沙门称名于帝王。①

在中土，僧人不仅遇到致敬的问题，还时常遭到还俗、破戒的威胁，甚至毁灭性的打击。在北朝沙门已被姚兴利用僧官制度统制起来时，以及考虑到鸠摩罗什被迫破戒的种种事实②，所以，我们即使不便高估慧远的成就和意义，却不能不敬佩他的勇气和作为。而慧远等人勉力争取的这个战果因为违背唐以后佛教的历史，而又被历史有意地掩盖，不再为僧人所能讨论。

唐以前沙门致敬王者之事还可参见《集沙门不应拜俗等事》，此处值得一提的是，南朝建立僧主之制，从而僧人接受世俗政权的控制，遂使慧远方内、方外之对等流于空论，实际仍导源于慧远等辈将僧人之监察权让给王者。

关于沙门不敬王者之论，学界研究已颇多，在这些论著中，均对慧远的表现给予了较高评价，认为是慧远凭借其强大的教团势力和深厚的佛学修养、辩论才华征服了桓玄，从而成为中国佛教史上最伟大的护教者。③ 这些研究已经足够完美和充分，但它们和历史文献记录一样，只注意到慧远在沙门敬王者之议中的表现，而对他在沙汰沙门事件中的表现却注意不够。如果我们结合慧远在这两件紧密相连的事件中的表现，也许能够更完整地理解当

---

① 《弘明集》又有《天保寺释道盛启齐武皇帝论检试僧事》，可见此帝和桓玄一样，不仅欲沙门致敬王者，亦曾行料简沙门之事。

② 稍晚，曾任北魏"道人统"的法果则主张对于王者"沙门宜应尽礼"，参见《魏书·释老志》。

③ 参见许理和《佛教征服中国》第三章、第四章相关内容以及整个第五章；镰田茂雄《中国佛教通史》（第2卷）亦有论述，但多祖岛田虔次之说，并无出其范围。

时的情势以及后世的变化趋势。所以，笔者拟在下文多费些笔墨。

三　沙汰沙门之议

许理和曾津津乐道于沙门致敬王者之议这一类似清谈的特殊景象，但必须指出，这种清谈只是表面的平静，并不代表桓玄的软弱。事实上，桓玄一旦主政，就迫不及待地开展沙汰僧众工作。元兴元年，桓玄辅政，给其僚属指示云：

> 夫神道茫昧，圣人之所不言，然惟其制作所弘，如将可见。佛所贵无为，殷勤在于绝欲，而比者凌迟，遂失斯道。京师竞其奢淫，荣观纷于朝市，天府以之倾匮，名器为之秽黩。避役钟于百里，逋逃盈于寺庙，乃至一县数千，猥成屯落。邑聚游食之群，境积不羁之众，其所以伤治害政，尘滓佛教，固已彼此俱弊，实污风轨矣，便可严下。在所诸沙门有能申述经诰，畅说义理者；或禁行修整，奉戒无亏，恒为阿练者；或山居养志，不营流俗者，皆足以宣寄大化，亦所以示物以道，弘训作范，幸兼内外。其有违于此者，皆悉罢遣。所在领其户籍，严为之制。速申下之并列上也。①

在这篇给下属的命令中，桓玄使用不容分辩的语气，直接对佛教中的丑恶现象进行了批判，"奢淫"之风、"避役"、"逋逃"、"游食"、"不羁"之众，其结果是"天府以之倾匮，名器为之秽黩""伤治害政，尘滓佛教"，直接危及统治者的政权。其观察和结论与《释驳论》中袁、何二贤基本一致，似可证明桓玄等人所言非虚。

桓玄在此命令中不仅痛快淋漓地数落了佛教种种积弊，而且干净利落地罗列了处理原则和措施。桓玄提出了甄别真伪僧人的三原则："能申述经诰，畅说义理者""禁行修整，奉戒无亏，恒为阿练者""山居养志，不营流俗者"，除此之外，"皆悉罢遣"，纳入地方户籍。

或许是由于桓玄本人处理问题方式的不同，或者是历史文献记录者的

---

① 释僧祐：《弘明集》，《大正藏》第 52 册，石家庄：河北省佛教协会影印，2005，第 85 页。

疏忽，或者这就是历史的真实，与沙门敬王者之议遭到许多反对之声不同，桓玄此次料简沙门似乎进行得相对顺利，至少朝廷里未见反对之声。有一篇《支道林法师与桓玄论州符求沙门名籍书》，亦保存在《弘明集》中，但支道林与桓玄本不同时，或者此篇是伪作，或者是编者某个地方出现了失误，这大概是桓玄沙汰沙门之前的沙门户籍清理工作。不过，桓玄在显现其严厉态度的同时，特别提醒属下：

> 唯庐山道德所居，不在搜简之例。①

这说明桓玄采取了差别化政策，亦更凸显了慧远教团在当时僧团中的地位。慧远得知这个消息后，特意致信桓玄：

> 佛教凌迟，秽杂日久，每一寻思，愤慨盈怀，常恐运出非意，混然沦滑，此所以夙宵叹惧，忘寝与食者也。见檀越澄清诸道人教，实应其本心。夫泾以渭分，则清浊殊流，枉以正直，则不仁自远。推此而言，符命既行，必二理斯得。然令饰伪取容者，自绝于假通之路，信道怀真者，无复负俗之嫌，如此则道世交兴，三宝复隆于兹矣。贫道所以寄命江南，欲托有道，以存至业。业之隆替，实由乎人，值檀越当年，则是贫道中兴之运。幽情所托，已冥之在昔，是以前后书疏，辄以凭寄为先。每寻告慰，眷怀不忘，但恐年与时乖，不尽檀越盛隆之化耳。今故咨白数条，如别疏。
>
> 经教所开，凡有三科，一者禅思入微，二者讽味遗典，三者兴建福业。三科诚异，皆以律行为本。檀越近制似大同于此，是所不疑。或有兴福之人，内不毁禁，而迹非阿练者；或多诵经，讽咏不绝，而不能畅说义理者；或年已宿长，虽无三科可记，而体性贞正，不犯大非者，凡如此辈，皆是所疑。今寻檀越所遣之例，不应问此。而外物惶惑，莫敢自宁，故以别白。
>
> 夫形迹易察，而真伪难辨，自非远鉴，得之信难。若是都邑沙

---

① 释僧祐：《弘明集》，《大正藏》第 52 册，石家庄：河北省佛教协会影印，2005，第 85 页。

门，经檀越视听者，固无所疑。若边局远司，识不及远，则未达教旨，或因符命滥及善人，此最其深忧。若所在执法之官，意所未详，又时无宿望沙门，可以求中得令送至大府以经高览者，则于理为弘。想檀越神虑，已得之于心，直是贫道常近之情，故不能不及耳。

若有族姓子弟，本非役门，或世奉大法，或弱而天悟，欲弃俗入道，求作沙门，推例寻意，似不塞其清涂。然要须咨定，使洗心向味者，无复自疑之情。

昔外国诸王，多参怀圣典，亦有因时助弘大化，扶危救弊，信有自来矣。檀越每期情古人，故复略叙所闻。①

慧远此书，一开始就对桓玄的意见表示赞同，"佛教凌迟，秽杂日久"，桓玄"澄清诸道人教，实应其本心"。慧远并表示，其"所以寄命江南，欲托有道，以存至业"，能够遇上桓玄，真是好运。书末并将桓玄比作外国"助弘大化，扶危救弊"的大王，以示真诚。

但是慧远接着仍然对桓玄的政策提出了三点意见，首先对桓玄的三原则进行了修正。有迹非阿练而能专门兴福又内不毁禁之人，有不能畅说义理而能讽咏诵经之人，有无甚优点而年已宿长、不犯大非之人，均不应纳入罢遣范围。桓玄所定条例，显然要求过高，只有少数高僧才能做到，慧远依佛教"律行"为本，寻檀越所遣之例，稍稍扩大了范围，将一部分普通僧人保护了起来。

慧远接着提醒桓玄在具体实施过程中，要保证公正，避免"滥及善人"。慧远还特别对"族姓子弟"入教提出意见。此类士族子弟，本非役门，不会危害国家收入，对他们的入教应该不加限制。

慧远虽从理论上"说服"了桓玄，但他亦深知，在僧团内部，的确有不少僧尼并未按照僧人的要求去修行，而是借僧人之名，行不法之实，所以，相对于坚决维护沙门不敬王者之尊严，他在桓玄提出沙汰僧人之时则在保留之余给予了支持。

---

① 释僧祐：《弘明集》，《大正藏》第52册，石家庄：河北省佛教协会影印，2005，第85页。

《高僧传》并云慧远因此"广立条制，玄从之"①。慧远所立条制具体内容为何，不可详知，但大要不出其致桓玄书范围。这些条制既有助于桓玄沙汰伪滥之僧，亦有助于保证政府在执行过程中的有效性和公正性。

慧远可能还对如何进入佛门做了规定。在其致桓玄书中特别提到，"然要须咨定，使洗心向味者，无复自疑之情"。即僧人出家前，必须有所"咨定"，这是对方内俗世的尊重和让步，但亦避免了以后的麻烦。

在稍后所作的《沙门不敬王者论》中，慧远重提了这一点：

> 是故悦释迦之风者，辄先奉亲而敬君。变俗投簪者，必待命而顺动。若君亲有疑，则退求其志，以俟同悟。②

僧人出家必须征得君、亲之同意，否则只有退求其志，这等于承认了政府和家族对僧人出家权利的控制。当王羲之的曾孙道敬欲出家时，慧远起初并未答应，或许就有这方面的顾虑吧。

慧远不仅不反对沙汰沙门，而且将沙汰沙门之权交给"方内"的政府和王者，在慧远致桓玄书讨论致敬王者时，他进一步联系沙汰沙门之事，谈到"以人废道"：

> 檀越顷者以有其服而无其人，故澄清简练，容而不杂。此命既宣，皆人百其诚。遂之弥深，非言所喻，若复开出处之迹，以弘方外之道，则虚衿者抱其遗风，漱流者味其余津矣。若澄简之后，犹不允情，其中或真伪相冒，泾渭未分，则可以道废人，固不应以人废道。以道废人，则宜去其服，以人废道，则宜存其礼。礼存则制教之旨可寻，迹废则遂志之欢莫由。何以明其然？夫沙门服章法，用虽非六代之典，自是道家之殊制，俗表之名器。名器相涉，则事乖其本，事乖其本则礼失其用。是故爱夫礼者，必不亏其名器。得之不可，亏亦有自来矣。夫远遵古典者，犹存告朔之饩羊。饩羊犹可以存礼，岂况如

---

① 释慧皎撰，汤用彤校注《高僧传》，北京：中华书局，1992，第219页。
② 释僧祐：《弘明集》，《大正藏》第52册，石家庄：河北省佛教协会影印，2005，第30页。

来之法服耶。推此而言，虽无其道，必宜存其礼。礼存则法可弘，法可弘则道可寻。此古今所同，不易之大法也。又袈裟非朝宗之服，钵盂非廊庙之器，军国异容，戎华不杂。剔发毁形之人，忽厕诸夏之礼，则是异类相涉之象，亦窃所未安。檀越奇韵挺于弱年，风流迈于季俗，犹参究时贤以求其中。此而推之，必不以人废言。①

慧远指出，桓玄不久前提出不少僧人虽着僧服，而非其人，命令澄简沙门。命令宣布后，大家都非常赞同。也许澄简之后，犹有真伪相冒之人，则可以道废人，去除其服即可，但不可以人废道，不能因为那些非法僧人而连带将佛法废除，而应保存佛教之礼。此话绵里藏针，指出，佛门可以支持桓玄沙汰众僧，桓玄也应该保留佛门的制度礼数。

沙汰滥伪之僧与历史上的"三武一宗"灭佛事件不一样，沙汰僧众是"以道废人"，灭佛则是"以人废道"。"以道废人"清除了佛门中的不德之僧，令饰伪取容者绝假通之路，真正的僧众可以安心修道，实是弘法护法之举。所以，桓玄的沙汰沙门之议得到了慧远教团的支持。这种支持或者是出于真心的，而非对桓玄不搜简庐山政策的投桃报李。

慧远最重要的论点是方内、方外思想，方内归属世俗，方外归属佛教，两者互不干涉，颇有"上帝的归上帝，恺撒的归恺撒"之意。但是，慧远无意之中却将方外与方内发生联系的那块中间地带拱手让给了方内，从而埋下了后患。

慧远用支持桓玄沙汰沙门的行动换取了桓玄对沙门不用致敬王者的承诺，这个策略（也许说是客观效果更合适）对僧团是有利的，但却使世俗权力掌握了沙汰僧人的权力，尤其是甄别伪僧的权力。这种"检查权"实际上等于承认了世俗权力可以作为僧人的审判机构，为后来的南朝僧官制度确立了权力来源。事实上，先于南方而建立起来的北方僧官制度正是为了沙汰沙门而建立起来的，并且处在王权之下。僧䂮传云：

兴既崇信三宝，盛弘大化，建会设斋，烟盖重迭，使夫慕道舍俗

---

① 释僧祐：《弘明集》，《大正藏》第 52 册，石家庄：河北省佛教协会影印，2005，第 84 页。

者十室其半。自童寿入关，远僧复集，僧尼既多，或有怠漏。兴曰："凡未学僧，未阶苦忍，安得无过。过而不核，过遂多矣。宜立僧主，以清大望。"因下书曰："大法东迁，于今为盛，僧尼已多，应须纲领，宣授远规，以济颓绪。僧䂮法师，学优早年，德芳暮齿，可为国内僧主。僧迁法师，禅慧兼修，即为悦众。法钦、慧斌共掌僧录。"①

僧䂮为僧主，据云为僧官之始，而僧主之设，正源于僧尼众多，真伪混杂，或有过错，应须纲领。管理僧人之职权虽然属于僧主等僧官，但此等僧官既为国主所设，则自然受世俗政权所制，所以僧人的监察权等实际上仍归世俗王者。南北双方，殊途同归，良可慨矣！

同慧远争取到不用致敬王者这样的虚礼相比，他丢掉的沙汰沙门、甄别真伪沙门的监察实权被此前众多学者忽视了，慧远在表现出非凡辩才的同时所呈现的无奈和退步、妥协也被忽视了。"帝王权力脆弱的东晋末，无法强行要沙门必须礼敬王者。"② 这是我们此前的共识，但我们显然过度低估了王者。从整体和产生的效果角度看，王者在这场僧俗较量中其实占据着较大优势。

第三节　慧远"影不出山，迹不入俗"的形象

如同特意渲染慧远在沙门不敬王者论中的表现一样，僧传还特意打造了慧远"影不出山，迹不入俗"的形象。

（慧远）自卜居庐阜三十余载，影不出山，迹不入俗，故送客游履，常以虎溪为界焉。③

---

①　释慧皎撰，汤用彤校注《高僧传》，北京：中华书局，1992，第240页。
②　镰田茂雄撰，关世谦译《中国佛教通史》（第二卷），高雄：佛光出版社，1986，第376页。
③　释僧祐撰，苏晋仁、萧炼子点校《出三藏记集》，北京：中华书局，1995，第570页。《高僧传》略同，"故"，《高僧传》作"每"，见释慧皎撰，汤用彤校注《高僧传》，北京：中华书局，1992，第221页。

如何认识慧远的这一形象？此前的学者均只从慧远本人出发，以此来阐释慧远本人的政治态度以及高洁情操，或者从其患脚疾之身体状况推测慧远不出山的原因。① 笔者拟从整个教团的新角度谈谈对慧远这一形象的看法。

一　"三十余载"之典

首先，正如上述，东晋中期以降的社会，僧尼干政，滥僧流行的现象已经比较严重，引起了执政者的不满，也引起了僧界自身的反对。而庐山僧团由于慧远的领导，秉持方外之宾的立场，对各路势力采取了若即若离的政策，许多豪族权贵或邀他下山，甚而带有命令的意味，如何无忌让他下山觐见晋安帝，但慧远均未同意。众人得见慧远，均是亲自入山，卢循、殷仲堪、桓玄皆是这样，至于刘裕、晋安帝等人虽未曾入山，但均有赠遗，而慧远始终未下山。慧远的这种形象与滥伪之僧形成强烈对比，不仅为桓玄等当政者所认可，亦为僧界所认同，成为高僧大德风范的标杆。

慧远之后，屡有卜居某山某寺，足不出户三十余年的高僧形象，便是受此影响。如梁上定林寺释法通"晦迹钟阜三十余载"。

> 初止庄严，后憩定林上寺，栖闲隐素，履道唯勤，希风影附者复盈山室。齐竟陵文宣王、丞相文献王皆纡贵慕德，亲承顶礼。陈郡谢举，吴国陆杲，浔阳张孝秀并策步山门，禀其戒法，白黑弟子七千余人。晦迹钟阜三十余载，坐禅诵念，礼忏精苦。②

又梁上定林寺释慧弥"足不出户三十余年"。

> 释慧弥……后闻江东有法之盛，乃观化京师，止于钟山定林寺。习业如先，为人温恭冲让，喜愠无色。戒范精明，奖化忘倦，咨贤求善，恒若未足。凡黑白造山礼拜者，皆为说法提诱，以代肴馔。爰自

---

① 余嘉锡：《寒食散考》，《余嘉锡论学杂著》，北京：中华书局，1963。
② 释慧皎撰，汤用彤校注《高僧传》，北京：中华书局，1992，第339～340页。

出家至于衰老，荤醪鲜荽，一皆永绝，足不出户三十余年。晓夜习定，常诵波若，六时礼忏，必为众先。①

又有齐上定林寺释超辩亦"足不出门三十余载"。

释超辩，姓张，敦煌人。幼而神悟孤发，履操深沈。诵《法华》、《金刚波若》。闻京师盛于佛法，乃越自西河，路由巴楚，达于建业。顷之东适吴越，观瞩山水，停山阴城傍寺少时，后还都止定林上寺。闲居养素，毕命山门。诵《法华》日限一遍，心敏口从，恒有余力，礼千佛凡一百五十余万拜，足不出门三十余载。以齐永明十年终于山寺。②

又有齐山阴天柱山释法慧"居阁不下三十余年"。

释法慧，本姓夏侯氏，少而秉志精苦，律行冰严。以宋大明之末，东游禹穴，隐于天柱山寺。诵《法华》一部，蔬食布衣，志耽人外，居阁不下三十余年。王侯税驾，止拜房而反。③

法通、慧弥、超辩、法慧等人不仅足不出户三十余载，而且与慧远一样，都是戒行高深的僧人，足为僧人楷模，所以慧皎特加以褒奖，举之以拟慧远。"卜居庐阜三十余载"乃成僧界之典。④

二　出俗与济俗

慧远至止庐山之后，的确再也没有离开庐山，以至多数人对他是只闻其名，不见其人，了解不够。建康王珣、兖州刺史王恭皆闻其名而不知其

---

① 释慧皎撰，汤用彤校注《高僧传》，北京：中华书局，1992，第473~474页。
② 释慧皎撰，汤用彤校注《高僧传》，北京：中华书局，1992，第471页。
③ 释慧皎撰，汤用彤校注《高僧传》，北京：中华书局，1992，第472页。
④ 当宋高祖辟宗炳为主簿时，宗炳对曰："栖丘饮谷，三十余年。"（沈约：《宋书》，北京：中华书局，1974，第2278页）又竺法崇与隐士鲁国孔淳之相遇，崇叹曰："缅想人外，三十余年。"（释慧皎撰，汤用彤校注《高僧传》，北京：中华书局，1992，第171页）这些"三十余年"之辞与慧远之事迹是否有关，亦颇可注意。

人，乃有致书范宁、僧检之举。至于慧远送客游履，常以虎溪为界，则显然是虚构。

何无忌刺史江州时曾有虎溪之集，慧远、慧永众人赴会，此次雅集在虎溪之畔，慧远未必过溪。但慧远《游山记》明确说他："自托此山二十三载，再践石门，四游南岭，东望香炉峰，北眺九江。"[1] 慧远还留下了多首游庐山的诗歌，则谓慧远游履所及遍布庐山可也。

如果我们结合僧团中其他僧人的行为，或许能对慧远此一形象有更全面的认识。慧远本人虽很少深入世俗，但并不拒绝世俗。他热情平等地接待来到庐山的各路世俗之人，不管他们是来虔诚问学的宗炳、雷次宗，还是手握重兵的殷仲堪、桓玄，或是有着旧谊而又具有国寇身份的卢循。尤其值得注意的是，慧远本人虽不出庐阜，却并不限制僧团中其他弟子深入世俗，甚至可以说是鼓励他们出外弘法。换言之，"影不出山，迹不入俗"仅是一种权宜之计、个别现象，而非规制，不在提倡之列。

庐山僧团中的慧持曾多次出山，其中重要的两次，先是护送姑姑道仪至建康，并在建康观化，结交王珣，助其翻译佛经，大大扩大了庐山僧团的影响。后又应范宁之请，前往豫章讲经。慧持最后远赴蜀地弘法，这皆是"影不出山，迹不入俗"所不能达到的。

法安是慧远的著名弟子之一，"善戒行，讲说众经，兼习禅业，善能开化愚曚，拔邪归正"[2]。他曾在新阳县为村民消灭虎灾，村民因而为他建庙，并将左右田园舍供寺院，法安后曾助慧远铸造佛像。这是僧团弟子游化四方、弘化佛教的又一事例。

又如慧远另一著名弟子僧济，"大小诸经及世典书数，皆游炼心抱，贯其深要"，这位高弟不幸染疾早逝。僧济年始过立，便出邑开讲，慧远像当年道安评价自己一样对僧济寄予厚望："共吾弘佛法者，尔其人

---

① 刘义庆撰，刘孝标注引，余嘉锡笺疏《世说新语笺疏》，北京：中华书局，1983，第 573 页。《太平御览》卷四十一所引作"二十二载"，其他文字亦略有异同。《大正藏》本陈舜俞《庐山记》所附慧远《庐山记略》无此段文字。不过，在二十余年里，六次出游，次数实在不能算多，所以，慧远本人的影不出山，迹不入俗，或许真的与他的脚疾有莫大关系，但这丝毫不影响他本人的高大形象。

② 释慧皎撰，汤用彤校注《高僧传》，北京：中华书局，1992，第 235 页。下引法安事亦见于此。

乎。"① 这就是说僧济刚过三十岁，就因为出色的佛学修养而被派遣出去弘讲佛法。僧济讲法的对象多是世俗百姓，这当是因为他不仅熟悉佛教大小诸经，而且对世俗的"世典书数"亦十分精通，便于同世俗百姓沟通。

慧远亦曾用自己的行动弘法济俗。

其后少时，寻阳亢旱，远诣池侧，读《海龙王经》。忽有巨蛇从池上空，须臾大雨，岁以有年。②

这则故事的真实性姑存而不论，但它所表现出来的慧远与世俗之间的关系却值得我们重视。寻阳亢旱，慧远求雨，不是为了一寺之众，因为"岁以有年"，显然是针对当地的农业而言。这至少说明慧远的僧团是积极参与了当地的求雨活动等世俗事务的。

慧远卜居庐阜三十余载，"影不出山，迹不入俗"的举动在当时有明显的代表意味，所以《高僧传》特意拈出此点。应该说，所谓"影不出山，迹不入俗"也好，"以虎溪为界"也好，并非实指，而更多的是一种象征。慧远"影不出山，迹不入俗"的形象既是他"必无彼此"政策的必然结果，亦是僧传作者的基本要求。"庐山西林惠永、惠远已后正教陵迟"③，只有从整个南朝僧界的无骨气和无生气来看，我们才能明白僧传作者树立慧远"影不出山，迹不入俗"形象的用心，而这似乎比慧远的脚疾更能说明其中的真正原因。

总之，我们在考察慧远教团与世俗王权之间的关系时，固然应注意到慧远在各种政治势力间的巧妙平衡，以及教团中人在沙门致敬王者议中表现出的不畏强权、耿耿护法的一面及其"影不出山，迹不入俗"的高洁形象，但也不应忽略僧团中弘法济俗的一面，更不应夸大僧界在当时对比世俗政权的"优势"，而忽视了慧远在沙汰沙门事件中的让步，以致将僧人监察权拱手相让，导致后世僧人监管纳入世俗行政体系的事实。

① 释慧皎撰，汤用彤校注《高僧传》，北京：中华书局，1992，第234页。
② 释慧皎撰，汤用彤校注《高僧传》，北京：中华书局，1992，第212页。
③ 释宝唱撰，释宗性抄《名僧传抄》，《卍续藏经》第134册，台北：新文丰出版公司，1976，第28页。

第五章　慧远教团中的僧制与戒律

在桓玄行料简沙门之令及沙门敬王者之议时，慧远所在的庐山僧团的表现特别引人注目。桓玄不仅亲自向慧远请教诸事，而且特别声明："唯庐山道德所居，不在搜简之例。"所有这一切来源于庐山僧团的自律。在玄风盛行的南朝，辩才无碍的慧远却不以玄谈见称，声称儒道如糠秕的慧远在庐山讲儒家之礼，吸收道家清净精神，不仅严格奉行佛教戒律，而且根据经典依据和师法传授，制定僧制，从而建设起一个戒行高洁、巍然峙立的庐山僧团，维护了僧团的形象。在这里，僧制是戒律的具文和实践，戒律是僧制的精神和象征。考察教团中的有关戒律实践，应从中国化的僧制中得到说明，而非戒律。

第一节　寺僧节度

僧制是佛教在中国发展的产物，具体地说，是佛教戒律在中土发展的产物。由于戒律在佛经传译中的落后状况，促使中国僧人很早就开始根据佛法大义，结合中土实际创立僧制。僧制乃成为戒律在中土的体现与代表，从长时段来看，僧尼遵守戒律与否实际是在说其遵守僧制与否。在中土，戒律成为僧制的图腾，僧制成为中国佛教戒律的实质。①

一　道安创立僧制

道安在佛图澄门下学习时，即关心佛教戒律的传译修习。其《比丘大

---

① 参看严耀中《佛教戒律与中国社会》，上海：上海古籍出版社，2007。

戒序》自述：

> 大法东流，其日未远。我之诸师，始秦受戒，又乏译人，考校者鲜。先人所传，相承谓是，至澄和上多所正焉。余昔在邺，少习其事，未及检戒，遂遇世乱，每以怏怏，不尽于此。①

道安为自己当初在佛图澄门下未能究心于律部深感不安，当他在襄阳时曾得到一部《渐备经》，此是般若经典，道安在《渐备经十住胡名并书叙》中感叹，四部之中，律部最缺，是为最急。

> 云有五百戒，不知何以不至，此乃最急。四部不具，于大化有所阙。般若经乃以善男子善女人为教首，而戒，立行之本，百行之始，犹树之有根。常以为深恨，若有缘便尽访求之理。②

在律部传来有阙的情况下，道安结合已知的戒律创立了僧制。《高僧传》云：

> 安既德为物宗，学兼三藏，所制僧尼轨范、佛法宪章条为三例：一曰行香定座上经上讲之法，二曰常日六时行道饮食唱时法，三曰布萨差使悔过等法。天下寺舍遂则而从之。③

道安此法，取中国人习惯的简便原则，而对僧人日常生活进行了符合佛法大义的规定，简单易行，遂为天下寺舍所从。道安另有一条僧制，影响中国佛教至今。

> 初魏晋沙门依师为姓，故姓各不同。安以为大师之本，莫尊释

---

① 释僧祐撰，苏晋仁、萧炼子点校《出三藏记集》，北京：中华书局，1995，第412页。
② 释僧祐撰，苏晋仁、萧炼子点校《出三藏记集》，北京：中华书局，1995，第333页。原书未标明作者是道安。
③ 释慧皎撰，汤用彤校注《高僧传》，北京：中华书局，1992，第183页。

迦，乃以释命氏。后获《增一阿含经》，果称四河入海，无复河名，四姓为沙门，皆称释种。既愚与经符，遂为后式焉。①

此外，与道安大略同时的支遁亦有过类似举措，陆澄《法论》里载有他的《般若台众僧集议节度序》②，这大概是僧众聚会讨论佛学时的规制。

二　庐山远规

慧远教团内部虽然没有发展到"秽杂"的地步，但也有一些不良倾向。《世说新语》有云：

> 远公在庐山中，虽老，讲论不辍。弟子中或有堕者，远公曰："桑榆之光，理无远照。但愿朝阳之辉，与时并明耳。"执经登坐，讽诵朗畅，词色甚苦。高足之徒，皆肃然增敬。③

庐山教团中虽然不乏高足之徒，但亦难免堕者。针对僧团发展中的这些弊端，慧远一方面通过教育，加强僧人的道德、戒律修养，创新了唱导之法。"唱导者，盖以宣唱法理开导众心也"，慧远"每至斋集，辄自升高座，躬为导首。先明三世因果，却辩一斋大意"。④ 另一方面则通过制定僧制对僧人进行约束。

《出三藏记集》保留了陆澄《法论》之目录，其中载：

> 《法社节度序》，释慧远。
> 《外寺僧节度序》，释慧远。
> 《节度序》，释慧远。
> ……

---

① 释僧祐撰，苏晋仁、萧炼子点校《出三藏记集》，北京：中华书局，1995，第563页。《高僧传》略同。
② 释僧祐撰，苏晋仁、萧炼子点校《出三藏记集》，北京：中华书局，1995，第437页。
③ 刘义庆撰，刘孝标注，余嘉锡笺疏《世说新语笺疏》，北京：中华书局，1983，第573页。
④ 释慧皎撰，汤用彤校注《高僧传》，北京：中华书局，1992，第521页。

《比丘尼节度序》，释慧远。①

虽然，我们无法了解这些节度的具体内容，但我们可以基本肯定三点：第一，这些僧制在庐山僧团中执行；第二，这些僧制即使不是慧远所制，至少亦是秉承和贯彻了慧远的思想，或为慧远所肯定；第三，这四部僧制是一个整体，构成一个完善的僧制体系，既有管理男众的僧制《（比丘）节度》，亦有管理女众的僧制《比丘尼节度》；既有管理本寺僧众的僧制，亦有管理游方僧的僧制《外寺僧节度》；既有管理僧众的制度，亦有管理僧众与优婆塞、优婆夷以及其他信众组成的佛教团体的制度《法社节度》。

当桓玄沙汰沙门时，慧远曾"广立条制，玄从之"②。这些条制是指慧远针对桓玄沙汰沙门的条件所进行的补充说明，还是一些如"节度"般的僧制，不必贸然断定。但即使是慧远所"咨白数条"，亦可见慧远僧团在日常管理中的水平。

北方姚秦设置僧官制度时，即采用了慧远所制定的僧制。姚兴诏书云："大法东迁，于今为盛，僧尼已多，应须纲领，宜授远规，以济颓绪。"③ 历来认为，此中所谓"远规"即慧远所制僧规，或即包括《（比丘）节度》《比丘尼节度》《外寺僧节度》《法社节度》等。

三　昙邕和僧彻的例子

有关慧远所制僧制虽不得其详，但其在管理僧团过程中却有两个例子值得注意。

首先是有关昙邕的一个例子。昙邕本为苻秦的一位将军，后随道安出家，道安逝后，又至庐山师事慧远，曾往来长安、庐山两地，传递书信，为当时南北佛教交流做出了巨大贡献。但庐山僧团中这样一位重要的僧人却遭到不公正的待遇，被摒出门。《高僧传》记载：

① 释僧祐撰，苏晋仁、萧炼子点校《出三藏记集》，北京：中华书局，1995，第 437 页。
② 释慧皎撰，汤用彤校注《高僧传》，北京：中华书局，1992，第 219 页。
③ 释慧皎撰，汤用彤校注《高僧传》，北京：中华书局，1992，第 240 页。

（慧）远神足高抗者其类不少，恐后不相推谢，因以小缘托摈邕出。邕奉命出山，容无怨忤，乃于山之西南营立茅宇。①

此话说得甚是模糊，昙邕被摈出山的真实原因难得而知，但这模糊性却让我们认识到：第一，慧远所订立的僧制并不能公正解决所有问题；第二，慧远利用了其他智慧（亦可以说是权谋）来弥补僧制的不足；第三，慧远本人在僧制外，亦利用了个人威望来统制僧团，所以他既能够"因以小缘托摈邕出"，又能够使昙邕"容无怨忤"。

另一个例子有关僧彻。僧彻出晋阳王氏，在庐山遍学众经，尤精《般若》。

（僧彻）又问道之暇，亦厝怀篇牍，至若一赋一咏，辄落笔成章。尝至山南攀松而啸，于是清风远集，众鸟和鸣，超然有胜气。退还咨远："律制管弦，戒绝歌舞，一吟一啸，可得乎？"远曰："以散乱言之，皆为违法。"由是乃止。②

僧彻问道之暇，厝怀篇牍，已说明此类事情与道有所距离。但律制管弦，戒绝歌舞，而对一吟一啸并无规定。沙弥十戒及八关斋戒这些佛教信徒最基本的戒律中皆有"不歌舞倡伎，不故往观听"之戒，其目的主要是戒绝虚幻的享受，以专心修行。一吟一啸非歌舞，非倡伎，但"丝不如竹，竹不如肉"，在崇尚自然的魏晋六朝，吟啸之事反而更受青睐，尤其是阮籍之啸，表达了他们潇洒不羁的人格。③ 吟啸之声既是美妙的音乐，又颇富不羁之精神，这些均是佛教修行的大敌。从慧远的回答来看，他正是秉持佛教戒律的精神而不是机械条文来回答僧彻的。与此形成对照的是当时不少僧人有吟啸之好，如支遁之山居，"长啸归林岭，萧条任陶均"④ 是也。

---

① 释慧皎撰，汤用彤校注《高僧传》，北京：中华书局，1992，第 237 页。
② 释慧皎撰，汤用彤校注《高僧传》，北京：中华书局，1992，第 277 页。
③ 参看范子烨《中古文人生活研究》中有关啸的研究。范认为，"慧远之戒啸，实际是对道教的摒斥，摈斥的目的在于捍卫佛门的纯净"。济南：山东教育出版社，2001，第 494 页。
④ 释道宣：《广弘明集》，《大正藏》第 52 册，石家庄：河北省佛教协会影印，2005，第 351 页。

这也正是严耀中归纳出的中国僧制和戒律间关系的特点。佛教戒律不仅是一种条文规则，也是佛法原则，即对欲念的彻底禁止，从五戒、十戒、二百五十戒至五百戒，皆禁制，敛诸邪非，敛御六情，断诸欲念。佛陀制定戒律时亦是秉持这一精神并根据时、处、位而合理设置的，随犯而制。[①] 因此，我们考察慧远处理僧团中问题时，可以发现慧远并不总是引用戒律条文，甚至"违背"戒律。[②] 只有在理解了中国僧制与戒律之间的微妙关系后，我们才能理解如昙邕、僧彻这样的事例，反之，我们理解了昙邕、僧彻这样的事例，亦就更清楚了中国僧制的特点。这一点，笔者拟通过"慧远之死"在下文做进一步的探讨。

第二节　庐山戒律

一　竺昙无兰

庐山僧团有着注重戒律的历史传统。

当道安在襄阳为戒律传译甚少而着急并尽心访求之时，在庐山，亦有两位高僧在为戒律在中土的传播而努力。这两位高僧即竺僧舒、竺昙无兰。

竺僧舒，仅见于竺昙无兰《大比丘二百六十戒三部合异序》，其文称："（竺昙无）兰自染化，务以戒律为意，昔在于庐山中竺僧舒许得戒一部，持之自随，近二十年。"[③] 此序撰于"晋太元六年（381）"，前推二十年为东晋升平五年（361），则竺昙无兰与竺僧舒相聚在庐山当为东晋升平、隆

[①] 参见严耀中《佛教戒律与中国社会》第二章。

[②] 屈大成《庐山慧远的戒律观及其实践》（光泉主编《吴越佛教》，北京：宗教文化出版社，2001年3月，又见《世界宗教研究》2010年第3期）曾列举了僧团中僧彻吟啸违法和摈出昙邕维护僧团和谐等例子，其观点不无道理，但因为其着眼点全在戒律，而对僧制注意不够，故执于将此等事例对比律文，解释未臻圆满。有学者则指出，道安遗荆条于法遇，鞭笞僧人是违背戒律的事情。另外一点似乎还未引起学者注意，即我们考察戒律在中国的传译情况不能以戒律是否译为汉文为唯一依据，因为口头传播亦是戒律和其他佛经的主要传播方式。

[③] 释僧祐撰，苏晋仁、萧炼子点校《出三藏记集》，北京：中华书局，1995，第415页。校勘记云："'在'、'中'二字疑为衍文。"

和、兴宁年间（升平仅有五年，隆和仅一年有余，道安兴宁三年至襄阳）无疑。竺僧舒居于庐山正当此时。

《历代三宝记》载："西域沙门竺昙无兰，晋言法正。"[1] 竺僧舒以竺为姓，且携有戒律一部，当亦是西域沙门。至于他具体在庐山居留多长时间，已不可考。

竺昙无兰，《名僧传》《高僧传》皆无载。《出三藏记集》载有其所作序文三：《三十七品经序》《大比丘二百六十戒三部合异序》《千佛名号序》，是一位译经高僧。《历代三宝记》总结他译经有一百一十部，而其自称"务以戒律为意"，可见是一位以律为主的僧人，而这正应和了当时中土戒律有阙的现实。其所译戒律经典有《三十七品经》《大比丘二百六十戒三部合异》《戒德经》（或云《戒德香经》）三部。《历代三宝记》另记有《十诵比丘戒本》一卷，注云："太元六年，合僧纯、昙摩侍、竺僧舒三家本以为一卷，见《宝唱录》。"[2] 此似与《大比丘二百六十戒三部合异》重出。[3]

竺昙无兰，晋言法正。其比勘《大比丘二百六十戒》时已在扬州谢镇西寺，时为晋太元六年（381），至比勘《三十七品经》时仍在谢镇西寺，时为晋太元二十一年（396），则竺昙无兰居谢镇西寺最久，而居庐山时间不长。[4]

东晋哀帝前后，竺僧舒和竺昙无兰在庐山修行，曾对戒律传播做出重要贡献，当时所传戒律即《比丘大戒》，与道安在襄阳得到的昙摩侍、竺僧纯戒同本。

庐山重戒律的传统从竺僧舒时就已奠定，中经慧远倡导，代为重镇。东林寺的甘露戒坛据云传自慧远，东林寺亦一直为律寺，直至北宋元丰年

---

[1] 费长房：《历代三宝记》，《大正藏》第49册，河北省佛教协会影印，2005，第70页。

[2] 费长房：《历代三宝记》，《大正藏》第49册，河北省佛教协会影印，2005，第70页。

[3] 关于《历代三宝记》对竺昙无兰的记载，小野玄妙曾评之为"令人惊怪不迭"，详见小野玄妙《佛教经典总论》，台北：新文丰出版公司，1983，第66页。

[4] 又，韩溥曾以"竺昙无兰"与靖安县绣谷山双林寺之"竺昙"、庐山西林寺之"竺昙"为一人，实误。见韩溥《江西佛教史之四：佛教人士事略》，北京：光明日报出版社，1994，第479~480页。双林寺之"竺昙"此不赘笔，所谓西林寺之"竺昙"者，实为"竺昙现"。

间才改为禅寺。

二 律典传译

慧远在庐山时，秉承道安大师的作风，对佛经传译保持了高度热情，其中一个重要方面即是寻求律藏。《高僧传》称：

> 初经流江东，多有未备，禅法无闻，律藏残阙。①

经律论三藏中，律藏残阙的局面至慧远之时，仍未有根本改观。虽然比丘大戒、比丘尼戒等一些基本的戒本之类已经传译开来，但是离完整的律部尚有极大距离。这一任务的完成是由鸠摩罗什等人完成的，而庐山慧远教团与焉。其中《四分律》《十诵律》的传译皆与庐山有缘。

慧远首先于太元十七年（392）派出法净、法领等人远寻众经，逾越沙雪，旷岁方反，其中寻求律藏是重要任务之一。法领回到中土，先至长安，据《四分律序》及《肇论》，法领请得佛经二百余部，请得法师四人，其中有佛陀耶舍。而佛陀耶舍精通律部，僧肇谓"三藏法师于中寺出律藏，本末精悉，若睹初制"②。

《佛陀耶舍传》云：

> 耶舍先诵《昙无德律》，伪司隶校尉姚爽请令出之。……即以弘始十二年译出为四十卷。并出《长阿含经》，减百万言，凉州沙门竺佛念译为秦言，道含执笔。③

---

① 释慧皎撰，汤用彤校注《高僧传》，北京：中华书局，1992，第216页。此处"禅法无闻"不知何意。僧伽跋澄苻坚建元十七年至关中，传谓"先是大乘之典未广，禅数之学甚盛"（《高僧传》第33页），禅数之学与禅法之间有多大的差距？所谓"禅法无闻"大概是就佛驮跋陀罗禅法之前的状态而言，并非真的无闻，而"禅数甚盛"则指的是禅修的流行状态，亦非指禅经传译。慧皎《明律论》特将戒律与数论相对，言众僧易于偏执一方（《高僧传》第443页），这大概亦是此处特将"禅法无闻"与"律藏残阙"对举的原因？

② 释僧肇：《致刘遗民书》，《肇论》，《大正藏》第45册，石家庄：河北省佛教协会影印，2005，第155页。《出三藏记集》《高僧传》僧肇传亦有引用，文字不全。

③ 释僧祐撰，苏晋仁、萧炼子点校《出三藏记集》，北京：中华书局，1995，第538页。《高僧传》略同。

《昙无德律》即四分律，佛陀耶舍不仅随法领等人至中土，而且其译经亦得到了庐山僧人的相助。《四分律序》云：

> 秦主姚欣然，以为深奥冥珍嘉瑞，而谓大法渊深，济必由戒，神众所传，不可有阙，即以其年重请出律藏。时集持律沙门三百余人，于长安中寺出。即以领弟子慧辩为译校定，陶炼反覆，务存无朴，本末精悉，若睹初制。①

慧辩为法领弟子，当亦从庐山出发之僧，《四分律》即由他校定。

《十诵律》之传译，先由弗若多罗诵出梵文，鸠摩罗什转译为汉文，未及译竟而多罗早逝，后昙摩流支应慧远之请续为译出。《高僧传》记此事甚详。

> 后有弗若多罗来适关中，诵出《十诵》梵本，罗什译为晋文，三分始二而多罗弃世。远常慨其未备，及闻昙摩流支入秦，复善诵此部，乃遣弟子昙邕致书祈请，令于关中更出余分。故《十诵》一部具足无阙，晋地获本，相传至今。②

佛陀涅槃后，戒律分为五部，其中四部传至中土，即萨婆多部《十诵律》、昙无德部《四分律》、婆麤富罗部（摩诃僧祇部）《僧祇律》、弥沙塞部《五分律》。③ 道宣之前，"虽复诸部皆传，而《十诵》一本最盛东国"④。《续高僧传》云：

> 自律藏久分，初通东夏，则萨婆多部《十诵》一本最广弘持。实

---

① 佚名：《四分律序》，《大正藏》第 22 册，石家庄：河北省佛教协会影印，2005，第 567 页。
② 释慧皎撰，汤用彤校注《高僧传》，北京：中华书局，1992，第 217～218 页。
③ 参见释僧祐《新集律来汉地四部序录》，《出三藏记集》，北京：中华书局，1995，第 116～120 页。释慧皎：《明律论》，《高僧传》，北京：中华书局，1992，第 441～443 页。
④ 释慧皎撰，汤用彤校注《高僧传》，北京：中华书局，1992，第 443 页。

由青目律师敷扬晋世，庐山慧远赞击成宗。尔后璩、颖分镳而命路，佑、瑷波腾于释门，澄一江淮无二奉矣。而恨受遵《四分》，随依《十诵》，可为商之。其次传本则昙无德部《四分》一律。①

唐代道宣总结此前戒律之传，仍是《十诵》一本最广弘持，而此实由"庐山慧远赞击成宗"。隋唐以后，由于道宣等人的推阐，《四分律》渐趋流行，并成为主流，延续至今。而无论是前期流行的《十诵律》抑或是后期流行的《四分律》，庐山教团皆有力焉。

三　居士之戒

如前所述，庐山教团中除了僧众外，尚有优婆塞等居士。庐山居士之戒的特点有二：其一，居士守戒程度不一，但最低为五戒。第二，八关斋戒为当时风尚，庐山亦不例外。

受持五戒即成为优婆塞，此五戒指：不杀生、不盗、不邪淫、不妄语、不饮酒。五戒之中，杀生、盗、邪淫、饮酒属于身业，如是四罪不作，是身善律仪；妄语为口业之一，四种口业中妄语最重，妄语不作是口善律仪。

此五戒又有五种受持阶段，名五种优婆塞。

> 一者一分行优婆塞，二者少分行优婆塞，三者多分行优婆塞，四者满行优婆塞，五者断淫优婆塞。一分行者，于五戒中受一戒，不能受持四戒；少分行者，若受二戒、若受三戒；多分行者，受四戒；满行者，尽持五戒；断淫者，受五戒已，师前更作自誓言：我于自妇不复行淫。是名五戒。②

五戒尽受，可进而受八关斋戒：

---

① 释道宣：《续高僧传》，《大正藏》第 50 册，石家庄：河北省佛教协会影印，2005，第 620 页。
② 龙树菩萨著，鸠摩罗什译《大智度论》，《大正藏》第 25 册，石家庄：河北省佛教协会影印，2005，第 158 页。

　　白衣居家，唯此五戒，更有余法耶？答曰：有一日戒，六斋日持，功德无量。①

　　八关斋戒为每月六斋日所持之戒，在该斋日一日一夜中谨守八戒，"关"闭欲念，秉持斋法，是谓八关斋戒。相对于五戒之终身受持，八关斋戒仅每月六斋日行持，每次一日，故亦称一日戒。八关斋戒的内容即八戒一斋：一不杀生，二不盗，三不邪淫（或作不非梵行），四不妄语，五不饮酒，六不坐高大床上，七不著花璎珞、不香涂身、不著香熏衣，八不自歌舞作乐，亦不往观听，一斋即不过中食。②

　　六斋日是指农历每月的八日、十四日、十五日、廿三日、廿九日、三十日。为什么选择六斋日，有多种说法，比较流行的说法是这些日子中有恶鬼横行，欲夺人命，所以劫初之时，圣人即教人持斋，但未受八戒。佛陀出世，乃教人持八戒，过中不食。③ 另一种说法则说这是因为每月的八日、十四日、十五日是佛在世时说法的日子，但印度有白月和和黑月之分，每月十五天，所以，中土乃将黑月的八日、十四日、十五日对应于下半月的廿三日、廿九日、三十日。④

　　八关斋戒的内容与沙弥十戒相比，仅缺少不蓄钱财一条。但居士在俗世，自不能免此。所以，可以看出，持八关斋戒已与出家无甚差别，八关斋戒又被称作在家人的出家戒律与斋法。虽然八关斋戒比五戒为多，但两者并无绝对的高下之分。

---

① 龙树菩萨著，鸠摩罗什译《大智度论》，《大正藏》第 25 册，石家庄：河北省佛教协会影印，2005，第 159 页。
② 此八戒说辞略有不同，排列亦有异同。或将"不著花璎珞，不香涂身，不著香熏衣、不自歌舞作乐，亦不往观听"合为一戒，而将"不过中食"列为第八戒。参见龙树菩萨著，鸠摩罗什译《大智度论》，《大正藏》第 25 册，石家庄：河北省佛教协会影印，2005，第 159 页。
③ 龙树菩萨著，鸠摩罗什译《大智度论》，《大正藏》第 25 册，石家庄：河北省佛教协会影印，2005，第 160 页。
④ 参见释圣严《戒律学纲要》，北京：宗教文化出版社，2006，第 105～107 页。

问曰：五戒、一日戒，何者为胜？答曰：有因缘故，二戒俱等；但五戒终身持，八戒一日持。又，五戒常持，时多而戒少；一日戒，时少而戒多。复次，若无大心，虽复终身持戒，不如有大心人一日持戒也。①

庐山在山居士中，周续之"终身不娶妻，布衣蔬食"。诸居士中，刘遗民持戒最谨。《与隐士刘遗民等书》云："遗民精勤偏至，具持禁戒，宗、张等所不及。"② 宗炳、张野虽不闻持戒，但宗有《明佛论》、张有《远法师碑序》，皆与慧远交深，雷次宗与宗炳颇类，此三人似亦持五戒。所谓遗民持戒众人不及者，特指其有"大心"者，其临终遗命"即土为墓，勿用棺椁"，亦是佛家风尚。众居士所持戒者不仅有五戒，更有八关斋戒。《与隐士刘遗民等书》中慧远告诫遗民："意谓六斋日，宜简绝常务，专心空门。然后津寄之情笃，来生之计深矣。"③ 可见，刘遗民是持八关斋戒的，而慧远亦是推荐居士信持此戒的。这与当时的社会风尚亦是契合的。④

第三节　由慧远之死观庐山僧制戒律实行之特点

人之生充满偶然，或许正如范缜所言："人生如树花同发，随风而堕，自有拂帘幌坠于茵席之上，自有关篱墙落于粪溷之中。"⑤ 而人之死，则几乎全是自己的选择。司马迁言，人固有一死，或轻于鸿毛，或重于泰山。就是一种选择。东晋庐山慧远大师，影不出山，迹不入俗，而道俗咸加敬仰，缁素弟子毕集庐山，蔚为大观，观其涅槃一节，亦颇发人深省，意味无穷。

---

① 龙树菩萨著，鸠摩罗什译《大智度论》，《大正藏》第 25 册，石家庄：河北省佛教协会影印，2005，第 160 页。
② 释道宣：《广弘明集》，《大正藏》第 52 册，石家庄：河北省佛教协会影印，2005，第 304 页。
③ 释道宣：《广弘明集》，《大正藏》第 52 册，石家庄：河北省佛教协会影印，2005，第 304 页。
④ 郗超《奉法要》中已将六斋日列入。中古时期的八关斋戒之风参看汤用彤《汉魏两晋南北朝佛教史》第十三章《朝廷与佛教》一节及严耀中《佛教戒律与中国社会》第二十九章《八关斋戒与中古时代的门阀》，严文又收入《黎虎教授古稀纪念——中国古代史论丛》。
⑤ 李延寿：《南史》，北京：中华书局，1975，第 1421 页。

一　露骸松林

《高僧传》载："（慧远）遗命使露骸松下，既而弟子收葬。"① 慧远露骸松下，曹虹先生于《慧远评传》中独揭新意，以为慧远在土葬与火葬皆有例可循的情况下，选择露骸松下，非常具有个性之特征，显示出高尚其迹之力量。② 对此，江林已有论文发表不同意见。③ 江文指出，释慧远遗命"露骸松下"的丧葬方式实际上是佛教丧葬方式中的尸陀林法，因而慧远只是依制行事，"没有必要过分强调"其特殊意蕴。

尸陀林，又作尸陁林，尸多婆那。尸多译曰寒，婆那者林也。弃死尸之处是曰寒林。《大智度论》卷三："复次，王舍城南尸陀林中，多诸死人，诸鹫常来噉之，还在山头，时人遂名鹫头山。"④

唐释玄应《一切经音义》卷十八："尸陀林正言尸多婆那，此云寒林。其林幽邃而且寒，因以名也，在王舍城侧。……今总指弃尸之处名尸陀林者，取彼名。"

应该指出，尸陀林是印度古代一种较常见的丧葬方式，并非僧人所专有。《名僧传》载法惠出家，无钱置办僧服，乃入尸陀林剥取死人的华贵衣服，变卖得钱，方才获得法服，他所入的尸陀林即非僧人葬所。

> （法惠）乃愿出家，贫无法服。外国人死，衣以好衣，送尸陀林，辞诀而反。惠随他葬家人去彼，剥死人衣。遇起尸鬼起相蕀更，更为上下，凡经七反，惠率获胜。剥取衣裳，货得三千，以为法服，仍得出家。⑤

直至唐宋，仍将此法作为西域（天竺）葬法的一种，而不视为僧人所

---

① 释慧皎撰，汤用彤校注《高僧传》，北京：中华书局，1992，第 221～222 页。
② 见曹虹《慧远评传》，南京：南京大学出版社，2002，第 312～318 页及曹虹《释慧远遗命"露骸松下"的意蕴》，《中国典籍与文化》1999 年第 2 期。
③ 江林：《关于释慧远"露骸松下"的一点意见》，《中国典籍与文化》2002 年第 4 期。
④ 龙树菩萨著，鸠摩罗什译《大智度论》，《大正藏》第 25 册，石家庄：河北省佛教协会影印，2005，第 76 页。
⑤ 释宝唱撰，释宗性抄《名僧传抄》，《卍续藏经》第 134 册，台北：新文丰出版公司，1976，第 25 页。

独有。如《大唐西域记》卷二："送终殡葬，其仪有三，一曰火葬，积薪火燎；二曰水葬，沈流漂散；三曰野葬，弃林饲兽。"①

《法苑珠林》卷九十七《送终篇·遣送部》云："依如西域葬法有四，一、水漂，二、火焚，三、土埋，四、施林。"②

《释氏要览》卷下载："葬法，天竺有四，一、水葬，谓投之江河，以饲鱼鳖；二、火葬，谓积薪焚之；三、土葬，谓埋岸傍，取速朽也；四、林葬，谓露置寒林，饲诸禽兽。寒林即西域叶尸处，《僧祇律》云，谓多死尸，凡人者可畏毛寒，故名寒林，今云尸陀林讹也。"③

此数书皆将尸陀林（野葬、施林、林葬）列为诸葬仪之末，可见其并非主流。作为异域的一种丧葬方式，尸陀林法随佛教在中土得到传播，被普通僧人及佛家信众所接受当在南北朝时代。

《魏书·释老志》载："（太和）九年秋，有司奏，上谷郡比丘尼惠香在北山松树下死，尸形不坏。而来三年，士女观者有千百，于时人皆异之。"④

《南史·孝义谢蔺传》载："（谢贞）有遗疏告族子凯：'气绝之后，若依僧家尸陀林法，是吾所愿。'"⑤

以上皆是俗书所载，曹虹、江林之文皆未曾注意到《高僧传》中已记载了多位南朝僧人林葬之例，曹虹甚至说："慧远的'露骸'葬是相当独特的，《高僧传》中尚未见第二例。"⑥ 其实不然，据笔者所检，即有如下几例。

卷八《义解五·梁荆州释慧球》："（慧球）遗命露骸松下，弟子不忍行也。"⑦

卷八《义解五·梁山阴云门山寺释智顺》："（智顺）遗命露骸空地，

① 释玄奘撰，章巽点校《大唐西域记》，上海：上海人民出版社，1977，第40页。
② 释道世著，周叔迦、苏晋仁校注《法苑珠林校注》，北京：中华书局，2003，第2788页。
③ 释道诚：《释氏要览》，《大正藏》第54册，石家庄：河北省佛教协会影印，2005，第308页。
④ 魏收：《魏书》，北京：中华书局，1974，第3039页。
⑤ 李延寿：《南史》，北京：中华书局，1975，第1847页。
⑥ 曹虹：《慧远评传》，南京：南京大学出版社，2002，第315页。
⑦ 释慧皎撰，汤用彤校注《高僧传》，北京：中华书局，1992，第334页。

以施虫鸟，门人不忍行之，乃窆于寺侧。"①

卷十《神异下·宋岷山通云寺邵硕》："（邵硕）临亡，语道人法进云：'可露吾骸，急系履著脚。'既而依之，出尸置寺后。"②

卷十《神异下·宋江陵琵琶寺释慧安》："（慧安）中路患痢极笃，谓船主曰：'贫道命必应尽，但出置岸边，不须器木。气绝之后，即施虫鸟。'商人依其言，出卧岸侧。"③

综合以上数例，似可说明，南北朝时代是中土僧人及信众逐渐接受林葬的时间。而晋末慧远实开其例，于此而言，慧远"露骸松下"确有特别之意蕴可言。

首先，在当时的中土僧众中，崇尚的是火葬即阇维之法，这或许和佛陀"收迹河边，阇维林外"④ 的传说有关。不仅如此，在流行火葬的西域等佛化地区，并不是所有僧人都能享受火葬的礼仪，其中原因可能有多种，一是人身体内有诸多虫寄居，烧身时会连带将无辜之虫亦烧死，所以，只有"罗汉死后佛许烧身"⑤。所以，普恒逝后，"依得道法阇维之"⑥，而据智严传，罽宾"国凡圣，烧身之处，各有其所"⑦，即得道之僧与普通僧人烧身墓地不在一处。二是火葬在中土不甚流行，甚至有违孝道，不为所可，因而火葬的特异可以表明僧人的高行。如玄高在魏逝世，"欲阇维之，国制不许，于是营坟即窆"⑧。在火葬得到僧人崇奉的东晋南北朝时代，慧远露骸松下确有特异之处。

其次，我们知道，未死烧身虽有功德可言，但在僧众中间并未得到普遍认可，因为烧身容易殃及身体中寄居的"八万户虫"，而死后露骸却无此虞。慧远无疑对林葬、火葬等法皆有了解，在当时佛教礼仪备受儒家责

---

① 释慧皎撰，汤用彤校注《高僧传》，北京：中华书局，1992，第 335～336 页。
② 释慧皎撰，汤用彤校注《高僧传》，北京：中华书局，1992，第 389 页。
③ 释慧皎撰，汤用彤校注《高僧传》，北京：中华书局，1992，第 390 页。
④ 释慧皎撰，汤用彤校注《高僧传》，北京：中华书局，1992，第 495 页。
⑤ 释慧皎撰，汤用彤校注《高僧传》，北京：中华书局，1992，第 457 页。
⑥ 释慧皎撰，汤用彤校注《高僧传》，北京：中华书局，1992，第 421 页。
⑦ 释慧皎撰，汤用彤校注《高僧传》，北京：中华书局，1992，第 100 页。此依三本、金陵本。
⑧ 释慧皎撰，汤用彤校注《高僧传》，北京：中华书局，1992，第 413 页。

难的情况下，慧远可能认为林葬（野葬）较火葬要少受责难，因为它没有主动地去毁坏肉体。熟知儒家礼仪的慧远选择既符合佛教礼仪，又能避免儒家责难的林葬应该是经过认真考虑的。

慧皎之《高僧传》来源于《出三藏记集》："（慧远）义熙末卒于庐山精舍，春秋八十有三。遗命露骸松下，同之草木。既而弟子收葬，谢灵运造碑墓侧，铭其遗德焉。"仔细比勘不同，就可以发现，慧皎之传过滤掉了"同之草木"这句话。此中大有不同！笔者以为，"同之草木"与"施虫鸟"应该是同样性质。露骸不仅可以表现佛教对人肉体的否定态度，亦可以施诸虫鸟，有莫大功德，同时又能避免火葬的种种非难，这或许是慧远在佛教大义的指导下折中佛教规制与中土精神的结果。不仅如此，熟悉儒家礼仪的慧远还"以凡夫之情难割，乃制七日展哀"①。这一点可以肯定完全是慧远吸收儒家礼仪而制定的新规，并在庐山延续了较长时间。② 在这一点上，再一次表现了中国僧制的特点，即其在佛法大义的背景下对中国环境的适应性修订，这也是符合佛陀本意的。

慧远"露骸松下"另一特别意蕴在于他开了中土僧人林葬的先河，对后世僧徒具有某种导向性的影响，使得林葬这样一种天竺、西域的普通葬式，一度受到部分僧众的青睐。当北朝时期，僧众以末法乱世，宗教情感极为炽盛，舍身之事频有发生，乃有《佛说要行舍身经》之类经典流行，信徒多作《尸陀林发愿文》。及至隋世，三阶教更以尸陀林为特点，凡信徒逝后，多投林中。有关这方面的研究已有汤用彤、常盘大定发端，刘淑芬则有专门研究，可以参看。③

关于慧远"露骸松下"之记载，到后代又有变化，也值得注意。《十八高贤传》中《慧远法师传》记载慧远涅槃前留下遗诫，其中有："露骸

---

① 释慧皎撰，汤用彤校注《高僧传》，北京：中华书局，1992，第 221~222 页。
② "制七日展哀"不见于《出三藏记集》，笔者以为这是慧皎在庐山亲闻亲见而补充进入的材料。
③ 汤用彤：《汉魏两晋南北朝佛教史》，武汉：武汉大学出版社，2008，第 404~405 页；常盘大定：《三阶教の母胎としての宝山寺》，《宗教研究》新 4 卷 1 号，1927；刘淑芬：《林葬：中古佛教露尸葬研究之一》，《大陆杂志》第九十六卷，该文又收入其《中古的佛教与社会》，上海：上海古籍出版社，2008。又，敦煌文卷中有多种尸陀林发愿文保存至今。

松林之下，即岭为坟，与土木同状。此乃古人之礼，汝等勿违。"①《佛祖统纪》卷二十六与此同。《净土圣贤录》卷二亦云"自制遗诫"，但未言内容，似乎承《莲社高贤传》而省。

这里，撰者似乎也感觉到"露骸松林"方式的古怪，所以给予了解释。但所谓"古礼"到底何指，是儒家之礼，还是佛家之礼，具体明文，已不可知，或者仅是后人根据慧远一贯坚守戒律的想象之辞亦未可知。

二　持律戒苦

相比《出三藏记集》有关慧远之死的简略记载，稍后之《高僧传》增加了较多内容。

> （慧远）以晋义熙十二年八月初动散，至六日困笃，大德耆年，皆稽颡请饮豉酒，不许，又请饮米汁，不许，又请以蜜和水为浆。乃命律师，令披卷寻文，得饮与不，卷未半而终，春秋八十三矣。门徒号恸，若丧考妣，道俗奔赴，毂继肩随。远以凡夫之情难割，乃制七日展哀，遗命使露骸松下，既而弟子收葬。②

简言之，多出两点内容，一是"三请三不许"，二是"制七日展哀"。"七日展哀"当是一项新制，而非专门针对自身的临时举措，故用"制"字而不用"嘱"等字。唯此制乃因考虑凡夫之情而设，与和尚平日严格戒律之态度似有不合。曹虹先生似乎也看出这一点，他将此与慧远遗命露骸松下做比较，并调和道："这两则内容看似不统一，其实不相矛盾，因为前者所对待的是其发生影响力的公众，故此时的顺适公众意愿无非是承认这种影响力；而后者所对待的是自我，故完全可以再创仪范。"③此解释固

---

① 佚名：《东林十八高贤传》，《卍续藏经》第78册，台北：新文丰出版公司，1976，第115页。

② 释慧皎撰，汤用彤校注《高僧传》，北京：中华书局，1992，第221～222页。《莲社高贤传·慧远法师传》所记又详："师将终，耆德请以豉酒治病，师曰：'律无通文。'请饮米汁，师曰：'日过中矣。'又请饮蜜汁和水，乃令披律寻文，卷未半而终。"

③ 曹虹：《慧远评传》，南京：南京大学出版社，2002，第314页。

然有其道理，但亦有牵强之处，因为如果慧远是那么轻易"顺适公众意愿"的话，那他就不会不听"大德耆年"的再三要求了。笔者以为，慧远所秉持的似乎应当是：戒律明确规定不能做的，就不能做；戒律未明确规定不能做的，则可根据一定的原则另立新制。所以，慧远参考了儒家礼仪新制此规。

历来众家皆引《高僧传》中"三请三不许"之记载，推崇慧远秉持戒律之高节。五代末之贯休《再游东林寺作五首》之四："爱陶长官醉兀兀，送陆道士行迟迟。买酒过溪皆破戒，斯何人斯师如斯。"自注云："远公高节，食后不饮蜜水。"① 自古至今，学者、僧人皆对慧远持律戒苦有很高的评价，今人如曹虹《慧远评传》、王永会《中国佛教僧团发展及其管理研究》、心皓《天台教制史》等皆对此有重点描述，甚至将严格戒律作为庐山僧团繁荣的基础，而慧远之垂范自有重大影响。

慧皎之书曾收集僧祐等十余家之记及其他正史伪历、孤文片记，又博咨古老，校同考异而成，而且慧皎最后之岁月在庐山度过，死后也葬在庐山，他对慧远的事迹或当细心访究过，《高僧传》《出三藏记集》不同部分为慧皎所增，应属有据。但此一记载在辗转之后亦有夸大，以致难圆其说。②

慧远注重戒律，曾专门派遣弟子昙邕致书西域著名律师昙摩流支，劝其翻译《十诵律》，又曾制《法社节度》《外寺僧节度》《比丘尼节度》等僧制。慧远又曾成《大智论抄》，而《大智论》中对戒律的解释亦不少，所以慧远对戒律应当十分熟悉，而传中记其临终时竟然要为能饮蜜水否而去披卷寻文，此一细节恐有不实，所以有人以为是慧远不便忤人之意，故意推脱之举。

"三请三不许"如果仔细推敲，确有不少疑点。佛教戒律明确戒酒，但治病则可不受此限。米汁、蜜则主要涉及"非时食"的问题，蜜属于非时浆和七日药的范畴，病人可随时服用，并不犯戒。米汁属时浆，过时不

① 《全唐诗》卷八三六，北京：中华书局，1960，第9420页。
② 对慧远临终持戒的解释请参见曹虹《慧远评传》相关章节及屈大成《庐山慧远的戒律观及其实践》，《世界宗教研究》2010年第3期。

能饮用。下面略作分析。

首先，"三请三不许"突出了慧远个人严持戒律的形象，却丑化了慧远僧团的形象。如果说，慧远坚持不饮豉酒是为了守戒，那么这些寺中豉酒平常都是供给谁的？那些蜜平常又是供给谁的？有关时食之戒律是僧人最基本的戒律，在慧远时代当已为僧人所知①，而竟有所谓"大德耆年"劝慧远行此违背戒律之举，甚者还需要"披卷寻文"。由此可见，戒律虽有，但并无至高无上的权威和彻底的执行力。这让我们怀疑慧远对整个僧团的管理，戒律对他们似是无约束力的，不是靠强力去推动，而是靠道德模范与僧格去引导和影响。这是因为史家故意夸大两方面，以形成强烈对比吗？

另一个与此类似的例子值得注意。梁代山阴云门山寺释智顺，"疾甚，不食多日，一时中竟，忽索斋饮。弟子昙和以顺绝谷日久，密以半合米杂煮以进顺，顺咽而还吐，索水洒漱。语和云：'汝永出云门，不得还住。'其执节清苦皆此类。临终之日，房内颇闻异香，亦有见天盖者。遗命露骸空地，以施虫鸟，门人不忍行之，乃窆于寺侧"②。此处智顺临终前拒绝饮米汁与慧远颇似，而智顺坚守戒律并对有意犯戒之弟子予以摒出山门的重罚，与慧远门下的"大德耆年"形成鲜明对比。

其次，戒律在当时执行的情况的确富有中国特色。《名僧传抄》有一关于犯酒戒之例。

> 弟子僧瑶遇酒小过，（觉世）戒之曰："纵情殆惰，醉酒饱食，此皆罚（伐）性之斧也。婆寒不为，况复息心。若能依律恳忏，特恕一反，若其不尔，便宜远去。"于是门徒肃然，莫不战慄（慄），四辈崇仰，远人慕义。③

"僧瑶遇酒小过"，应是说因饮酒而犯小过，因为饮酒之犯戒，本非小

---

① 佛图澄时已知"酒不踰齿，过中不食"。另外，某些戒律观念并不一定要等到戒律的文本翻译出来才为僧人所知，而很可能通过僧人的辗转口述早已为僧人所遵从流行。

② 释慧皎撰，汤用彤校注《高僧传》，北京：中华书局，1992，第335~336页。

③ 释宝唱撰，释宗性抄《名僧传抄》，《卍续藏经》第134册，台北：新文丰出版公司，1976，第17页。

过，故小过不可能指饮酒本身。"依律恳忏"是严格依戒律行事，"特恕一反"则是律外施恩，有些中国特色了。"若其不尔，便宜远去"，有异曲同工之妙，看似严厉，实则富有弹性。

在慧远同门法遇一次处罚过僧的例子中，亦有类似情形。《高僧传》记：

> 时一僧饮酒，废夕烧香，（法）遇止罚而不遣。安公遥闻之，以竹筒盛一荆子，手自缄封，题以寄遇。遇开封见杖，即曰："此由饮酒僧也，我训领不勤，远贻忧赐。"即命维那鸣椎集众，以杖筒置香橙上，行香毕，遇乃起，出众前，向筒致敬。于是伏地，命维那行杖三下，内杖筒中，垂泪自责。时境内道俗莫不叹息，因之励业者甚众。既而与慧远书曰："吾人微暗短，不能率众，和上虽隔在异域，犹远垂忧念，吾罪深矣。"①

法遇在荆州处理饮酒僧事件，"止罚而不遣"，已有自立僧制之意，但此制却违背了其师道安之制。道安在襄阳曾条制佛法宪章，其中有"行香定座上经上讲之法"，行香是极重要的佛事活动。"废夕烧香"，一定有相应的惩罚措施，法遇"止罚而不遣"，则说明按规应遣出寺门，而法遇给予了较轻的惩罚。不过，玩其语意，"一僧饮酒，废夕烧香"，其罪似不在饮酒，而在废夕烧香。比照僧瑶遇酒小过，似乎亦是如此，本来饮酒是导致失误的原因，但这里处罚的重点却在饮酒引起的后果，于是，饮酒本不应接受惩罚，而其受到处罚倒是因了饮酒的后果了。这大概也是只有在中国才有的事情。两件事情合起来看，我们更能明了，有中国特色的僧制之形成具有强大的力量，在中国，僧制大于戒律。所以，笔者以为，考察庐山僧团包括中国僧团中有关戒律的实践时，应从中国化的僧制中得到说明。

笔者这么说，是否有欠厚道和公道呢？其实，戒律之实行过程中，早已形成两派。一派如阿难，他曾于第一次结集完毕后云，佛曾告诉他，大

---

① 释慧皎撰，汤用彤校注《高僧传》，北京：中华书局，1992，第 201 页。"题以寄遇"，原无"题"，据《大正藏》本及《名僧传抄》补。

众可以舍弃"小小戒",主张制戒应"因时制宜,因地制宜";另一派则如迦叶所云:"佛所不制,不应妄制,若已制,不得有违。"自古高僧皆重戒律,中土亦然,因为佛灭度后,当"以戒为师"。道安云:"戒,立行之本,百行之始,犹树之有根。"① 慧持亦告诫弟子:"戒如平地,众善由生,汝行住坐卧,宜其谨哉!"② 然若谨依戒律原文,几无人能做到。近代以来,佛法陵迟,弘一大师以持戒闻名,而自认不够满分五戒优婆塞之资格。圣严法师有《戒律学纲要》一书,颇得赞誉,而他本人及该书序作者竺摩法师皆感叹不够资格来谈戒律。可见,若以原始戒律而言,真个无人敢谈,无人够资格来谈。圣严法师将戒律在中国实行的困难归于中国佛教丛林清规之取代古印度羯磨法,而丛林清规即中国僧制。可见,从僧制的角度来说明中国僧团的戒律实践是符合中国佛教的历史实际的。③

---

① 释僧祐撰,苏晋仁、萧炼子点校《出三藏记集》,北京:中华书局,1995,第 333 页。
② 释慧皎撰,汤用彤校注《高僧传》,北京:中华书局,1992,第 231 页。
③ 《五分律》曾载佛言:"虽是我所制,而于余方不以为清净者,皆不应用;虽非我所制,而于余方必应行者,皆不得不行。"(《大正藏》第 22 册,第 153 页)所以圣严法师亦主张在不违背律制的原则下,随方应用。但他又云,这是"弘扬戒律的一大暗礁"。可见既要遵守律制原则,又要灵活圆融,是非常困难的一件事情。参见其《戒律学纲要》一书第一章、第二章,北京:宗教文化出版社,2006。

第六章　慧远僧团之教育

　　汉传佛教教育有三种主要模式：晋代以来的译场讲学模式，宋代始盛的丛林熏修模式，近代始兴的专业院校模式。① 国内有关汉传佛教教育的研究主要集中在近代专业院校教育上，而译场教学因与佛经翻译密切相关而依附于佛教文献学研究，丛林熏修研究则主要附于禅宗史研究，所以，古代佛教教育史尚未得到应有的重视和充分研究。

　　因为条件的限制，译场讲学只能是少数寺院的教育，更多的普通寺院则不具备此条件，然则所谓"译场讲学"就不能完整概括早期的佛教教育。此一名称虽能概括早期佛教教育之共性，但对各地佛教教育之特点却重视不够。

　　"译场讲学"，曹仕邦先生称为"讲译同施"，即在译经中讲经，通过翻译经典，斟酌译句，讲解其义，在实践中训练僧才的方式。东晋时期的庐山慧远僧团亦存在"译场讲学"的模式，如当时在庐山译经的僧伽提婆，"其人虽不亲承二贤之音旨，而讽味三藏之遗言，志在分德，诲人不倦，每至讲论，嗟咏有余"。僧伽提婆为一代译匠，其译经时边译边讲，正是典型的译场讲学。不过，庐山慧远僧团在译场教学之外，自觉地探索多种教育方式，在教育内容上以四科佛典教育为主，辅以儒道世典，具有一定的普适性，在教学方式上采用唱导为主的教学方法、各随所习的教育原则、七年之期的教学年限，则颇具特色。

---

① 王雷泉：《走出中国佛教教育困境》，《法音》2001 年第 10 期。

第一节　佛典教育：庐山四科

庐山慧远僧团以师徒模式开展教育，根据佛法精神施教，其根本目的在求得解脱，这些求得解脱的方法便成为僧团修习实践的内容。慧远僧团在修习实践这些内容的过程中，形成了有特色的庐山四科。

一　慧远僧团四科之名

《慧持传》称："庐山徒属，莫匪英秀，往返三千，皆以持为称首。"此三千虽是概称，但似有所指。孔子一门，弟子众多，亦常曰三千之数，所以"往返三千"当有比附孔门之意。所谓往返者，即来此问学也。

孔门弟子所学，历来认为有四科，《论语·八佾》曰："为力不同科，古之道也。"此四科有两种说法：一是《论语·述而》所载："子以四教：文、行、忠、信。"二是《论语·先进》所记："德行：颜渊、闵子骞、冉伯牛、仲弓；言语：宰我、子贡；政事：冉有、季路；文学：子游、子夏。"第二种说法将"孔门四科"分为德行、言语、政事、文学四科，较占优势。司马迁《史记·仲尼弟子列传》中，对孔门四科有进一步的解释："孔子曰：'受业身通者七十有七人'，皆异能之士也。德行：颜渊，闵子骞，冉伯牛，仲弓。政事：冉有，季路。言语：宰我，子贡。文学：子游，子夏。师也辟，参也鲁，柴也愚，由也喭，回也屡空。赐不受命而货殖焉，亿则屡中。"

庐山徒属，往返三千，其学有所成者，亦有数科。慧远《与桓太尉（玄）论料简沙门书》：

> 经教所开，凡有三科：一者禅思入微，二者讽味遗典，三者兴建福业。三科诚异，皆以律行为本。[1]

以慧远之说，佛教经典所教导大家的有三种途径：禅思入微、讽味遗

---

[1]　释僧祐：《弘明集》，《大正藏》第52册，石家庄：河北省佛教协会影印，2005，第85页。

典、兴建福业。禅思入微显然是指修习禅法，讽味遗典则指钻研经典，兴建福业则指造寺修塔，而这三种皆要以秉持戒律为本，合在一起恰为四科。

《名僧传》曾分僧人为七科：法师、律师、禅师、神力、苦节、导师、经师。《高僧传》加以变化，分为八科：译经、义解、神异、习禅、明律、亡身、诵经、兴福、经师、唱导。后世《唐高僧传》《新修科分六学僧传》等皆以此为基础而略有变化。所谓禅思入微，即相当于《名僧传》之禅师，《高僧传》之习禅；所谓讽味遗典，相当于《名僧传》之法师，《高僧传》之义解；所谓兴建福业，相当于《名僧传》苦节中之造经像、造塔寺，《高僧传》之兴福；而律行则相当于《名僧传》之律师，《高僧传》之明律。

《高僧传·道祖传》末曾对慧远弟子进行过总结："又有法幽、道恒、道授等百有余人，或义解深明，或匡拯众事，或戒行清高，或禅思深入，并名振当时，传业于今。"① 所谓义解深明、戒行清高、禅思深入容易理解，正可与慧远所列讽味遗典、律行、禅思入微相吻合，唯匡拯众事较难理解，或当与兴福有关，此详下文。因为慧皎所议，乃特就慧远弟子群特征进行的总结，具有较强的针对性。所以，此处笔者比拟孔门四科，依慧皎之说将庐山僧人所学亦列四科：义解、匡拯、戒行、禅思。慧远等人日常或即以此四科教导众僧，而往来庐山者，"各随所习，日有其新"②。

二　四科修习之概况

所谓义解者，以学习研究佛经，宣扬佛理为主。"滞教者谓至道极于篇章，存形者谓法身定于丈六，故须穷达幽旨，妙得言外，四辩庄严，为人广说，示教利喜，其在法师乎！"③ 庐山弟子有传者大多被慧皎归于"义解"一门，可见庐山僧伽教育的核心在义解。

当时庐山流行的佛经主要有大乘般若经典和小乘禅学经典，慧远等人当时对大小乘的认识是兼容并包的。这些佛经主要包括《法华经》《阿毗

---

① 释慧皎撰，汤用彤校注《高僧传》，北京：中华书局，1992，第 238～239 页。
② 释慧皎撰，汤用彤校注《高僧传》，北京：中华书局，1992，第 238 页。
③ 释慧皎撰，汤用彤校注《高僧传》，北京：中华书局，1992，第 343 页。

昙心》等经典。

《法华经》，全称《妙法莲华经》，是佛陀释迦牟尼晚年所说教法，为大乘佛教初期经典之一，被后世教众誉为"经中之王"。此经起源甚早，成立年代约纪元前后，最晚不迟于公元 1 世纪，并次第结集、增编而成。龙树《中论》《大智度论》已见引用本经文义。西晋竺法护初译此经，后秦鸠摩罗什所译较为流行。慧远很重视此经典，曾多次讲解。慧义法师入庐山，欲与慧远辩论，正"值远讲《法华》，每欲难问，辄心悸汗流，竟不敢语"①。慧持亦精通此经，所以，"豫章太守范宁，请讲《法华》"②。慧远的弟子竺道生则著有《法华经疏》二卷。

另一流行之大乘经典为《大智度论》。《大智度论》简称《智度论》《智论》《大论》，亦称《摩诃般若释论》《大智度经论》《大慧度经集要》《摩诃般若波罗蜜经释论》，龙树为论释《大品般若经》所撰，大乘佛教中观派重要论著，鸠摩罗什译。此经本千余卷，罗什因秦人之好简，乃裁而略之，译成百卷。道安—慧远一系本重视般若学经典，道安在襄阳"每岁常再讲《放光般若》，未尝废阙"③。六家七宗之般若学说，道安是重要一家。慧远浸染其中，对此亦是卓有研究。法汰在荆州组织众僧驳斥道恒心无义，慧远在那场辩论中起了决定性作用。当鸠摩罗什译好《大智度论》后，姚兴专门邀请慧远撰序。慧远亦对此书情有独钟，"简繁理秽，以详其中，令质文有体，义无所越。辄依经立本，系以《问论》，正其位分，使类各有属"④，将《大智度论》别撰以为集要，节成二十卷本。

庐山所讲小乘经典主要有毗昙学经典《阿毗昙心》等，为提婆在庐山所重译。经过提婆重译之后的《阿毗昙心》，首先在庐山得到深入研究。提婆翻译《阿毗昙心》时，在座的僧人就有竺僧根、支僧纯等八十人，阵容十分强大。《名僧传抄·说处》记有"庐山慧远习有宗事"⑤，这里所说

---

① 释慧皎撰，汤用彤校注《高僧传》，北京：中华书局，1992，第 215 页。
② 释慧皎撰，汤用彤校注《高僧传》，北京：中华书局，1992，第 229 页。
③ 释慧皎撰，汤用彤校注《高僧传》，北京：中华书局，1992，第 181 页。
④ 释僧祐撰，苏晋仁、萧炼子点校《出三藏记集》，北京：中华书局，1995，第 391 页。
⑤ 释宝唱撰，释宗性抄《名僧传抄》，《卍续藏经》第 134 册，台北：新文丰出版公司，1976，第 29 页。

有宗，即一切有部之学，当然包括《阿毘昙心》。慧持曾被豫章太守范宁请去讲毘昙经，当即《阿毘昙心》。当时在庐山的道生亦深研此经，释慧琳称他："自杨徂秦，登庐蹑霍，罗什大乘之趣，提婆小道之要，咸畅斯旨，究举其奥。"①

其他庐山常讲的经典尚有《无量寿经》《维摩经》等。② 同义解盛行相适应，庐山产生了中国第一部断代佛教经录。道祖、道流等人在庐山学习时，利用庐山佛经丰富的有利条件，编写了《魏世录目》《吴世录目》《晋世杂录》《河西录目》，又合称《众经录》。此外尚有佚名《庐山录》，见于隋费长房《历代三宝记》卷十五，道祖《汉录》，见于《历代三宝记》卷二、卷四，少为人知，此详见后文。

匡拯一门，其详未知。按，"匡拯"一词，其意易解，即匡助拯救之意。此词似流行于东晋南朝时期，如《晋书·武帝纪》："粤在魏室，仍世多故，几于颠坠，实赖有晋匡拯之德，用获保厥肆祀，弘济于艰难，此则晋之有大造于魏也。"《南齐书·高帝纪下》："水德既微，仍世多故，实赖道成匡拯之功，以弘济于厥艰。"僧人之"匡拯"，似在匡救民众，兼有济时匡世之意。

但慧皎所谓匡拯众事或与兴福及苦节有紧密联系，因为此众事既有俗众之事，亦当有僧众之事，而僧众之事以兴建福业为最要。造经像，修塔寺不似义解、律行、习禅，一有愿望，立刻可作，且多半是一人之事，而造像修寺需要耗费资产，需要众多人的参与。一个僧人，身无长物，要做好兴福之事，非苦节不可，非有"匡拯"之大精神不可。《高僧传》记释法献：

> 释法献，姓徐，西海延水人。先随舅至梁州，乃出家，至元嘉十六年，方下京师，止定林上寺。博通经律，志业强捍，善能匡拯众许，修葺寺宇。③

---

① 释慧琳：《龙光寺竺道生法师诔》，释道宣：《广弘明集》，《大正藏》第52册，石家庄：河北省佛教协会影印，2005，第265页。
② 释慧皎撰，汤用彤校注《高僧传》，北京：中华书局，1992，第234页、238页。
③ 释慧皎撰，汤用彤校注《高僧传》，北京：中华书局，1992，第488页。

这位释法献不仅善能匡拯，又有修葺寺宇的功德。又竺法旷：

> 时东土多遇疫疾，旷既少习慈悲，兼善神咒，遂游行村里，拯救危急。乃出邑止昌原寺，百姓疾者多祈之致效。有见鬼者，言旷之行住，常有鬼神数十卫其前后。时沙门竺道邻，造无量寿像，旷乃率其有缘，起立大殿。①

这位竺法旷亦是能够拯救危急之僧，并有造大殿之福业。就庐山僧人而言，法安伏虎一事似可与此比拟。《高僧传》记载：

> 晋义熙中，新阳县虎灾。县有大社树下筑神庙，左右居民以百数，遭虎死者夕有一两。安尝游其县，暮逗此村。民以畏虎，早闭间，安径之树下，通夜坐禅。向晓闻虎负人而至，投之树北，见安如喜如惊，跳伏安前。安为说法授戒，虎踞地不动，有顷而去。旦，村人追虎至树下，见安大惊，谓是神人。遂传之一县，士庶宗奉，虎灾由此而息。②

戒行一门，侧重戒律。"戒、定、慧"三学，由戒生定，由定生慧。佛法初传中国，属"送来"之学，故经、律、论三藏不均，以律部最为缺乏，所谓"初经流东表，多有未备，禅法无闻，律藏残阙"③。当昙柯迦罗初到中国，发现"于时魏境虽有佛法，而道风讹替，亦有众僧未禀归戒，正以剪落殊俗耳"④。当时僧人仅是形式上做到了与俗人不同，而不知有戒律在。道安以为"先人所传，相乘谓是，至澄和上多所正焉"，他年轻时，"昔在邺，少习其事，未及检戒，遂遇世乱，每以怏怏不尽于此"⑤。因为戒律不全，所以道安乃根据时势，制作《僧尼轨范》《佛法宪章》，成为当

---

① 释慧皎撰，汤用彤校注《高僧传》，北京：中华书局，1992，205～206 页。
② 释慧皎撰，汤用彤校注《高僧传》，北京：中华书局，1992，第 235 页。
③ 释慧皎撰，汤用彤校注《高僧传》，北京：中华书局，1992，第 216 页。
④ 释慧皎撰，汤用彤校注《高僧传》，北京：中华书局，1992，第 13 页。
⑤ 释僧祐撰，苏晋仁、萧炼子点校：《出三藏记集》，北京：中华书局，1995，第 412 页。

时众多僧团遵从的规范，有力地弥补了东土律藏不足的缺憾。后道安回至长安时，遇见西域僧人昙摩侍，其人"于律特善"，道安乃让昙摩侍口授，竺佛念书其梵文，道贤为译，慧常笔受，成《比丘大戒》。

由于道安的影响，此一系皆重视戒行修持。法遇在江陵长沙寺，有一僧饮酒犯戒，法遇罚而不遣，为道安所知。道安乃以竹筒盛一荆条，亲自缄封寄给法遇。法遇开封见到荆条，明白是师傅道安责怪自己未按律法约束众僧，乃集合众僧，命维那用荆条杖打自己三下，以示惩罚。

庐山僧人，例重戒行，在慧远之前，竺僧舒就保存有《比丘戒》一部，竺昙无兰曾携此经到扬州。① 弗若多罗诵出《十诵》梵本，鸠摩罗什译为汉言，未果而多罗弃世。昙摩流支亦善此律，后至秦地，慧远遣弟子昙邕致书请译余分，《十诵》完本方得流传汉地。

慧远大师病笃临终，"大德耆年，皆稽颡请饮豉酒，不许。又请饮米汁，不许。又请以蜜和水为浆，乃命律师令披卷寻文，得饮与不。卷未半而终"②。由此可见，戒行高于生命。

慧持临终遗命，亦叮嘱弟子："经言：戒如平地，众善由生。汝行住坐卧，宜其谨哉。"③ 慧永一生"厉行精苦"，遇疾病重，"专谨戒律，执志愈勤"④。其他僧人如释慧安"以专戒见称"⑤，释法安"善戒行"⑥，等等。

慧远大师约束弟子，亦以谨严为先。弟子中或有堕者，慧远即加以规诫："桑榆之光，理无远照，但愿朝阳之晖，与时并明耳！"⑦ 执经登坐，讽诵朗畅，词色甚苦。高足之徒，皆肃然增敬。这大概即是弟子们认为慧远"神韵严肃，容止方棱，凡预瞻睹，莫不心形战栗"⑧ 的原因吧。

慧远弟子僧彻文采斐然，颇有名士风度，善为长啸，"尝至山南攀松而啸，于是清风远集，众鸟和鸣。超然有胜气"。及问慧远："律制管弦，

① 释僧祐撰，苏晋仁、萧炼子点校：《出三藏记集》，北京：中华书局，1995，第 415 页。
② 释慧皎撰，汤用彤校注《高僧传》，北京：中华书局，1992，第 221 页。
③ 释慧皎撰，汤用彤校注《高僧传》，北京：中华书局，1992，第 231 页。
④ 释慧皎撰，汤用彤校注《高僧传》，北京：中华书局，1992，第 233 页。
⑤ 释慧皎撰，汤用彤校注《高僧传》，北京：中华书局，1992，第 274 页。
⑥ 释慧皎撰，汤用彤校注《高僧传》，北京：中华书局，1992，第 235 页。
⑦ 刘义庆撰，刘孝标注，余嘉锡笺疏《世说新语笺疏》，北京：中华书局，1983，第 573 页。
⑧ 释慧皎撰，汤用彤校注《高僧传》，北京：中华书局，1992，第 215 页。

戒绝歌舞。一吟一啸，可得为乎？"慧远曰："以散乱言之，皆为违法。"①

至于禅思，实是庐山僧人重要科目。禅法是小乘佛学的重要内容，但大乘亦有，只是不如小乘精细和复杂。庐山僧团许多僧人都深通禅法，东林寺初建，即于寺内别置禅林，慧永西林寺外亦设一茅室，用作禅思之所。慧远弟子中亦有多人善于禅法。如昙邕与弟子昙果"澄思禅门"②，法安"善戒行，讲说众经，兼习禅业"，常"通夜坐禅"③。

禅法有多种，大概可分为大乘禅和小乘禅。小乘禅中影响较大的是"四静虑""四无量""四无色定"十二门禅法和安般禅法，道安曾对《安般守意经》进行过注释。通过修行小乘禅，可以使自己注意力集中，让浮躁杂乱的心安静下来，从而控制自己的思想运转，从而获得诸种神通。大乘禅法主要是修行"般舟三昧"。般舟三昧意译"佛现前定"，是通过专心念佛，从而佛的形象现于面前的一种禅定。

庐山的禅法，有自己的特色，能将大小乘禅法融合在一起。从慧远等人师承道安以及东林寺、西林寺均有独立的禅房，法安通夜坐禅等情况来看，庐山僧人修习的禅法主要是小乘禅法。其修习方法虽不得其详，但应以"安般守意"为主。不过，庐山僧人与襄阳时期道安僧团不一样，信仰弥陀净土，从而注重观想念佛之禅门，这是一个特别之处。庐山信仰弥陀净土也好，襄阳信仰弥勒净土也好，在"建斋立誓"这个方法上是有继承关系的，是相同的。但在观想念佛方面，庐山是独特的。"独一处止，念西方阿弥陀佛今现在。随所闻当念，去此千万亿佛刹，其国名须摩提。一心念之，一日一夜，若七日七夜，过七日已后见之。"④ 僧济病笃，慧远曾传授观想念佛之禅法。

> 后停山少时，忽感笃疾，于是要诚西国，想像弥陀。远遗济一烛曰："汝可以建心安养，竟诸漏刻。"济执烛凭机，停想无乱。又请众

---

① 释慧皎撰，汤用彤校注《高僧传》，北京：中华书局，1992，第277页。
② 释慧皎撰，汤用彤校注《高僧传》，北京：中华书局，1992，第237页。
③ 释慧皎撰，汤用彤校注《高僧传》，北京：中华书局，1992，第235页。
④ 支娄迦谶译《佛说般舟三昧经》，《大正藏》第13册，石家庄：河北省佛教协会影印，2005，第899页。

僧夜集，为转《无量寿经》。至五更中，济以烛授同学，令于僧中行之，于是暂卧。因梦见自秉一烛，乘虚而行，睹无量寿佛，接置于掌，遍至十方，不觉欻然而觉。具为侍疾者说之，且悲且慰，自省四大，了无疾苦。至于明夕，忽索履起立，目逆虚空，如有所见。须臾还卧，颜色更悦。因谓傍人云："吾其去矣。"于是转身右胁，言气俱尽。①

　　这段话详细说明了庐山僧团观想念佛和弥陀净土信仰结合的方法。"要诚西国，想像弥陀"，这和佛经中所说差不多，但慧远似有所增益。其一，慧远授僧济一支蜡烛，这个蜡烛显然是个道具，可以帮助僧济集中注意力，更易进入禅定三昧状态，僧济很快"停想无乱"。执蜡烛之法，可以是自己单独手执，亦可于众僧中行之。此一蜡烛在夜空中发出光芒，似乎还有代表阿弥陀佛的含义，因为阿弥陀佛亦称无量光佛，他的光芒可以穿透一切，让信仰者感到温暖。其二，慧远请众僧诵读《无量寿经》，帮助僧济一起进入三昧。这大概是后世助念的滥觞。后刘遗民临终，亦有"出定已，请僧读经，愿速舍命"②的情况。

第二节　世典教育：儒道九流

　　慧远僧团既以佛门四科为主要学习内容，亦对世典教育颇加留意，这是一个重要特色。

　　世典，亦称外典，是佛教界对佛教世俗经典书籍的称呼。《维摩诘经·方便品》："虽明世典，常乐佛法。"③《高僧传》："世典有功，未善佛理。……外典佛经，递互讲说。"④

　　佛教是外来宗教，欲扎根于中土，必须在保持其宗教本位之基础上，

---

① 释慧皎撰，汤用彤校注《高僧传》，北京：中华书局，1992，第234~235页。
② 释道宣：《广弘明集》，《大正藏》第52册，石家庄：河北省佛教协会影印，2005，第304页。
③ 鸠摩罗什译《维摩诘所说经》，《大正藏》第14册，石家庄：河北省佛教协会影印，2005，第539页。
④ 释慧皎撰，汤用彤校注《高僧传》，北京：中华书局，1992，第152~153页。

吸收、适应中土民族之文化。是故，佛图澄"虽未读此土儒史，而与诸学士论辩疑滞，皆暗若符契"①，是其成功要素之一。东晋名士与名僧之间能有林下之契，亦源于名僧立足于佛理，而有应于玄学。学习俗世经典有利于僧人适应社会，弘传佛法。

在道安僧团中，对世典的态度是复杂的。一方面，世典是理解、翻译佛经的基础。僧人理解佛经时，总是以其原有知识系统为背景和参考的，在翻译佛经时，为了方便世人理解或一时无恰当新词汇时，亦会利用旧有知识系统中的词汇，此之谓格义，为跨文化交往中之自然现象。《竺法雅传》载："时依门徒，并世典有功，未善佛理。雅乃与康法朗等，以经中事数，拟配外书，为生解之例，谓之格义。及毗浮、昙相等，亦辩格义，以训门徒。"② 这就是说，竺法雅以"格义"之手段，作为教育门徒之方式。

《竺法雅传》又言："（竺法雅）与道安、法汰每披释凑疑，共尽经要。"③ 所以，道安对格义之事，有相当了解。后来，道安对格义有深刻反省。在飞龙山与法汰、僧先、道护等人研习佛理，披文属思，新悟尤多。显然，这些新悟与以往格义所得有一定差距，所以道安说："先旧格义，于理多违。"④ 道安因此在他的僧团里禁止阅读外典。

《慧远传》称："（慧远）年二十四，便就讲说。尝有客听讲，难实相义，往复移时，弥增疑昧。远乃引《庄子》义为连类，于是惑者晓然，是后安公特听慧远不废俗书。"⑤ "特听慧远不废俗书"，是说道安僧团内禁止俗书，唯特许慧远"不废俗书"。但从实际情况来看，道安僧团内执行此一制度的情况值得怀疑，或者他有所修正，因为"格义"虽无法准确理解佛经的本质和原始精神，但对理解佛经仍有帮助，尤其对初学者来说。《昙徽传》称："（昙徽）年十二，投道安出家，安尚其神采，且令读书，二三年中，学兼经史，十六方许剃发。于是专务佛理，镜测幽疑，未及立

① 释慧皎撰，汤用彤校注《高僧传》，北京：中华书局，1992，第345页。
② 释慧皎撰，汤用彤校注《高僧传》，北京：中华书局，1992，第152～153页。
③ 释慧皎撰，汤用彤校注《高僧传》，北京：中华书局，1992，第152页。
④ 释慧皎撰，汤用彤校注《高僧传》，北京：中华书局，1992，第195页。
⑤ 释慧皎撰，汤用彤校注《高僧传》，北京：中华书局，1992，第212页。

年，便能讲说。"① 昙徽少小出家，道安乃让他读书，所读内容，"学兼经史"，显然世典占了较大比重，因为十六之后方"专务佛理"。不过，道安可能是采用了变通的方法，即让昙徽不剃发，即以俗人之身先学习俗典，再剃发为僧而专务佛理，从而坚持着僧团内部不许读俗书的制度。不管怎样，道安虽反对格义，但亦认识到俗书世典对僧人，尤其是初学者的重要意义。

安公自小进入寺院劳动，基本未受过俗世教育，而慧远少为诸生，博综六经，尤善庄老，可谓外典学养深厚，所以，他在理解佛经和讲解佛经时都自然地将外典与内典相互比附。当他听到道安讲解《般若经》时，即言："儒道九流，皆糠秕耳。"② 他在讲解佛经时，想到用庄老去比附，自不为怪。慧远深湛的世典素养受到不少亲佛居士的佩服，专门来庐山问学。"远内通佛理，外善群书，夫预学徒，莫不依拟。时远讲《丧服经》，雷次宗、宗炳等，并执卷承旨。"③《经典释文》则云："周续之与雷次宗同受慧远法师《诗义》。"④

前来听慧远讲解《丧服经》和《诗经》的这些"学徒"，自然包括僧俗二众。虽然，世典教育不可能纳入庐山僧团四科教育中，但无疑是庐山僧人学习的重要内容之一。如果说，庐山四科是必修课的话，则世典教育即是选修课。

僧彻年十六方入庐山从慧远而学，"以问道之暇，亦厝怀篇牍，至若一赋一咏，辄落笔成章"⑤。问道之余，诗赋之道成为庐山僧人的课外生活和娱乐活动。今存慧远《游庐山诗》及与庐山诸道人和诗可为证明。

> 崇岩吐气清，幽岫栖神迹。
> 希声奏群籁，响出山溜滴。
> 有客独冥游，径然忘所适。

---

① 释慧皎撰，汤用彤校注《高僧传》，北京：中华书局，1992，第202页。
② 释慧皎撰，汤用彤校注《高僧传》，北京：中华书局，1992，第211页。
③ 释慧皎撰，汤用彤校注《高僧传》，北京：中华书局，1992，第221页。
④ 陆德明撰，黄焯汇校《经典释文汇校》卷五，北京：中华书局，2006，第119页。
⑤ 释慧皎撰，汤用彤校注《高僧传》，北京：中华书局，1992，第277页。

挥手抚云门，灵关安足辟？

流心叩玄扃，感至理弗隔。

孰是腾九霄，不奋冲天翮。

妙同趣自均，一悟超三益。①

　　明人杨慎评此诗："此诗世罕传，《弘明集》亦不载，独见于庐山古石刻耳。一作《东林寺志》。'孰是腾九霄'与陶靖节'孰是都不营'之句同调，真晋人语也。杜子美诗：'得似庐山路，真随慧远游。'正用此事，字亦不虚。千家注杜，乃不知引此。"②

　　又有《游石门诗》：

超兴非有本，理感兴自生。

忽闻石门游，奇唱发幽情。

褰裳思云驾，望崖想曾城。

驰步乘长岩，不觉质自轻。

矫首登灵阙，眇若凌太清。

端坐运虚轮，转彼玄中经。

神仙同物化，未若两俱冥。③

　　此诗作者不可确考，顾祖禹《读史方舆纪要》以为是慧远所作，吴宗慈编《庐山志》、项智源编《庐山慧远法师文钞》皆承袭此说。无论怎样，此诗为当时僧团中人所作则无疑。慧远与诸道人游石门而作诗，可见当时庐山僧团的文学风采了，这显然是他们平时学习世典的成绩。④

　　所以，我们发现庐山僧人在世典学习方面的政策较襄阳道安僧团期间

---

① 逯钦立：《先秦汉魏晋南北朝诗》，北京：中华书局，1983，第1085页。

② 杨慎：《升庵诗话》，丁福保：《历代诗话续编》，北京：中华书局，1983，第884页。郭子章《豫章诗话》亦评此诗，但晚于杨慎，吴宗慈《庐山志》知郭而不知杨。

③ 逯钦立：《先秦汉魏晋南北朝诗》，中华书局，1983，第1086页。

④ 参考曹虹《慧远及其庐山教团文学论》，《文学遗产》2001年第6期，又见氏著《慧远评传》。

更为宽松。慧远高徒僧济，"晋太元中来入庐山，从远公受学，大小诸经及世典书数，皆游炼心抱，贯其深要"①。

庐山僧人甚至有一般俗人亦难精通的技艺。"远有弟子慧要，亦解经律，而尤长巧思。山中无刻漏，乃于泉水中立十二叶芙蓉，因流波转，以定十二时，晷景无差焉。亦尝作木鸢，飞数百步。"② 这些技艺即使是民间能工巧匠，亦难治致。

第三节　慧远僧团之教育方式

庐山僧团教育之内容大致如上述，而其教育方式此处亦作一初步探讨。中国历史上曾经存在"译场讲学""丛林熏修""专业院校"三类教育模式，此三种模式中"译场讲学"盛行于唐及唐前，"丛林熏修"盛行于禅宗寺院，"专业院校"则是近代产物。③ 在庐山历史上，亦存在"译场讲学"的模式，如僧伽提婆：

> 其人虽不亲承二贤之音旨，而讽味三藏之遗言，志在分德，诲人不倦，每至讲论，嗟咏有余。④

僧伽提婆为一代译匠，其译经时边译边讲，正是典型的译场讲学。但应该指出，所谓译场讲学尚不能完整概括早期的佛教教育。如道安，在襄阳期间，每岁再讲《放光经》，实际即是教导僧徒的方式。这种讲经、说法的形式是佛教最基本的活动，亦是最基本的教育方法。道安所制三例僧规中，第一例即是"行香定座上经上讲之法"，这种方法传到慧远，特发展出"唱导"之法。此外，慧远僧团还发展出"各随所习"的教育原则和七年之期的学习年限。慧远僧团僧伽教育的这些现象是约定，还是俗成，尚难定论，但它是学界以前尚未留意的。

---

① 释慧皎撰，汤用彤校注《高僧传》，北京：中华书局，1992，第 234 页。
② 释慧皎撰，汤用彤校注《高僧传》，北京：中华书局，1992，第 238 页。
③ 王雷泉：《走出中国佛教教育困境刍议》，《法音》2001 年第 10 期。
④ 释僧祐撰，苏晋仁、萧炼子点校《出三藏记集》，北京：中华书局，1995，第 380 页。

一　教育方法：唱导与自学相结合

当时虽没有正规与专门的僧学，但自觉的僧人之教育已经发生。师徒似的僧人教育一开始就存在，庐山僧人之自觉教育表现在唱导方法的开创。

唱导本指就有关经典而讲演，即就经文而讲，故又称讲经、讲说、唱说、说法、讲导、宣讲、宣唱。唱导一词，见于《法华经》卷五《从地涌出品》："是四菩萨，于其众中，最为上首唱导之师。"① 慧远是中土唱导的奠立者。《高僧传》说：

> 唱导者，盖以宣唱法理，开导众心也。昔佛法初传，于时齐集，止宣唱佛名，依文致礼。至中宵疲极，事资启悟，乃别请宿德，升座说法，或杂序因缘，或傍引譬喻。其后庐山释慧远，道业贞华，风才秀发，每至斋集，辄自升高座，躬为导首，先明三世因果，却辩一斋大意。后代传受，遂成永则。②

这即是说，东土唱导起源于僧人夜间讲法，其内容"或杂序因缘，或傍引譬喻"，其后慧远以其罕见的才华和人格魅力将这一方式发扬广大，并形成了一定的程序："先明三世因果，却辩一斋大意。"

此类唱导需要较高的才能，即声、辩、才、博。

> 非声则无以警众，非辩则无以适时，非才则言无可采，非博则语无依据。至若响韵钟鼓，则四众惊心，声之为用也。辞吐俊发，适会无差，辩之为用也；绮制雕华，文彩横逸，才之为用也；商榷经论，采撮书史，博之为用也。③

---

① 鸠摩罗什译《妙法莲华经》，《大正藏》第 9 册，石家庄：河北省佛教协会影印，2005，第 40 页。
② 释慧皎撰，汤用彤校注《高僧传》，北京：中华书局，1992，第 521 页。
③ 释慧皎撰，汤用彤校注《高僧传》，北京：中华书局，1992，第 521 页。

慧远实兼此四长。慧远所作《阿毘昙心序》论《阿毘昙心》之偈颂："其颂声也，拟象天乐，若云钥自发，仪形群品，触物有寄。若乃一吟一咏，状鸟步兽行也；一弄一引，类乎物情也。情与类迁，则声随九变而成歌；气与数合，则音协律吕而俱作。拊之金石，则石兽率舞；奏之管弦，则人神同感。斯乃穷音声之妙会，极自然之众趣，不可胜言者矣。"① 此段论述表明慧远对讲经之发声有深入之研究和体会。至于慧远之辩才，早在江陵辩心无之义时，已名满天下。慧远之才，观其所作文章已可略知，慧远之博，在少年时已是"博综六经"。不过，有此四才，还需因人适时地加以变化。

> 如为出家五众，则须切语无常，苦陈忏悔。若为君王长者，则须兼引俗典，绮综成辞。若为悠悠凡庶，则须指事造形，直谈闻见。若为山民野处，则须近局言辞，陈斥罪目。凡此变态，与事而兴。可谓知时知众，又能善说。虽然故以恳切感人，倾诚动物，此其上也。②

后世唱导已大大不同慧远所倡导之"唱导"。慧远之唱导，为门下僧徒讲法所设，主要是一种教育方法，后世唱导，已由"出家五众"而延伸至"君王长者""悠悠凡庶""山民野处"，主要成为弘法工具，所以有学者认为唱导乃是后世"俗讲""变文""话本"之滥觞。这大概是慧远徒属将之传播开来的缘故。

慧远之唱导事迹，在《高僧传》中不见记载，而《世说新语》中有。

> 远公在庐山中，虽老，讲论不辍。弟子中或有堕者，远公曰："桑榆之光，理无远照，但愿朝阳之晖，与时并明耳！"执经登坐，讽诵朗畅，词色甚苦。高足之徒，皆肃然增敬。③

---

① 释僧祐撰，苏晋仁、萧炼子点校《出三藏记集》，北京：中华书局，1995，第378页。
② 释慧皎撰，汤用彤校注《高僧传》，北京：中华书局，1992，第521页。
③ 刘义庆撰，刘孝标注，余嘉锡笺疏《世说新语笺疏》，北京：中华书局，1983，第572～573页。

这便是慧远利用唱导方式教育弟子的一个场面。庐山僧团的唱导和讲经活动，非常普遍，既有硕学高僧，亦有初出茅庐之僧。通过讲论，既传授知识，又辨析疑难，检验所学。以下略举几例。

慧持。"豫章太守范宁，请讲《法华》、《毗昙》，于是四方云聚，千里遥集。"①

僧济。"年始过立，便出邑开讲，历当元匠，远每谓曰：'共吾弘佛法者，尔其人乎？'"②

僧彻。"至年二十四，远令讲《小品》，时辈未之许，及登座，词旨明晰，听者无以折其锋。远谓之曰：'向者勍敌，并无遗力，汝城隍严固，攻者丧师。反轸能尔，良为未易。'"③ 由此可见，庐山的讲论还有辩论的色彩，一人讲论，其他人加以辩驳，则与支遁、许询等人讲论方式类似。

二 教育原则：各随所习

庐山僧人之教育颇有孔门风采，孔门讲究"因材施教"，庐山徒众亦是"各随所习，日有其新"④。

以《高僧传》所记庐山僧人为例，他们大多集中载于卷六"义解"一门，这说明庐山僧众以义解为特色。庐山由于慧远的主持，继承道安一系的优良传统，重视对佛经的收集、整理、宣扬。庐山曾派遣法净、法领等人到西域取经，宝云亦从庐山出发至西域，庐山还特意邀请西域高僧僧伽提婆、佛驮跋陀罗等人至山宣译佛经。传称："葱外妙典，关中胜说，所以来兹土者，远之力也。"⑤ 在此背景下，来山求学之僧，大多亦是为深研佛理而来，并涌现出一批义学高僧。

道生少时即"聪哲若神"，后随法汰出家，对佛经表现出超强的理解力，"研味句义，即自开解"。道生十五岁时即能登座讲法，早于慧远九年，早于僧彻九年，早于僧济十五年。"虽宿望学僧，当世名士，皆虑挫

---

① 释慧皎撰，汤用彤校注《高僧传》，北京：中华书局，1992，第229页。
② 释慧皎撰，汤用彤校注《高僧传》，北京：中华书局，1992，第234页。
③ 释慧皎撰，汤用彤校注《高僧传》，北京：中华书局，1992，第277页。
④ 释慧皎撰，汤用彤校注《高僧传》，北京：中华书局，1992，第238页。
⑤ 释慧皎撰，汤用彤校注《高僧传》，北京：中华书局，1992，第218页。

词穷，莫敢酬抗。"在这样的背景下，道生来到庐山继续深造。道生以为"入道之要，慧解为本"，他在庐山"钻仰群经，斟酌杂论"①，学习刻苦。道生后又往长安学习，曾著《二谛论》《佛性当有论》《法身无色论》《佛无净土论》《应有缘论》等。与道生一起在庐山学习的慧睿、慧严等人皆是如此，在庐山以义解学习为主。其他如僧济"大小诸经及世典书数，皆游炼心抱，贯其深要"②，亦是以义解为主。

台寺道祖，与同学僧迁、道流至山，清悟日新，共同撰有《众经录》，是继道安经录后当时佛经翻译整理的又一重要成果。道祖学成之后，曾在京师瓦官寺讲说佛经，桓玄每往观听。

因为实行"各随所习"的教育方针，庐山僧人亦各有所成。法安"善戒行，讲说众经，兼习禅业"。昙邕善于酬对，慧要经解之外，工于制作。亦正因为实行了"各随所习"的教育方针，庐山僧人才能在这种自由的学习氛围中各展风流。当道生晚年主一阐提皆有佛性之说，为京师学僧不容时，是庐山容纳了他。道生在庐山升于法座，讲解《大本涅槃经》，观听之众，莫不悟悦。

三　学习年限：七年之期

庐山不仅吸引了大批僧人前来求学，而且很可能已经形成了较为固定的教学制度。陆澄撰《法论》里载有慧远所撰《外寺僧节度序》③，此"外寺僧节度"想即为了适应当时庐山外来僧人众多而因时制定的制度。这些外来寺僧来庐山，绝大多数是为了求学观化而来，故视为学僧节度亦非不可。只是这些节度的内容已无法得知，今笔者从主要学僧的事迹里初步爬梳出一二线索，略陈如下，供读者参考指正。

庐山虽然风景优美，离寻阳城亦不远，但在一千多年前的东晋，条件仍是艰苦的。这一点我们可从虞羲所撰《庐山香炉峰寺景法师行状》略窥一二，直到南朝萧齐之时，庐山僧众的生活条件依然是艰苦的。不仅虎豹

---

① 释慧皎撰，汤用彤校注《高僧传》，北京：中华书局，1992，第255页。
② 释慧皎撰，汤用彤校注《高僧传》，北京：中华书局，1992，第234页。
③ 释僧祐撰，苏晋仁、萧炼子点校《出三藏记集》，北京：中华书局，1995，第437页。

成群，而且瘴气频发，令人头痛身热，兼之缺乏禾黍之资，这样的条件不可谓不艰苦。我们当可理解为什么庐山常住僧众一直保持在百余，原因即在于此，庐山无法保证过多人口的生活需要。

为了调节山上寺中僧人数量，保证大众的正常生活，庐山可能对僧人求学的年限做了一定的限制，而这个年限可能是七年。此一臆测是否有理，还待求证。

我们先看较早到达庐山求学的僧人宝云。宝云是目前所知东林寺修建后第一位来庐山求学的僧人。《高僧传》将宝云列于译经一科，所记基本因袭《出三藏记集》，无甚变化。但两书皆不言宝云与庐山之关系，唯言宝云随佛驮跋陀罗修习禅业，佛驮跋陀罗遭秦僧所摈，"云亦奔散，会庐山释慧远解其摈事，共归扬州，安止道场寺"①，语甚含混。幸而《名僧传抄》为我们保存了可贵的史料，其文不长，具录如下：

> 河北人也，志局简正，师友称之。太元十四年，入庐山，时年十八矣。值造波若台，通债少僧贞石筑土。云投一石，石相击，误中一犊子死，惭恨惆怅，弥历年所。隆安元年，乃辞入西域，誓欲眼都（睹）神迹，躬行忏悔。遂游于阗及天竺诸国，与智严、法显发轸，是同游造各异，于陀历国见金薄弥勒成佛像，整高八丈。云于像下，算（毕）诚启忏。五十日，夜见神光照烛皎然如曙，观者盈路。彼诸宿德沙门并云灵辉数见（云云）。②

宝云太元十四年（389）入庐山，慧远等人建东林寺是在太元九年（384），所以，宝云来庐山恰值建造般若台，年少僧人均参加劳动。传中并明言，宝云于隆安元年（397），辞入西域。原因是他在庐山劳动时误杀一只牛犊，惭恨惆怅，弥历年所，遂欲亲睹神迹，躬行忏悔。《出三藏记集》及《高僧传》虽未言宝云在庐山，但亦记下宝云远行西域的时间，其

---

① 释僧祐撰，苏晋仁、萧炼子点校《出三藏记集》，北京：中华书局，1995，第578页。《高僧传》同。

② 释宝唱撰，释宗性抄《名僧传抄》，《卍续藏经》第134册，台北：新文丰出版公司，1976，第25~26页。校勘记谓"都"疑为"睹"，"算"，疑为"毕"。

文云"以晋隆安之初，远适西域，与法显、智严先后相随"①。如果把隆安元年作为宝云离开庐山的时间，计算上宝云从庐山到凉州一带准备进入西域这一段时间，则《出三藏记集》及《高僧传》所记"隆安之初"亦为合理。从太元十四年至隆安元年，宝云在庐山时间正好是七年时间。

再看道生。《出三藏记集》载：道生"初住龙光寺，下帷专业。隆安中，移入庐山精舍，幽栖七年，以求其志"②。《高僧传》亦谓："初入庐山，幽栖七年，以求其志。"③ 由此记述，我们可以明确断定，道生在庐山求学时间恰为七年。至于与他同进止的慧睿、慧严、慧观等人，虽无明文可证，但揆之以理，与道生相同的可能性还是比较大的。

另有道祖传中材料亦可为证。道祖为吴地台寺支法济弟子，其传谓："后与同志僧迁、道流等，共入庐山七年，并山中受戒，各随所习，日有其新。"④ 此亦明言，道祖在庐山求学七年。

当然，我们亦可找出一些僧人，他们在庐山学习的年限超过七年，但笔者注意到这些僧人多是在慧远去世后才离开庐山的。换言之，他们虽在庐山学习，而实际上不是游学僧，而是本山僧，固不受七年之限。如僧彻，年十六入庐山，至二十四时开讲《小品》，亦是刚好学习了七到八年的样子。慧远逝后，僧彻到了江陵。⑤

又如道汪，幼随叔寓居建康，年十三投庐山从慧远出家，研味禅律，停山十余载。后往梁州，化行巴蜀。⑥ 道汪在《高僧传》与僧彻同卷而列僧彻之后，其住庐山十余载而离当在慧远往生之后。

宝云、道生等人在庐山修学七年到底是巧合还是确有僧规，似不必定论，但这些僧人在庐山学习七年左右却是事实。

"译场教学"需要较高的条件，非一般寺院所能具备。尤其译经之人

---

① 释僧祐撰，苏晋仁、萧炼子点校《出三藏记集》，北京：中华书局，1995，第578页。《高僧传》同。
② 释僧祐撰，苏晋仁、萧炼子点校《出三藏记集》，北京：中华书局，1995，第571页。
③ 释慧皎撰，汤用彤校注《高僧传》，北京：中华书局，1992，第255页。
④ 释慧皎撰，汤用彤校注《高僧传》，北京：中华书局，1992，第238页。
⑤ 释慧皎撰，汤用彤校注《高僧传》，北京：中华书局，1992，第277~278页。
⑥ 释宝唱撰，释宗性抄《名僧传抄》，《卍续藏经》第134册，台北：新文丰出版公司，1976，第22页。

需要深谙梵汉语言，即使像道安、慧远这样的义学高僧也只能充当组织者，所以早期一般是由异域僧人如鸠摩罗什、僧伽提婆、佛陀跋陀罗等人承担，后来亦有如玄奘、义净这样的留学僧承担。那么，在缺乏译场条件的寺院里，如何开展僧伽教育呢？这就促使早期佛教自觉地探索多种教育方式。慧远庐山僧团开创的庐山四科内容从佛教教义而来，具有一定的普适性，其对世典教育的重视对汉僧教育也很有启发。至于庐山僧团采用的唱导教学方法、各随所习的教育原则、七年之期的教学年限则更多地表现了自己的特色。这说明，慧远教团在发展过程中一方面坚持僧人本位，另一方面并未脱离本土文化土壤，并有意吸收本土文化中的有益元素。这一点与长安鸠摩罗什教团颇有异趣，两者恰代表了中国佛教发展的两个方向。总之，慧远主导的庐山僧团形成的教学方式在当时恰好与异域高僧鸠摩罗什主导的北方长安僧团"译场讲学"模式形成互补，而且更适合于广大汉地僧团，因而理应得到更多的重视。

第七章　慧远教团之佛经传译

般若，又作波若，意指智慧。当佛教初传，约有两系，一为小乘禅数之学，一即大乘般若之学。因为般若学与当时流行的玄学有相通之处，而致整个东晋南朝，般若学发展繁荣，有六家七宗之多，般若乃成佛教义理之代名词。当时南北多有般若台之设，以为讲经之所。姚兴中宫即有波若台之设，支遁曾作《般若台众僧集议节度序》，则其时不仅有般若台，且有在般若台集议的制度。

同时，佛教义学不外乎讲经，而讲经离不开对佛经的翻译、整理，翻经的过程亦即讲经的过程。所以，许多般若台同时又是翻经之所，姚兴为鸠摩罗什设立的专门译经场所即逍遥园，其中即有"澄玄堂"，显然是专门讲经之用。庐山东林寺亦建有般若台，它也是一处兼具翻经与讲经功能的场所。由于慧远教团的影响，庐山般若台虽然翻经不多，却主要以翻经之功流传史籍。是以僧祐《出三藏记集》乃云："提、什举其宏纲，安、远振其奥领，渭滨务逍遥之集，庐岳结般若之台，像法得人，于斯为盛。"① 僧祐将庐山般若台与长安逍遥园并列，是对慧远教团佛典传译巨大贡献的肯定。

第一节　庐山僧人之西行求法

佛教自汉末传入以来，其发展有两端：一是僧人数量不断增大，尤其

---

① 　释僧祐撰，苏晋仁、萧炼子点校《出三藏记集》，北京：中华书局，1995，第 1 页。

进入东晋时期，北方少数民族鼓励佛教发展，南方名士玄学与名僧般若学结合，僧人数量激增，僧团动辄百人，甚至千人。二是大量的佛经源源不断地被介绍进来，不断地被翻译成汉文，有的经典甚至一再翻译。中国僧人对佛经极其重视，以致《高僧传》以"译经""义解"为首，"义解"即讲经，译经僧和义解僧占据了可传僧人的一大半。中国僧人这种重视佛经的传统使中国不仅有佛教，亦产生了佛学。这是中国人和中国文化的特质和骄傲。

但自汉末至东晋，佛经的传入基本靠外来僧人，或由他们口述，或由他们随身携来梵本，之后主要由他们翻译，汉僧笔录。这极大地限制了传入佛经的结构和内容，即外僧带来什么，外僧擅长或喜好什么，当时就翻译什么，汉僧也就知道什么。这是一种典型的"送来"佛教。所以，造成佛经翻译不完整或者意义模糊，此种情况在《高僧传》中一再被提起。维祇难与竺律炎在武昌，当地人请他们翻译佛经，"难既未善国语，乃共其伴律炎译为汉文。炎亦未善汉言，颇有不尽"①。《鸠摩罗什传》中总结说："自大法东被，始于汉明，涉历魏晋，经论渐多，而支竺所出，多滞文格义。"② 《道安传》中称："初经出已久，而旧译时谬，致使深藏隐没不通。"③ "送来"佛教已经严重影响了佛教在中国的发展。朱士行在洛阳讲《道行经》，发现该经文句简略，意义未周，未能尽善，于是誓志捐身，于曹魏甘露五年（260），远赴西域，求取大本《般若经》，拉开了汉地僧人求法的大幕，也使汉地佛教发展迎来了"拿来"时代。

一　西行求法运动

汉地僧人西行求法，求取佛经是其大宗，但不全为求经。其动机约略分为三种：一为目睹圣迹，求取福报；二为游化西域，博事名师；三即广寻经诰，或邀请高僧来华。朱士行之后，汉地兴起一股西行求法运动，无数高僧历尽艰辛，或跋涉流沙，或扬帆渡海，至西域印度求法，其有名者

---

① 释慧皎撰，汤用彤校注《高僧传》，北京：中华书局，1992，第22页。
② 释慧皎撰，汤用彤校注《高僧传》，北京：中华书局，1992，第52页。
③ 释慧皎撰，汤用彤校注《高僧传》，北京：中华书局，1992，第179页。

如下。

竺昙摩罗刹，汉名竺法护，月氏人之后而世居敦煌，时当晋武之世，"寺庙图像，虽崇京邑，而方等深经，蕴在葱外"①，法护乃随师至西域，游历诸国，获《贤劫经》《正法华经》《光赞般若经》等。传见《出三藏记集》卷十三、《高僧传》卷一。

于法兰，性好山泉，多处岩壑，求法问道，必在众先。居剡县，叹曰："大法虽兴，经道多阙，若一闻圆教，夕死可也。"②乃远适西域，至交州病倒，终于象林，时当晋穆帝之世。传见《高僧传》卷四。

法显，三岁度为沙弥，及受大戒，"常慨经律舛阙，誓志寻求"③，于晋隆安三年（399），与同学慧景、道整、慧应、慧嵬等人从长安出发，历三十余国，十余年，获《摩诃僧祇律》《杂阿毗昙心》等。传见《出三藏记集》卷十五、《高僧传》卷三。

智猛，"每见外国道人说释迦遗迹，又闻方等众经布在西域，常慨然有感"④，乃于秦弘始六年（404），招结同志沙门十五人，发自长安，远适西域，至宋元嘉十四年（437）方返回蜀地，获《僧祇律》《大般涅槃经》。传见《出三藏记集》卷十五、《高僧传》卷三。

其他尚有多人，此次西行求法高潮一直延续到南朝刘宋时代⑤，而庐山僧人在此运动中之表现亦有可观者，今略述如下。

二　法净法领之行

道安曾"游方问道，备访经律"⑥，在襄阳时，亦曾有意收集当时所见佛经，并撰集经录。慧远在庐山，亦感"经流江东，多有未备，禅法无

① 释僧祐撰，苏晋仁、萧炼子点校《出三藏记集》，北京：中华书局，1995，第518页。《高僧传》同。
② 释慧皎撰，汤用彤校注《高僧传》，北京：中华书局，1992，第166页。
③ 释慧皎撰，汤用彤校注《高僧传》，北京：中华书局，1992，第87页。
④ 释僧祐撰，苏晋仁、萧炼子点校《出三藏记集》，北京：中华书局，1995，第579页。《高僧传》略同。
⑤ 参见汤用彤《汉魏两晋南北朝佛教史》之"西行求法之运动"，武汉大学出版社，2008，第255~257页；梁启超《佛学研究十八篇》之《中国印度之交通》（又名《千五百年前之中国留学生》），上海：上海古籍出版社，2001，第113~148页。
⑥ 释慧皎撰，汤用彤校注《高僧传》，北京：中华书局，1992，第178页。

闻，律藏残阙"，乃命弟子法净、法领远赴西域，求取众经。

关于法净、法领西行之事，传记简略。《出三藏记集》只记"法净"一人之名，《高僧传》则记"法净""法领"二人之名，其经过两书所记差异不大，谓："远寻众经，逾越沙雪，旷载方还，皆获胡本，得以传译。"① 具体时间、地点皆不详。

但《四分律序》却透露了法领等人西行的重要信息。

> 自大教东流，几五百载。虽蒙余晖，然律经未备。先进明哲，多以戒学为心。然方殊音隔，文义未融，推步圣踪，难以致尽，所以快快终身，西望叹息。暨至壬辰之年，有晋国沙门支法领，感边土之乖圣，慨正化之未夷，乃亡身以俎险，庶弘道于无闻，西越流沙，远期天竺。路经于阗，会遇昙无德部，体大乘三藏沙门佛陀耶舍，才体博闻，明炼经律。三藏方等，皆讽诵通利。即于其国，广集诸经于精舍还。以岁在戊申，始达秦国。②

此序作者已不可确考，但应为当时人无疑。此序明确记载支法领于壬辰之年西越流沙，并于戊申之年回抵秦国，壬辰之年为东晋孝武帝太元十七年（392），戊申为后秦弘始十年（408）。又可知他们曾至于阗，并于其国广集众经而还。则法领等人虽期天竺而未至，但其在西域前后十六年，亦有重大收获。

法领等人到达长安，不仅带回众多经典，且请来西域高僧四位，可谓空前之功。当时在长安的僧肇适逢其会，他曾写信给庐山刘遗民，盛赞法领等人的功绩。

> 秦王道性自然，天机迈俗，城堑三宝，弘道是务，由使异典胜僧，方远而至，灵鹫之风，萃于兹土。领公远举，千载之津梁也。于

---

① 释僧祐撰，苏晋仁、萧炼子点校《出三藏记集》，北京：中华书局，1995，第568页。
② 佚名：《四分律序》，佛陀耶舍、竺佛念等译《四分律》，《大正藏》第22册，石家庄：河北省佛教协会影印，2005，第567页。

西域还，得方等新经二百余部，请大乘禅师一人，三藏法师一人，毗婆沙法师二人。什法师于大寺出新至诸经，法藏渊旷，日有异闻。禅师于宫寺教习禅道，门徒数百，夙夜匪懈，邕邕萧萧，致自欣乐。三藏法师于中寺出律藏，本末精悉，若睹初制。毗婆沙法师于石羊寺出《舍利弗阿毗昙》胡本，虽未及译，时问中事，发言新奇。①

僧肇充分肯定了法领等人西域之行的两大功劳：请得佛经二百余部，请得法师四人，给长安佛学界带来了巨大变化，所以僧肇高度赞扬这次行动为"千载之津梁"！其中大乘禅师或指佛驮跋陀罗，三藏法师指佛陀耶舍，毗婆沙法师指昙摩耶舍与昙摩崛多。秦主姚兴对于法领和众多西域高僧及佛经的到来非常高兴，即于其年，请佛陀耶舍口诵《四分律》，竺佛念译，道含笔受，而法领弟子慧辩校定。《四分律序》记载说：

秦主姚欣然，以为深奥冥珍嘉瑞，而谓大法渊深，济必由戒，神众所传，不可有阙，即以其年重请出律藏。时集持律沙门三百余人，于长安中寺出。即以领弟子慧辩为译校定。陶炼反覆，务存无朴，本末精悉，若睹初制。②

法领等人所携之二百多部经典中尚有一部重要佛经，即《华严经》，此经后经佛驮跋陀罗译出。晋译《华严经》经后记云："华严经梵本凡十万偈。昔道人支法领，从于阗国得此三万六千偈，以晋义熙十四年，岁次鹑火，三月十日，于扬州司空谢石所立道场寺，请天竺禅师佛度跋陀罗，手执梵文，译梵为晋，沙门释法业亲从笔受。"③ 此《华严经》为中土最早之译本，可惜法领等人的事迹已不可得其详，元代文才法师撰《肇论新

① 释僧肇：《致刘遗民书》，《肇论》，《大正藏》第45册，石家庄：河北省佛教协会影印，2005，第155页。《出三藏记集》、《高僧传》僧肇传亦有引用，文字不全。
② 佚名：《四分律序》，佛陀耶舍、竺佛念等译《四分律》，《大正藏》第22册，石家庄：河北省佛教协会影印，2005，第567页。
③ 释僧祐撰，苏晋仁、萧炼子点校《出三藏记集》，北京：中华书局，1995，第326页。《出三藏记集》及《高僧传》之《佛驮跋陀罗传》亦记此事。

疏》时亦曾感叹："领公者，支法领也。据《远公传》，似远公弟子，亦远公使之令去西域，《华严》梵本等皆此师寻至，恨无正传。"①

法净、法领之外，庐山宝云、慧睿等皆有西域之行，俱在各传。

三　关于法净

以上有关《四分律》《华严经》之材料皆记法领而不及法净，而《高僧传》记"法净、法领"二人，以法净居前，《出三藏记集》则仅载"法净"之名，则法净当是西行重要人物，而今仅见法领东还长安，何故？

后起之材料《净土往生传》《东林十八高贤传》《净土圣贤录》曾有一则有关法净之材料，且录如下：

> （慧远）师居山三十年，迹不入俗，唯以净土克勤于念。初十一年澄心系想，三睹圣相，沉厚不言。后十九年七月晦夕，于般若台之东龛，方从定起，见阿弥陀佛。……师语法净、慧宝曰："吾始居此，十一年中三见佛相。今复见之，吾生净土必矣。"②

此录自《东林十八高贤传》，又称《莲社高贤传》等名，出《佛祖统纪》，为志磐修订，其谓源出陈舜俞《庐山记》，而陈氏《庐山记》本无此情节。大概因北宋戒珠之《净土往生传》而增。《净土往生传》云：

> 按《远别传》，远于净土之修，克勤于念，初憩庐山十一年，澄心系想，三睹胜相，而远沉厚，终亦不言。后十九年七月晦夕，远于般若台之东龛，方由定起，见弥陀佛。……乃与其徒法净、慧宝等具言所见。③

---

① 释文才：《肇论新疏》，《大正藏》第 45 册，石家庄：河北省佛教协会影印，2005，第 223 页。

② 佚名：《东林十八高贤传》，《卍续藏经》第 78 册，台北：新文丰出版公司，1976，第 115 页。

③ 释戒珠：《净土往生传》，《大正藏》第 51 册，石家庄：河北省佛教协会影印，2005，第 110 页。清彭希涑所撰《净土圣贤录》亦有此情节，自是辗转而来。

则戒珠之说，又据《远别传》。《远别传》今不传，然则系后起之传说无疑，其所传闻是否有据，实难断定。慧宝之名亦见于《高僧传》，确为慧远弟子。而法净为当时西行之重要人物，其事迹竟然不传，真正可惜。《出三藏记集》与《高僧传》记载法净、法领之事，除了名字增减之外，仅有个别表达不同，并无实质语意的差别。

> 远大存教本，愤慨道缺，乃命弟子法净等远寻众经，逾越沙雪，旷载方还，皆获胡本，得以传译。[1]
> 远慨其道缺，乃令弟子法净、法领等远寻众经，逾越沙雪，旷岁方反，皆获梵本，得以传译。[2]

如果不是笔者过于敏感，那么两书中间的差别值得注意的是《高僧传》较《出三藏记集》多出了法领这一人名，这说明法净的地位可能比法领重要，而两书中间相同的地方值得注意的则是一个"皆"字。此一"皆"字似乎暗示我们慧远的这些弟子虽然是一起出发，但归程却不一致，而"皆"获胡本。亦即是说，法净可能归程并未和法领一起，亦未至长安，这大概就是僧肇等人只提法领而不及法净的原因。亦有可能根本就是两批或者更多，所以才造成记载差异。

法净、法领等人西去寻求佛经，早于著名的法显西行求经八年。稍后五年，庐山僧人宝云亦从此出发西行求经，后来到庐山修行的慧睿亦有西行经历，可见庐山慧远教团对当时佛经传译事业的贡献的确是巨大的。

法净、法领、慧辩等人为已知东林取经僧，但当时还有哪些人参与，他们最后情况怎样？我们已无法知道，这常常让后人生发无限感慨。时隔千余年，我们在东林寺偶然发现了一件文物，或许能够弥补一些我们的遗憾。

据东林寺原文物处主任刘堂鑫先生介绍，2004年夏天的一次雨后，他在东林寺周边勘察，希图有所发现。在后山（灵竹山）的一条溪沟里，湍

---

[1] 释僧祐撰，苏晋仁、萧炼子点校《出三藏记集》，北京：中华书局，1995，第568页。
[2] 释慧皎撰，汤用彤校注《高僧传》，北京：中华书局，1992，第216页。

急的河流中，他发现一块类似古物的石墩冒出水面。刘先生乃用一条绳索一端系住岸边的大树，一端系在腰间，下河探个究竟。后在村民的帮助下，刘先生将石墩抬上岸，经过仔细辨认，确认为六朝古物。这件六朝八方礅，高约 1 米，上下分为三节，底部为方形基座，中间柱体有圆形、方形耳朵，顶部为等边八角形，每一面都雕刻了不同的图案，有蛇形动物，还有两面分别雕刻有两个僧人：其中一僧人穿着夏装，右手拄着一根拐杖；另一位僧人则弯着腰，背着沉重的行囊行走。一些专家认为，礅上雕刻的这两位僧人就是远赴西域求法取经的法领、法净。

第二节　般若台与译经

一　般若台之建

东林寺建于太元九年（384），《出三藏记集》记此寺之建成："远创造精舍，洞尽山美。却负香炉之峰，傍带瀑布之壑，仍石垒基，即松栽构，清泉环阶，白云满室。复于室内别置禅林，森树烟凝，石径苔合。"① 如此幽美的东林寺当然不是一夜之间建成的。

东林寺之修建花费了大量人力、物力，是在江州刺史桓伊的帮助下建成。东林寺有"神运殿"，曾流传着一则传说，从中我们可以看出当时建寺的艰辛。宋陈舜俞《庐山记》记载：

> 初远师之欲徙香谷也，山神告梦曰："此处幽静，足以栖神。"忽于后夜，雷雨震击。明旦视之，惟素沙匝地，兼有楩栅，文梓良木。既作殿，故名神运。②

此传说在九江流传甚广，深受崇信。明崇祯十一年，东林寺重建神运殿，曾立碑为记。碑文中讲到为重修神运殿而运来的木材曾积聚于锁江楼

---

① 释僧祐撰，苏晋仁、萧炼子点校《出三藏记集》，北京：中华书局，1995，第 566 页。《高僧传》略同。
② 陈舜俞：《庐山记》，《大正藏》第 51 册，石家庄：河北省佛教协会影印，2005，第 1028 页。

下，忽为巨浪狂飙所冲，失其所在，越一夕，仍聚一处，足见有验云云。①

神运殿故事或为虚造，其中所反映当时建寺之艰辛却是事实。幸而《名僧传抄》为我们保存了当时建般若台的珍贵资料，自是信史，其文云：

> 太元十四年（宝云）入庐山，时年十八矣。值造波若台，通债少僧贞石筑土。云投一石，石相击，误中一狭子死，惭恨惆怅，弥历年所。②

东林寺初建为太元九年，宝云十四年来庐山时，时值建造般若台，可见东林寺的建设持续了较长时间。而且年轻的僧人皆须参加劳动，筚路蓝缕，足见当时寺院建设之状。

当年的东林寺有两大建筑值得注意，一是禅房，二即般若台。东晋时期的佛教仍以禅数之学和般若之学为两大主流，而从道安整理、注释的经典来看，此一系僧众兼通此二典。这实际上反映了佛教初传时期，中土僧人偏重佛理，而对所谓大乘、小乘之派别之争不甚注意的特点。道安本随佛图澄禅学大师学习，后在濩泽从竺法济等人学习《阴持入经》，在襄阳时期尝注《安般守意经》，可见其对小乘禅数之学的修习一直在坚持。另外，道安对般若类经典亦很重视，襄阳所注经典中有《般若道行经》，其在襄阳十五年，每岁再讲《放光般若经》，未尝废阙。道安一系是当时般若学派中本无的重要派别。

道安学派的这种学风影响庐山慧远甚大，是以庐山僧众对此二典之修习亦甚重视。禅数之学，重在修持实践，所以东林寺、西林寺皆有独立禅房供僧众修行，而般若学属义理之学，般若学的讲明，更多依赖对佛经的分析。慧远建般若台，其意即在收集、整理佛经，继承道安襄阳整理经录，弘传佛法的事业。

二　"一章三复"：庐山教团的译经活动

般若台的建成为收集、整理佛经提供了条件，庐山在佛经整理方面开

---

① 此碑现存。

② 释宝唱撰，释宗性抄《名僧传抄》，《卍续藏经》第 134 册，台北：新文丰出版公司，1976，第 25～26 页。

始迈开大步伐。史称慧远"每逢西域一宾，辄恳恻咨访"①，般若台始建于太元十四年，建成不久就迎来西域高僧僧伽提婆。

僧伽提婆，汉语的意思是"众天"，罽宾国瞿昙氏人。罽宾盛传小乘一切有部学说，史称僧伽提婆"兼通三藏，多所诵持，尤善《阿毘昙心》，洞其纤旨"②，又常诵《三法度论》，昼夜嗟味，把此经作为入道的法门。僧伽提婆在前秦苻坚建元（365～385）中来入长安。当时，道安尚在，外国沙门僧伽跋澄、昙摩难提和中土名僧法和、佛念、慧嵩等都聚集在道安周围，在苻坚秘书郎赵正的帮助下进行着盛大的译经事业。僧伽提婆一到长安，便受到道安的重视，参与了《婆须蜜经》等的翻译，并于建元十九年译出《阿毗昙》（《发智论》）。不久，道安去世，僧伽提婆于是与法和一同到达洛阳。在洛阳，提婆一边研讲前经，一边继续学习汉语。五年后，已经精通汉语的僧伽提婆发现以前所译的《阿毘昙心》等经典多有乖失，法和亦慨叹当年翻译的佛经多有错误，难成定本。于是大家邀请僧伽提婆重新翻译《阿毘昙心》并为大家讲解众经。

不久，姚兴登上后秦帝位，振兴佛法，法事甚盛，于是法和重新入关，而僧伽提婆则选择到南方弘传佛法。东晋太元十六年（391），僧伽提婆到达寻阳。慧远等人听说了这个消息，十分高兴，立即迎接他到山，因为大家都知道僧伽提婆是有部大师，善讲《阿毘昙心》及《三法度论》，而东林寺现存《阿毘昙心》还是道安法师当年和僧伽跋澄、昙摩难提等人译的旧译本，亟须重译。

此时的般若台，刚刚修建完毕。这年冬天，僧伽提婆在东林寺般若台重新翻译了《阿毘昙心》及《三法度论》。此次翻译的《阿毘昙心》成为最好的本子，奠定了《阿毘昙心》在江南流行的基础，不久就传播到了建康。③

庐山翻译经典大致如同其他译场，整个过程有"出"，即由梵僧诵出梵文佛经，有"译"，即由精通汉语之梵僧或精通梵语之汉僧将梵文翻译

---

① 释僧祐撰，苏晋仁、萧炼子点校《出三藏记集》，北京：中华书局，1995，第568页。
② 释僧祐撰，苏晋仁、萧炼子点校《出三藏记集》，北京：中华书局，1995，第524页。
③ 汤用彤先生认为王湣听僧伽提婆讲《阿毘昙心》一半，即能自讲，是因为先前读了从庐山传来的提婆翻译的《阿毘昙心》。参见其著《汉魏两晋南北朝佛教史》，武汉：武汉大学出版社，2008，第239～240页。

成汉语，有"录"，即由一位汉地僧人讲译出经文笔录下来，最后是"定"，由一位或几位学养高僧且具有文采的僧人进行润饰，写成定本。此外，尚有檀越资助译经事业。这种译经方式在东晋时已经比较成熟。《阿毗昙心》经后记记录了庐山当时的译经情况。

> 其年冬于寻阳南山精舍，提婆自执胡经，先诵本文，然后乃译为晋语，比丘道慈笔受。至来年秋，复重与提婆校正，以为定本。时众僧上座竺僧根、支僧纯等八十人。地主江州刺史王凝之，优婆塞西阳太守任固之为檀越，并共劝佐而兴立焉。①

如此大的译经场，参与僧人竟达"八十人"之多！人数虽逊于长安逍遥园，但须知，彼地是长安，是皇帝支持的道场，此则居于山林。两相一比，反倒是庐山译经场更难能可贵！

《阿毗昙心》已数次译过，而这次在庐山翻译仍耗时一年有余，而且当时参与校定之僧竟达八十人，可见庐山译事之谨严。其中如支僧纯当即从龟兹国寻得《比丘尼大戒》之高僧②，而王凝之、任固之皆一方大员，赞助译事。慧远则为《阿毗昙心》及《三法度论》写序，予以推广。

自太元十六年至隆安元年，僧伽提婆在庐山大约住了七年时间，方才离开庐山赴建康传法，后不知所终。僧伽提婆是庐山历史上少有的留下名字的西域高僧之一，对庐山教团的思想影响至巨，但后人所编《十八贤传》却无此人，而把本不相干的佛陀耶舍列入。甚至再后来，好事者又为《十八贤传》续《百二十三人传》，仍无僧伽提婆之名字。这不仅让人感到困惑和为僧伽提婆鸣不平，更让人对历史记述感到恐惧，亦无怪乎汤用彤先生称作《十八高贤传》之人为"妄人"了。③

---

① 释僧祐撰，苏晋仁、萧炼子点校《出三藏记集》，北京：中华书局，1995，第 377～378 页。
② 僧纯曾至龟兹、拘夷国等地，获《比丘尼大戒》，见《出三藏记集》之佚名《比丘尼戒本所出本末序》、释道安《比丘大戒序》、佚名《关中近出尼二种坛文夏坐杂十二事并杂事共卷前中后三记》）。
③ "妄人"之说，见汤用彤《汉魏两晋南北朝佛教史》，武汉：武汉大学出版社，2008，第 248 页。《十八高贤传》最早附于宋陈舜俞《庐山记》卷三，尚只有十八人之传记，到后来释怀悟、释志磐等人便加上《百二十三人传》。

　　在僧伽提婆到庐山的第二年，即太元十七年，庐山派出法净、法领等人远赴西域求取佛经，并于后秦弘始十年、东晋义熙四年年返回长安，带回大批梵本佛经。这些佛经不仅带回庐山，而且传播到长安、建康等地促进了佛教的进一步发展。义熙七年左右，庐山又迎来另一位西域高僧佛驮跋陀罗。

　　佛驮跋陀罗，汉译为觉贤，迦维罗卫人。佛驮跋陀罗本姓释氏，乃甘露饭王的后裔，与释迦同种。祖父达摩提婆，汉译为法天，因为在北天竺经商，便定居在那里。父母早卒，寄养在外祖父家。叔祖鸠婆利闻其聪睿，度为沙弥。佛驮跋陀罗和同学数人，俱以习诵为业，其一日所诵，等于他人一月，深得师父赞赏。佛驮跋陀罗受具戒后，修业精勤，博学群经，多所通达，并以禅律驰名。

　　佛驮跋陀罗常欲游方弘化，备观风俗，恰遇到西域求取佛经的法领、智严等人。佛驮跋陀罗乃与智严等人历沙越海，共至长安，此时约为晋义熙六年，秦弘始十二年（410）。[①] 佛驮跋陀罗所传禅法与鸠摩罗什僧团所习有较大差别，引起一些僧人不满。关中僧䂮、道恒等人乃借佛驮跋陀罗门下僧人犯规之事将其摈出长安。

　　当时随佛驮跋陀罗修习禅法的有慧观、智严等数百人，智严被分散，而慧观等四十余人继续追随佛驮跋陀罗。慧观曾与道生、慧睿、慧严等人在庐山学习过，很可能推荐佛驮跋陀罗前往庐山，而佛驮跋陀罗亦有可能从法领等人那里听说过慧远和庐山。《出三藏记集》则记载："先是庐山释慧远久服其风，乃遣使入关致书祈请。后闻其被斥，乃致书于姚主解其摈事，欲迎出禅法。"[②] 这即是说，慧远早就邀请过佛驮跋陀罗南下，因此，佛驮跋陀罗一行南下首先选择了庐山。因为关中守旧僧人而遭遇不愉快的佛驮跋陀罗，在庐山得到了尊重。佛驮跋陀罗和他的弟子离开长安，顺江而下，南指庐岳。慧远见到佛驮跋陀罗，欣喜若旧。

---

　　① 此据汤用彤之说，忽滑谷快天则云："跋陀罗入长安传为东晋义熙二年（406），《编年通论》卷四、《释氏通鉴》卷三等皆然，未知果正确否？《佛祖统纪》卷三十七裁义熙四年慧远弟子支法领等在于阗遇佛陀跋陀罗，乃要其东还，盖讹传乎？"见忽滑谷快天著，朱谦之译《中国禅学史》，上海：上海古籍出版社，1994，第30页。
　　② 释僧祐撰，苏晋仁、萧炼子点校《出三藏记集》，北京：中华书局，1995，第542页。

佛驮跋陀罗之禅法传自达磨（摩）多罗与佛大先，其人西域之俊，是禅训之正宗。所以慧远请佛驮跋陀罗在庐山译出大量禅经，并为之作《庐山出修行方便禅经统序》，给予高度赞扬。

佛驮跋陀罗在庐山住了一年多，便在义熙八年（412）到达江陵，后应刘裕之请居京师道场寺。佛驮跋陀罗在京师勤于宣译，弘法不止，共译出《华严经》《僧祇律》《观佛三昧海》等经，以元嘉六年（429）卒，春秋七十有一矣。

佛驮跋陀罗是庐山佛教史上第二位著名的西域高僧，他居住庐山的时间虽然不长，但他传译留下的禅法在庐山影响甚巨，后人乃把他作为东林十八贤之一，永远景仰。

除此之外，自隆安五年（401）鸠摩罗什至长安后，庐山般若译经道场即与长安译经道场保持着密切联系。长安译经事业由道安、鸠摩罗什先后主持，甲于当时。慧远从长安得到不少翻译的经典，长安译经亦常请慧远提出意见或作序。后秦弘始七年（405），《大智度论》译讫，姚兴致书慧远，请其作《大智度论序》。慧远以原文文句繁重，非初学所宜，乃简繁理秽，使质文有体，别撰以为辑要，成《大智度论钞》二十卷。

罽宾沙门弗若多罗至长安，曾出《十诵律》梵本，未及完成而弃世，此律之译因之停辍。后昙摩流支来长安，亦善诵此部。慧远闻知，即致函请译《十诵律》，促成了此律的成功翻译，可谓功不可没。僧祐乃评价慧远：“葱外妙典，关中胜说，所以来集兹土者，皆远之力也。”[1]

三　“以裁厥中”：庐山教团的译经理论

庐山在长期的译经实践中，对佛经翻译理论亦有不少探索。

道安早期在飞龙山研习佛经时，曾对译经常用的格义之法提出不同意见，指出：“先旧格义，于理多违。”[2] 在襄阳期间，道安得以有条件注释群经，整理经录，又对佛经翻译提出过不少意见。对安世高所译经典，道

---

[1]　释僧祐撰，苏晋仁、萧炼子点校《出三藏记集》，北京：中华书局，1995，第568页。《高僧传》同。

[2]　释慧皎撰，汤用彤校注《高僧传》，北京：中华书局，1992，第195页。

安指出："世高出经，贵本不饰，天竺古文，文通尚质。"① 在谈到《放光般若》和《光赞般若》两种不同的《般若》译本时，道安指出，《放光般若》为竺叔兰所译，"言少事约，删削复重，事事显炳，焕然易观也"②。而《光赞般若》之译，"言准天竺，事不加饰。悉则悉矣，而辞质胜文也。每至事首，辄多不便，诸反复相明，又不显约也。考其所出，事事周密耳。互相补益，所悟实多"③。由此可知，道安对翻译之事，主张两点：一，忠于原意（而非忠于原文），故反对格义，亦不提倡"贵本不饰""言准天竺，事不加饰"；二，文质相谐，针对天竺文体特点，有针对性地做到"删削重复"。

及至长安，道安接触到各种佛经的机会更多，并组织了许多译经，其译经理论日趋成熟，乃提出"五失本，三不易"之说：

> 译胡为秦，有五失本也。一者胡语尽倒，而使从秦，一失本也。二者胡经尚质，秦人好文，传可众心，非文不合，斯二失本也。三者胡经委悉，至于叹咏，丁宁反复，或三或四，不嫌其烦，而今裁斥，三失本也。四者胡有义说，正似乱辞，寻说向语，文无以异，或千五百，刈而不存，四失本也。五者事已全成，将更傍及，反腾前辞，已乃后说。而悉除此，五失本也。然《般若经》三达之心，覆面所演，圣必因时，时俗有易，而删雅古以适今时，一不易也。愚智天隔，圣人巨阶，乃欲以千岁之上微言，传使合百王之下末俗，二不易也。阿难出经，去佛未久，尊者大迦叶令五百六通迭察迭书。今离千年，而以近意量裁，彼阿罗汉乃兢兢若此，此生死人而平平若此，岂将不知法者勇乎！斯三不易也。④

"五失本，三不易"总结了佛经翻译中的五种违背佛经原意和三种不应改易佛经的情况，是当时译经理论的精华。梁启超评价此理论说："后

---

① 释僧祐撰，苏晋仁、萧炼子点校《出三藏记集》，北京：中华书局，1995，第254页。
② 释僧祐撰，苏晋仁、萧炼子点校《出三藏记集》，北京：中华书局，1995，第265页。
③ 释僧祐撰，苏晋仁、萧炼子点校《出三藏记集》，北京：中华书局，1995，第266页。
④ 释僧祐撰，苏晋仁、萧炼子点校《出三藏记集》，北京：中华书局，1995，第290页。

世谈译学者，咸征引焉。要之翻译文学程式，成为学界一问题，自安公始也。"① 钱锺书则称："吾国翻译术开宗明义，首推此篇。"②

综合来看，道安译经首重忠实原意，宁质无文，所以有五失本、三不易之诫。至慧远译经，已有所折中。《三法度经序》中，慧远曰："自昔汉兴，逮及有晋，道俗名贤，并参怀圣典，其中弘通佛教者，传译甚众。或文过其意，或理胜其辞，以此考彼，殆兼先典。后来贤哲，若能参通晋胡，善译方言，幸复详其大归，以裁厥中焉。"③

"厥中"一词，语出《尚书·大禹谟》："人心惟危，道心惟微，惟精惟一，允执厥中。"慧远借此来表明其译经立场。此一立场绝非简单地折中，而是佛经翻译达到一定水平之后的更高要求，希望译者能"参通晋胡"，从而在文质之间找到恰当的平衡点，真正达到类似儒家中庸的境界。这种观点在《大智论抄序》中复有生动之体现：

> 童寿以此论深广，难卒精究，因方言易省，故约本以为百卷。计所遗落，殆过参倍。而文藻之士犹以为繁，咸累于博，罕既其实。譬大羹不和，虽味非珍；神珠内映，虽实非用。信言不美，固有自来矣。若遂令正典隐于荣华，玄朴亏于小成，则百家竞辨，九流争川，方将幽沦长夜，背日月而昏逝，不亦悲乎！于是静寻所由，以求其本，则知圣人依方设训，文质殊体。若以文应质，则疑者众；以质应文，则悦者寡。是以化行天竺，辞朴而义微，言近而旨远。义微则隐昧无象，旨远则幽绪莫寻，故令玩常训者牵于近习，束名教者惑于未闻。若开易进之路，则阶藉有由；晓渐悟之方，则始涉有津。远于是简繁理秽，以详其中，令质文有体，义无所越。④

在此序中，慧远用大羹之和来比喻文质之间恰当关系。"和"之于

---

① 梁启超：《翻译文学与佛典》，《佛学研究十八篇》，上海：上海古籍出版社，2001，第184页。
② 钱锺书：《管锥编》第4册，北京：中华书局，1986，第1262页。
③ 释僧祐撰，苏晋仁、萧炼子点校《出三藏记集》，北京：中华书局，1995，第380页。
④ 释僧祐撰，苏晋仁、萧炼子点校《出三藏记集》，北京：中华书局，1995，第391页。

"中"，在中国文化里本是相通的概念。综合以上二序所反映的意见，慧远的翻译理论亦可用"中和"二字来代表。有鉴于此，慧远才亲自操刀，对鸠摩罗什所译《大智度论》别撰以为集要，令其"质文有体，义无所越"。亦因为慧远等人的高远追求，一部译过多次的《阿毗昙心》在庐山翻译时，仍然"临文诫惧，一章三复"，在座众僧八十人，历时一年有余，才最后写定。

四　"葱外妙典"：庐山教团的译经成果

庐山所译经典，数量当不少，但留下名字者甚少。主要有僧伽提婆所译《阿毗昙心》《三法度论》和佛驮跋陀罗所译之《达摩多罗禅经》等。佛驮跋陀罗所译禅经当然不止于此，所以慧远为其译经作序，称《庐山出修行方便禅经统序》，既名"统序"，则不止一部矣。这些经典都是非常重要的佛经，对当时佛教界影响至巨。

据释道安《阿毗昙序》，阿毗昙秦言意为"大法"，在六朝时特举一切有部之学而言，盛于罽宾。[1] 佛涅槃后，迦旃延以十二部经浩繁难究，撰其大法为一部，即《八犍度论》，唐译为《发智论》。迨后五百应真，合多家解说为《发智论》作集注，成《大毗婆沙》。天竺所来沙门，莫不祖述《发智论》，而宪章《毗婆沙》。但在提婆之前，中土尚不见此经，所以道安乃请提婆于建元十九年译出《阿毗昙》一部，即《发智论》。昙之书甚多，而六朝人研究最精者为法胜所撰之《阿毗昙心》。《阿毗昙心》是法胜因《大毗婆沙》卷帙浩繁而取其要义撰作而成，共二百五十偈。建元十八年，鸠摩罗跋提曾为译出，但因不熟汉语，将其中偈颂部分隐而未传。而这些偈颂部分，据慧远所说，"其颂声也，拟象天乐，若云钥自发。仪形群品，触物有寄。若乃一吟一咏，状鸟步兽行也；一弄一引，类乎物情也。情与类迁，则声随九变而成歌；气与数合，则音协律吕而俱作。拊之金石，则百兽率舞；奏之管弦，则人神同感。斯乃穷音声之妙会，极自然

---

① 关于古印度毗昙学的情况，可参看印顺《印度佛教思想史》第六章第一节"说一切有部"。

之众趣，不可胜言者矣"①。所以当精通毗昙学的提婆来到庐山，慧远特请他重译。

《高僧传》指出："远请重译《阿毗昙心》及《三法度论》，于是二学乃兴。"② 经过提婆重译之后的《阿毗昙心》，在庐山得到深入研究并在江南广泛传播。隆安元年（397），提婆在庐山度过了愉快的七年生活后，来到建康，继续弘传他的有部学问。卫军东亭侯王珣专门为他建立了精舍，并请他和僧伽罗叉以及当时亦在建康的慧持、道慈等一起翻译《中阿含经》等经典。王珣还特意邀请提婆讲解《阿毗昙心》。王珣的弟弟王珉听到一半，便能自讲，当是因为先已读到庐山传译的《阿毗昙心》的缘故。由于庐山教团的弘扬，《阿毗昙心》迅速风靡江南，以后又盛于北朝。③

佛驮跋陀罗所译禅经名《达摩多罗禅经》，《出三藏记集》等目录记此经说："《禅经修行方便》二卷，一名《庾伽遮罗浮迷》，译言《修行地道》，一名《不净观经》，凡有十七品。"④ 此经十七品前十三品是偈诵，后四品是长行（散文），述说修习禅法的要领：从"方便道"和"胜进道"着手，打开数息、不净二"甘露门"，各道按退、住、升进、决定四个层次反复修练，以达到反迷归真之目的。修行不净观、界分别观、四无量（慈悲喜舍）三昧，分别观察五阴、十二入，体察十二因缘，灭除对人生的执着，从整体上把握佛教要领。

此经非常符合庐山僧人的要求。慧远在庐山期生西方佛陀净土，其修行方式主要是禅观。所以他不仅建立禅室，还图画佛影，塑立佛像，用以修行。在修行中，慧远常常感叹"大教东流，禅数尤寡，三业无统，斯道殆废"⑤。实际上，佛教禅法传入中土自东汉安世高始，当时译有大、小《十二门经》《安般守意经》《大地道经》，后晋竺法护则译有《修行地道经》《身观经》《法观经》，此后，修习禅法之僧人日渐增多。康法朗弟子

① 释僧祐撰，苏晋仁、萧炼子点校《出三藏记集》，北京：中华书局，1995，第378页。
② 释慧皎撰，汤用彤校注《高僧传》，北京：中华书局，1992，第216页。
③ 参看汤用彤《汉魏两晋南北朝佛教史》，武汉：武汉大学出版社，2008，第579~583页。
④ 释僧祐撰，苏晋仁、萧炼子点校《出三藏记集》，北京：中华书局，1995，第55页。汤用彤先生以为《不净观经》乃此经后半部分，见《汉魏两晋南北朝佛教史》，武汉：武汉大学出版社，2008，第209页。
⑤ 释僧祐撰，苏晋仁、萧炼子点校《出三藏记集》，北京：中华书局，1995，第344页。

令韶"特善禅数，每入定，或数日不起"①；竺僧显"或时数日入禅，亦无饥色"②；《高僧传》特设"习禅"篇，用以记载那些以禅业见长的僧人。随着佛教的深入传播，中土僧人开始感到以往介绍的禅法不够系统，希望有新的禅法著作传入。随鸠摩罗什学禅的僧睿曾说："禅法者，向道之初门，泥洹之津径也。此土先出《修行》、《大小十二门》、《大小安般》，虽是其事，既不根悉，又无受法，学者之戒，盖阙如也。"③ 但鸠摩罗什并非禅僧，其译《禅要》一书乃抄缀而成，所以慧远一面肯定鸠摩罗什所传禅法有开创之功，一面批评其禅法支离，所谓"其道未融"。而佛驮跋陀罗的禅法传自达磨（摩）多罗与佛大先，其人西域之俊，是禅训之正宗。所以慧远请佛驮跋陀罗在庐山译出大量禅经，并为之作《庐山出修行方便禅经统序》，给予高度赞扬。

正因为如此，庐山般若台成为当时重要的译经道场，与长安鸠摩罗什主持的逍遥园齐名，释僧祐评价当时译经状况说："自晋氏中兴，三藏弥广，外域胜宾，稠迭以总至。中原慧士，炜晔而秀生。提、什举其宏纲，安、远振其奥领，渭滨务逍遥之集，庐岳结般若之台，像法得人，于斯为盛。"④ 这是对慧远及其领导的般若台译经活动给予的中肯评价。

第三节　庐山经录

庐山经录是庐山教团译经活动的副产品，亦是重要产品。道安慧远一系非常重视经录的整理工作，道安《综理众经目录》为今日可以确定之最早经录。《出三藏记集》卷二云："爰自安公，始述名录，铨品译才，标列岁月。妙典可征，实赖伊人。"⑤ 本传又云："自汉暨晋，经来稍多，而传经之人，名字弗记。后人追寻，莫测年代。安乃总集名目，表其时人，铨

---

① 释慧皎撰，汤用彤校注《高僧传》，北京：中华书局，1992，第154页。
② 释慧皎撰，汤用彤校注《高僧传》，北京：中华书局，1992，第401页。
③ 释僧祐撰，苏晋仁、萧炼子点校《出三藏记集》，北京：中华书局，1995，第342页。
④ 释僧祐撰，苏晋仁、萧炼子点校《出三藏记集》，北京：中华书局，1995，第1页。
⑤ 释僧祐撰，苏晋仁、萧炼子点校《出三藏记集》，北京：中华书局，1995，第22页。

品新旧，撰为经录。众经有据，实由其功。"① 道安在襄阳的整理经录工作显然给予庐山以有益的启示。庐山既有专门的译经道场，又兼慧远等人孜孜以求，所以葱外妙典，关中胜说，咸集于庐山。这为庐山产生新的经录创造了良好条件。

庐山经录见于典籍记载的有以下五部，即佚名《庐山录》和释道祖《魏世录目》《吴世录目》《晋世杂录》《河西录目》（又合称《众经录》），今已全部失佚，但从历代典籍所引，尚可以窥斑见豹。

《庐山录》最早见于隋费长房《历代三宝记》，该书卷十五末记载其所引所见目录，其中有"《庐山录》一卷"，因其"检传记有目，并未尝见，故列之于后"②。

《庐山录》记载的是什么内容？又是何人所作？今已不得而知。梁启超说："《始兴录》、《庐山录》皆以地为名，盖专记一地方所译述者。"③姚名达亦说："《费录》载有《庐山录》一卷，殆即庐山译经之目录欤？"④均不言作者。陈士强猜测"也许就是法净等带回来的梵本佛经的目录"⑤，惟徐建华说："慧远《庐山录》，专记东林寺藏经。"⑥ 不仅明言《庐山录》为慧远所作，而且说它是藏经目录，未知何据？

笔者以为，据理分析，庐山经录当有三种可能：一是庐山译经录，二是庐山藏经录，三是庐山记当时经录。当然这三者亦有可能重叠交叉。《庐山录》属于其中哪一种，在对其内容一无所知时，不妨存疑，惟其与庐山有关系则属无疑。

《庐山录》已不可确考，释道祖《魏世录目》等四录还是留下了较多线索。《道祖传》称："道流撰诸经目未就，祖为成之，今行于世。"⑦

① 释僧祐撰，苏晋仁、萧炼子点校《出三藏记集》，北京：中华书局，1995，第 561～562 页。
② 费长房：《历代三宝记》，《大正藏》第 49 册，石家庄：河北省佛教协会影印，2005，第 127 页。
③ 梁启超：《佛家经录在中国目录学之位置》，《佛学研究十八篇》，上海：上海古籍出版社，2001，第 343 页。
④ 姚名达：《中国目录学史》，上海：上海古籍出版社，2005，第 183 页。
⑤ 陈士强：《大藏经总目提要·文史藏》，上海：上海古籍出版社，2008，第 5 页。
⑥ 徐建华：《中国历代佛教目录类型刍议》，《佛教图书馆馆刊》2002 年第 1 期。
⑦ 释慧皎撰，汤用彤校注《高僧传》，北京：中华书局，1992，第 238 页。

此一行世之目亦为《历代三宝记》所引，《历代三宝记》卷七《东晋录》记慧远著述十四部，沙门释道祖四部。"沙门释道祖，四部，四卷，目录。……《魏世录目》一卷，《吴世录目》一卷，《晋世杂录》一卷，《河西录目》一卷。右四录经目合四卷。庐山东林寺释慧远弟子沙门释道流创撰，未就而流病卒。同学竺道祖因而成之，大行于世。"①

即使是"大行于世"，这四部目录在《历代三宝记》卷末还是被作为"检传记有目，并未尝见，故列之于后"来处理。可见，费长房编辑《历代三宝记》时，这四部目录已经失传了。可喜的是，《历代三宝记》中仍然保存了《魏世录目》等四录的内容，这是费长房从其他经录中辗转保留下来的。

在《历代三宝记》卷五《魏吴录》、卷六《西晋录》、卷七《东晋录》、卷九《北凉录》等卷中，注释中多称"见竺道祖《吴录》""见道祖《晋世杂录》""见道祖《录》"，四录均见称引，共计引道祖经录百余条。从这些记录中正可看出，释道祖的《魏世录目》《吴世录目》《晋世杂录》《河西录目》是以魏（曹魏、元魏）、吴、晋（东晋、西晋）、北凉各代译经为著录对象的断代经录。释道祖《众经录》是中国最早的断代佛教经录。

道祖《众经录》尚有数点值得注意，录此备考。一是《历代三宝记》中除了上述四录外，还记有其《汉录》一书。如卷二兴平元年下注："竺道祖《汉录》云：此年康孟详于洛阳译《四谛经》一卷，与世高出者小异。"② 卷四康孟详译《四谛经》下亦注："见竺道祖《汉录》。"③ 不过，竺道祖《汉录》仅见于此两处，是否与朱士行《汉录》相混不得而知，但亦有可能是竺道祖另编有《汉录》一种。姚名达先生当年已注意到此问题。④

---

① 费长房：《历代三宝记》，《大正藏》第49册，石家庄：河北省佛教协会影印，2005，第69~74页。

② 费长房：《历代三宝记》，《大正藏》第49册，石家庄：河北省佛教协会影印，2005，第34页。

③ 费长房：《历代三宝记》，《大正藏》第49册，石家庄：河北省佛教协会影印，2005，第54页。

④ 姚名达：《中国目录学史》，上海：上海古籍出版社，2005，第183页。

二是依僧传，道祖经录似在庐山完成，而在《历代三宝记》中，发现不少宋代译经，如卷十所录《弥沙塞戒本》一卷及《弥沙塞羯磨》一卷，皆是佛陀什于宋时所译，而注云"见竺道祖录"①。《高僧传》记道祖"晋元熙元年（419）卒，春秋七十二"②，仅比慧远晚三年，则道祖不曾入宋。这是很可疑的。

另外，《释氏要览》和《敕修百丈清规》中都有这样一段话："竺道祖《魏录》云：魏宫人见僧祖一肘，不以为善，乃作偏祖缝于僧祇支上，相从因名偏衫。"③ 不知此《魏录》与上引竺道祖《魏世录目》是何关系？若系同一书，《众经录》既已于隋代失传，则宋元时人又如何得见？或者他们又是从何处抄得此文？若非同一书，则此《魏录》又是什么样的书？文献不足征，暂录此备考。

---

① 费长房：《历代三宝记》，《大正藏》第 49 册，石家庄：河北省佛教协会影印，2005，第 89 页。
② 释慧皎撰，汤用彤校注《高僧传》，北京：中华书局，1992，第 238 页。一本作"七十三"。
③ 释道诚：《释氏要览》，《大正藏》第 54 册，石家庄：河北省佛教协会影印，2005，第 270 页；释德辉：《. 敕修百丈清规》，《大正藏》第 48 册，石家庄：河北省佛教协会影印，2005，第 1159 页。

第八章　慧远教团之福业兴建

　　邰丽华等的"千手观音"舞蹈作品曾经给世人以震撼，此一舞蹈所反映的正是以敦煌为代表的佛教艺术。舞蹈带给我们的震撼不仅源于残疾人的自强，亦源于观音本身，这一舞蹈将佛教的慈悲众生和无上神通表现得淋漓尽致。佛有如此的无上法力，佛有如此的慈悲可亲，他一定能够带领我们穿越一切悲苦和黑暗，到达佛国净土。这就是这一舞蹈能够带给人的强大信念，而古代僧人创造的佛像、塔寺等福业亦正是要达到这样的功用。如同慧远《与桓太尉（玄）论料简沙门书》中所云，经教所开，凡有三科，其中之一即"兴建福业"①。

　　庐山佛教同其他地方佛教一样，亦很重视造像修塔等佛教艺术的运用，并取得了较高的成就。

第一节　庐山造像

一　佛像起源

　　佛教主张"无常""无我"，因而释迦牟尼在世时，反对偶像崇拜。《增一阿含经》载："如来是身不可造作。"佛经里亦有传说，佛在世时已有佛像之制作，亦见于《增一阿含经》。传说优填王有很长一段时间见不到如来，忧愁成患，群臣乃教之作如来形像。优填王即以栴檀作如来形像，高五尺，波斯匿王闻知，亦以紫磨金作五尺如来形像。

---

　　①　释僧祐：《弘明集》，《大正藏》第 52 册，石家庄：河北省佛教协会影印，2005，第 85 页。

较统一的意见仍然认为，佛在世时仍无佛像之制作，但已有菩萨形象。《十诵律》载："尔时给孤独祇居士信心清净，往到佛所，头面作礼，一面坐已，白佛言：'世尊，如佛身像不应作，愿佛听我作菩萨侍像者。''善。'佛言，听作菩萨。"《十诵律》卷五十六又载有须达长者曾求取佛陀之发与爪，以之起塔供养之事。慧皎曾总结佛在世时及涅槃后佛像崇拜之情况：

> 昔忧（优）填初刻栴檀，波斯始铸金质，皆现写真容，工图妙相，故能流光动瑞，避席施虔。爰至发爪两塔，衣影二台，皆是如来在世，已见成轨。自收迹河边，阇维林外，八王请分，还国起塔，及瓶灰二所，于是十刹兴焉。其生处、得道，说法、涅槃，肉髻、顶骨，四牙、双迹，钵杖、唾壶，泥洹僧等，皆树塔勒铭，标揭神异。①

慧皎认为，佛在世时已有形象塔寺之成轨，佛涅槃火化后，其舍利被八个部族所分，起为塔寺。佛陀留下的一切遗迹、遗物亦皆受到崇拜。因为佛不允许造其形像，所以，与佛有关的遗物如法轮、菩提树等便作为佛的象征而受到崇拜。至大乘时期，佛像制作渐趋繁荣，大乘经典里宣扬佛像功德的言论在在皆是。

《法华经》："又诸大圣主，知一切世间，天人群生类，深心之所欲，更以异方便，助显第一义。……若人为佛故，建立诸形像，刻雕成众相，皆已成佛道。或以七宝成，鍮石赤白铜，白镴及铅锡，铁木及与泥，或以胶漆布，严饰作佛像，如是诸人等，皆已成佛道。"②

《华严经》："彼诸如来灭度已，供养舍利无厌足，悉以种种妙庄严，建立难思众塔庙。造立无等最胜形，宝藏净金威庄严，巍巍高大如山王，其数无量百千亿。"③

进入中国较早的经典如《般舟三昧经》有云："常造立佛形象，常教

---

① 释慧皎撰，汤用彤校注《高僧传》，北京：中华书局，1992，第495页。
② 鸠摩罗什译《妙法莲花经》，《大正藏》第9册，石家庄：河北省佛教协会影印，2005，第8页。
③ 实叉难陀译《华严经》，《大正藏》第10册，石家庄：河北省佛教协会影印，2005，第128～129页。

人学是法。"① 此经由支娄迦谶于东汉光和二年（179）译出。

支娄迦谶同年所译《道行般若经》亦云："譬如佛般泥洹后，有人作佛形象，人见佛形象，无不跪拜供养者。其像端正殊好，如佛无有异，人见莫不称叹，莫不持花、香、缯彩供养者。贤者呼佛，神在像中耶？萨陀波伦菩萨报言：不在像中，所以作佛像者，但欲使人得其福耳。"② 此经中有贤者提出佛像与佛的区别问题，《无极宝三昧经》里有进一步的解释："见佛像者为作礼。佛道威神岂在像中？虽不在像中，亦不离于像。"③

此与儒家所提倡"祭如在，祭神如神在"之理论如出一辙。慧皎亦云："夫法身无像，因感故形，感见有参差，故形应有殊别。……是以祭神如神在，则神道交矣；敬佛像如佛身，则法身应矣。"④

"法身"为佛之本体，法身无相，但为众生说法时，又常常以各种形象示人。《大般涅槃经》卷九《菩萨品》："诸佛如来，亦复如是，随诸众生种种音声而为说法。为令安住佛正法故，随所应见而为示现种种形象。"⑤ 所以，佛不在世，佛像亦可代替佛来说法，是以慧皎又云："圣人资灵妙以应物，体冥寂以通神，借微言以津道，托形象以传真。"⑥

慧皎的理论代表了东晋南朝时佛教徒对佛像的认识，他将佛教建造寺塔、铸绘佛像之类活动总结为"福报"。在《高僧传》中，专设"兴福"一科，记诸僧兴造福德之事，"入道必以智慧为本，智慧必以福德为基。譬犹鸟备二翼，倏举千寻，车足两轮，一驰千里。岂不勤哉，岂不勖哉！"⑦

这正是大乘佛教在中国流行较盛的缘故，大乘佛典里宣扬造像功德经典颇多，如《作佛形像经》，以优填王请教佛作佛形像有何等福，而佛告

---

① 支娄迦谶译《般舟三昧经》，《大正藏》第 13 册，石家庄：河北省佛教协会影印，2005，第 900 页。

② 支娄迦谶译《道行般若经》，《大正藏》第 8 册，石家庄：河北省佛教协会影印，2005，第 476 页。

③ 竺法护译《无极宝三昧经》，《大正藏》第 15 册，石家庄：河北省佛教协会影印，2005，第 512 页。

④ 释慧皎撰，汤用彤校注《高僧传》，北京：中华书局，1992，第 496 页。

⑤ 昙无谶译《大般涅槃经》，《大正藏》第 12 册，石家庄：河北省佛教协会影印，2005，第 423 页。

⑥ 释慧皎撰，汤用彤校注《高僧传》，北京：中华书局，1992，第 343 页。

⑦ 释慧皎撰，汤用彤校注《高僧传》，北京：中华书局，1992，第 496 页。

之种种福报。其中如："作佛形像，后世得福无有穷极尽时，不可复称数。四天下江海水尚可斗量枯尽，作佛形像其得福过于四天下江海水十倍，后世所生为人所敬护。"① 其他尚有《造立形像福报经》《大乘造像功德经》等经典专门宣扬造像功德。配合此类经典的流行，各种佛像灵验记亦渐次出现，以证明佛像功德和福报。

佛教传入中国时，正值小乘佛教渐趋衰落，大乘佛教日渐盛行之时。或以为汉武帝攻取匈奴所取之金人即是佛像之一种，此种说法虽然不能确证，但汉明帝感梦而遣使求法，其所梦之神人，固可解释为佛之形像无疑。白马驮经，据说亦有佛像传来，此皆为佛教徒所公认。至于汉末笮融"以铜为人，黄金涂身，衣以锦采"②，康僧会在吴地行教，"营立茅茨，设像行道"③，皆是汉地佛像的明确记载，可见汉地佛像之传入甚早。

二　道安一系造像事实

道安教团已经很注意佛像之运用。道安建檀溪寺时，凉州刺史杨弘忠送铜万斤，拟制作承露盘，道安因露盘已有，乃改作铜像。所成佛像，光相丈六，神好明著，每夕放光，彻照堂殿。道安又请慧远制《晋襄阳丈六金像赞》，其序文略云：

> 乃远契百念慎敬慕之思，追述八王同志之感，魂交寝梦而情悟于中，遂命门人铸而像焉。夫形理虽殊，阶涂有渐，精粗诚异，悟亦有因，是故拟状灵范，启殊津之心，仪形神摸（模），辟百虑之会。使怀远者兆玄根于来叶，存近者邀重劫之厚缘。乃道福兼弘，真迹可践，三原反流，九神同渊。于时四辈悦情，道俗高趣，迹向和应者如林。铸均有虚室之供，而进助者不以纤毫为挫。劝佐有弥劫之勤，操务者不以昏疲告劳，因物任能，不日而成。功自人事，犹天匠焉。④

---

① 《佛说作佛形象经》，《大正藏》第16册，石家庄：河北省佛教协会影印，2005，第788页。
② 陈寿：《三国志》，北京：中华书局，1982，第1185页。
③ 释慧皎撰，汤用彤校注《高僧传》，北京：中华书局，1992，第15页。
④ 释道宣：《广弘明集》，《大正藏》第52册，石家庄：河北省佛教协会影印，2005，第198页。

此像后有灵异，自行至万山。符坚又赠送道安各种佛像，有外国金箔倚像，高七尺，又金坐像、结珠弥勒像、金缕绣像、织成像各一尊。道安每讲法，辄罗列众像，布置幢幡，众僧听讲者，莫不肃焉尽敬。

道安门下教团皆有注重佛像之事实。江陵长沙寺昙翼"常叹寺立僧足，而形像尚少"，后于城北得一阿育王时期所造佛像，迎立寺中。

> 翼常叹寺立僧足，而形像尚少。阿育王所造容仪神瑞皆多布在诸方，何其无感，不能招致？乃专精恳恻，请求诚应，以晋太元十九年甲午之岁二月八日，忽有一像现于城北，光相冲天。时白马寺僧众先往迎接，不能令动，翼乃往祇礼。谓众人曰："当是阿育王像降我长沙寺焉。"即令弟子三人捧接，飘然而起，迎还本寺。道俗奔赴，车马轰填。后罽宾禅师僧伽难陀从蜀下，入寺礼拜。见像光上有梵字，便曰："是阿育王像，何时来此？"时人闻者方知翼之不谬。年八十二而终，终日像圆光奋然灵化，莫知所之，道俗咸谓翼之通感焉。[①]

昙翼犹曾"丹诚祈请，遂感舍利"[②]，并造大塔及立丈六金像。[③] 而荆州上明寺昙徽，因怀念道安法师，"乃图写安形，存念礼拜，于是江陵士女，咸西向致敬印手菩萨"[④]。则当时不仅悬挂佛像，已有中土高僧图像之制作。

三　庐山佛像

延至慧远在庐山，对佛像制作益加重视。李幸玲曾对其中的文殊菩萨像、阿弥陀佛像有所论列，并特别对佛影及般若台精舍中经变佛像有精彩的艺术分析，可参看。[⑤] 此处则试图在李著基础上对见于文献的庐山佛像

---

① 释慧皎撰，汤用彤校注《高僧传》，北京：中华书局，1992，第 199 页。
② 释慧皎撰，汤用彤校注《高僧传》，北京：中华书局，1992，第 198 页。
③ 昙翼造塔及丈六像事仅见于释宝唱撰，释宗性抄《名僧传抄》，《卍续藏经》第 134 册，台北：新文丰出版公司，1976，第 14 页。
④ 释慧皎撰，汤用彤校注《高僧传》，北京：中华书局，1992，第 202 页。
⑤ 李幸玲：《庐山慧远研究》，台北：万卷楼图书股份有限公司，2007。

做一完整梳理。

其一，晋太元年间迎寒溪寺阿育王时期文殊菩萨像。《高僧传》载其事云：

> 又昔寻阳陶侃经镇广州，有渔人于海中见神光，每夕艳发，经旬弥盛。怪以白侃，侃往详视，乃是阿育王像，即接归以送武昌寒溪寺。寺主僧珍尝往夏口，夜梦寺遭火，而此像屋独有龙神围绕。珍觉驰还寺，寺既焚尽，唯像屋存焉。侃后移镇，以像有威灵，遣使迎接。数十人举之至水，及上船，船又覆没。使者惧而反之，竟不能获。侃幼出雄武，素薄信情，故荆楚之间为之谣曰："陶惟剑雄，像以神标。云翔泥宿，邈何遥遥。可以诚致，难以力招。"及远创寺既成，祈心奉请，乃飘然自轻，往还无梗，方知远之神感，证在风谣矣。[①]

当时，中土盛传阿育王造四万八千塔及佛像之故事，僧人每以得之为瑞，是以《昙翼传》中昙翼"常叹寺立僧足，而形像尚少"，为招致佛像而感焦虑。如果有一尊阿育王所造佛像，则可证明此寺的上感佛祖，下应天时，反之，如果一座寺庙不能得到或不能保有佛像，则说明该寺与佛祖无缘了，这是中国思想在佛教发展中的典型表现。在昙翼迎取佛像的过程中，有白马寺先往迎接，不能令动，及昙翼前往祇礼，令弟子三人捧接，飘然而起，迎还本寺，故事情节一如慧远迎请寒溪寺像。而且，昙翼逝世，佛像亦"莫知所之"。慧远得寒溪寺佛像事在东林寺建成不久，亦同样反映了东林寺当时急于得到一尊佛像，以证明东林寺得到佛祖庇护的心情。

据宋陈舜俞《庐山记》，此像为文殊菩萨像，始迎置神运殿，后于白莲池上建文殊瑞像阁以奉香火。唐李邕《东林寺碑》云："育王赎罪，文殊降形。蹈海不沈，驱于陶侃。迫火不热，梦于僧珍。"[②] 又据《庐山记》，会昌法难时，东林遭毁，有二僧负像藏之锦绣谷之峰顶。其后东林寺恢

---

① 释慧皎撰，汤用彤校注《高僧传》，北京：中华书局，1992，第 213～214 页。
② 陈舜俞：《庐山记》，《大正藏》第 51 册，石家庄：河北省佛教协会影印，2005，第 1028 页。李邕《东林寺碑》今残，文据陈舜俞所录。

复，二僧在锦绣谷却寻不着佛像。他们二人互相怀疑对方藏匿了佛像，忽然发现圆光瑞色，现于天空。所以，至今人谓佛手岩、天池一带所见光相即文殊菩萨像所发之光。文殊像虽渺无影踪，而文殊瑞像阁却一直保留，后人如黄宗羲、查慎行等游记中频频出现此阁名字。

其二，晋隆安年间或元兴元年造阿弥陀佛像。慧远等一百二十三人曾集于东林寺阿弥陀佛像前，建斋立誓，共期西方。慧远等人斋会在元兴元年，则此阿弥陀佛像之铸，自在集会之前，以隆安年间可能性较大。李幸玲曾提出此次斋会可能是为了当年三吴饥馑而设的法会，笔者以为不大可能。因为斋会所作文中明显有共期西方之语，如"今幸以不谋，而金心西境"，而且，这个斋文强调的是共修和共同往生："誓兹同人，俱游绝域。其有惊出绝伦，首登神界，则无独善于云峤，忘兼全于幽谷。先进之与后升，勉思策征之道。"所以，笔者由此想到，此次大规模的斋会或许和建造阿弥陀佛像有关。

道安所作释迦像因为有慧远所作序文，曾一度被误会为阿弥陀佛像。其实序文中有"出自天竺""八王同志之感"，显然是述说释迦牟尼之事，而非阿弥陀佛之事。道安在襄阳时信仰弥勒净土，曾和众僧建斋立誓，往生兜率净土。慧远却信仰弥陀净土，此一信仰当在庐山确立。从《念佛三昧诗集》来看，庐山僧众修持西方净土依据的经典是《般舟三昧经》，此经鼓励造像，有观像念佛法门。所以，慧远需要在庐山建造一尊阿弥陀佛像以助念佛。大概像成之日，举行开光法会之类的斋会，所以有一百二十三人的建斋立誓活动。

其三，晋元兴元年画般若台精舍莎陀波伦及昙无竭菩萨像。元兴元年之会，在庐山般若台精舍。此精舍中又绘有至少五幅佛画。王齐之曾参与此次斋会，作有《念佛三昧四言》。他又为般若台佛画经变作赞五首：《萨陀波伦赞》《萨陀波伦入山求法赞》《萨陀波伦始悟欲供养大师赞》《昙无竭菩萨赞》《诸佛赞》。《萨陀波伦赞》后有小注，云："因画波若台，随变立赞等。"《诸佛赞》后注云："因常啼念佛为现像灵。"[1] 这应当是一组

---

① 释道宣：《广弘明集》，《大正藏》第 52 册，石家庄：河北省佛教协会影印，2005，第 351～352 页。

表现萨陀波伦求道的经变图，王齐之为之题咏。① 由"因画波若台，随变立赞"之句理解，画像似成于元兴元年斋会之时，王齐之适逢其会，因为立赞。

其四，晋义熙八年图写佛影。《出三藏记集》记此事云："远闻北天竺有佛影，欣感交怀。乃背山临流，营筑龛室，妙算画工，淡采图写。色凝积空，望似轻雾，晖相炳暖，若隐而显。遂传写京都，莫不嗟叹。"② 慧远不仅自著《佛影铭》以赞其事，又遣弟子道秉邀请谢灵运制铭。

其五，晋义熙中造佛像。《法安传》云："（法安）后欲作画像，须铜青，困不能得，夜梦见一人，迁其床前云：'此下有铜钟。'觉即掘之，果得二口，因以青成像。后以铜助远公铸佛，余一，武昌太守熊无患借视，遂留之。"③ 此记法安在新阳事，其时为"晋义熙中"，若所记不误，则慧远在义熙中（405～418）仍有造像之事。

其六，晋义熙中姚秦赠送庐山各种佛像。《出三藏记集》谓："姚略钦想风名，叹其才思，致书殷勤，信饷岁通，赠以龟兹国细镂杂变石像，以申款心。又令姚嵩献其珠像。"④ 《高僧传》记此事略有改动，云："秦主姚兴钦德风名，叹其才思，致书殷勤，信饷连接，赠以龟兹国细镂杂变像，以申款心，又令姚嵩献其珠像。"⑤ 此事当在鸠摩罗什至长安后，而鸠摩罗什后秦弘始三年（401）至长安，七年译竟《大智度论》，后姚兴请慧远为此论作序，则姚兴等人赠慧远各种佛像当在弘始七年前后，即当晋义熙（405～418）前期。这些佛像有石像、有珠像，类似当年苻坚赠送道安佛像一样，当全部出自西域。

其七，是较特殊的一件，慧远逝后"图像于寺"。慧远于义熙十二年（416）八月往生，门徒号恸，若丧考妣，道俗奔赴，毂继肩随。寻阳太守阮保于山西岭凿圹开隧，谢灵运为造碑文，铭其遗德，南阳宗炳又立碑寺门。慧远容仪端整，风彩洒落，常引弟子思念，"故图像于寺，遐迩式

---

① 李幸玲：《庐山慧远研究》，台北：万卷楼图书股份有限公司，2007，第420～423页。
② 释僧祐撰，苏晋仁、萧炼子点校《出三藏记集》，北京：中华书局，1995，第566～567页。
③ 释慧皎撰，汤用彤校注《高僧传》，北京：中华书局，1992，第235～236页。
④ 释僧祐撰，苏晋仁、萧炼子点校《出三藏记集》，北京：中华书局，1995，第569页。
⑤ 释慧皎撰，汤用彤校注《高僧传》，北京：中华书局，1992，第218页。

瞻"①。慧远逝后和道安一样，得到弟子的尊崇，弟子制作他的图像，悬挂于寺，永远纪念。

第二节　造寺修塔

一　造寺

因为释迦佛反对偶像崇拜，所以，佛陀涅槃后数百年内仍无佛像之建造。佛陀留下的一切遗迹、遗物，如法轮、菩提树等便作为佛的象征而受到崇拜。佛涅槃火化后，其舍利被八个部族所分，起为塔寺。狭义的形像仅指佛像以及对佛像的描述，广义的形像还包括造塔、造寺等一切与佛有关的法物，如舍利、法论、菩提树，以及菩萨的各类形像等。慧皎即言："自收迹河边，阇维林外，八王请分，还国起塔。及瓶灰二所，于是十刹兴焉。其生处、得道，说法、涅槃，肉髻、顶骨、四牙、双迹，钵杖、唾壶，泥洹僧等，皆树塔勒铭，标揭神异。"② 这些皆是功德福报。

居无定所，是早期小乘佛教头陀之僧的标志，但佛在世时已有数处定居之所。这些修行场所皆为居士施舍，首先是摩揭陀国王频婆沙罗将首都王舍城的竹林精舍奉献给佛陀。释迦早年在摩揭陀苦行时，频婆沙罗即敬重他，释迦证道成佛后，频婆沙罗皈依佛法，成为在家信徒，乃将竹林精舍施予佛陀。在他的感召下，王舍城的大批长老也同时成为佛陀在家弟子。此外，祇园精舍是由居士舍卫城长者须达购得拘萨罗国祇陀太子的林苑而赠与佛陀的。其他如鹿子母堂、耆婆园和庵摩罗园等皆为居士所建。

佛教传入中国，不少僧人仍保持着头陀苦行的生活，居住条件简陋，所以未留下名字或者根本没有名字。竺昙无兰、竺僧舒在庐山所居，未闻寺院名字。

庐山寺院创自竺昙现，唯其寺院简陋，未留下名字，其徒惠永后建凌云精舍。《名僧传抄》："（竺昙）现笃志直方，少有清节，长慕肥遁，山

---

① 释僧祐撰，苏晋仁、萧炼子点校：《出三藏记集》，北京：中华书局，1995，第570页，《高僧传》同。

② 释慧皎撰，汤用彤校注《高僧传》，北京：中华书局，1992，第495页。

栖养志。以晋太和中于寻阳庐山北岭下创立寺庙。（惠）永以北岭下尚多喧动，移于南岭之上。筑茸房宇，构起堂殿，与烟霞交接，名曰凌云精舍。"① 此慧（惠）永卒于太元五年，所建凌云精舍承昙现之"寺庙"而来，当早于西林寺。

凌云精舍之后，有西林寺，为郡人陶范所建。《西林道场碑》记此寺之建："晋光禄卿寻阳陶范，慕彼清声，游兹胜地。崇信正道，拥彗式闾。为出俗之藩篱，为入室之时丽。兴建佛寺，缔构伽蓝。指景瞻星，鸠徒揆日，薙草开林，增卑架巇，夷峻筑台，疏峦抗殿，长廊绕涧，斜砌环池，冬燠夏凉，经行毕备，命曰西林。"②

此碑若是写实，则西林之幽美，不亚于东林。东林寺稍晚于西林建成，为刺史桓伊所建。《出三藏记集》记此寺："远创造精舍，洞尽山美。却负香炉之峰，傍带瀑布之壑，仍石垒基，即松栽构，清泉环阶，白云满室。复于室内别置禅林，森树烟凝，石径苔合。"③ 寺内僧舍之外，有神运殿、般若台、文殊阁、禅房等建筑。相对于头陀苦行，野树之下，荒冢之间的环境，西林、东林可谓与其有天壤之别，而颇富中国园林之美。

二　修塔

与建寺紧密联系的是造塔。

相传释迦牟尼涅槃火化后舍利被分作八份，建造八处窣堵波保存。阿育王又曾取出这八处舍利建八万四千座窣堵波分别收藏。"窣堵波"，又称"塔婆"，至中国则省称为塔。此外，尚有与窣堵波类似的支提、抖擞婆、苏偷婆等多种名称，可参见《释氏要览》。一般来说，盛有佛陀舍利者，称为塔；无佛陀舍利者，称为支提。延至后世，高僧之坟墓皆作塔式，以塔相称。

---

① 释宝唱撰，释宗性抄《名僧传抄》，《卍续藏经》第 134 册，台北：新文丰出版公司，1976，第 22 页。

② 董诰等编《全唐文》卷一四六，上海：上海古籍出版社，1990，第 652 页。另见周绍良主编《全唐文新编》，长春：吉林文史出版社，2000，第 1658 页；吴宗慈《庐山志》，南昌：江西人民出版社，1996，第 516 页。

③ 释僧祐撰，苏晋仁、萧炼子点校《出三藏记集》，北京：中华书局，1995，第 566 页。《高僧传》略同。

　　塔之结构有多种，形制最古者为覆钵式塔。据《摩诃僧祇律》等经所载，覆钵式塔系由栏楯、基坛、塔身、覆钵、平头、轮竿、相轮、宝瓶等部分组成。现存各遗迹中，以桑奇（或称山琦）大塔最为典型。此种塔制，下为圆形或方形的基坛，其上为半球形的覆钵形塔身，中封存有水晶、金、铜等材料制成的舍利盒。覆钵顶部砌有箱状平台，平台中心立有一根伞柱支撑着一般是三层的伞盖。外围则建有一圈围栏，作为塔域之结界。塔身则可雕刻各种图案，如莲花和佛教故事等。塔身至后世则由覆钵逐渐变为多层造型。

　　中国佛塔，若依《出三藏记集》，当以孙权所造舍利塔为最早，若依《魏书》《佛祖统纪》等书，则以白马寺塔为最早。杨炫之《伽蓝记》云："汉明帝崩，起祇洹（塔）于陵上，自此百姓坟冢，或作浮图者焉。"《魏书·释老志》："自洛中构白马寺，盛饰浮图，画迹甚妙，为四方式，凡宫塔制度，犹依天竺旧状而重构之，从一级至三、五、七、九。世人相承，谓之'浮图'，或云'佛图'，晋世洛中佛图有四十二所矣。"[1] 由此可见，东晋南朝时，中国佛塔之体制尚多依天竺旧制，至今日所见，已多是中国式建筑矣。但庐山慧远塔至今犹存，为我们保留了一份珍贵的文化遗产。

　　慧远塔有"远公塔""凝寂塔""下方塔""雁门塔""荔枝塔"等称，或以慧远之名、谥相称，或以方位相称，或以外形相称，其中尤以"荔枝塔"最为著名。而唐前文献未见有记载慧远塔者。

　　《出三藏记集》记慧远逝世甚略："义熙末卒于庐山精舍，春秋八十有三。遗命露骸松下，同之草木。既而弟子收葬，谢灵运造碑墓侧，铭其遗德焉。"[2]《高僧传》稍为详细，补充了慧远临终前严守戒律，不饮酒水蜜汁，又制七日展哀，并云："遗命使露骸松下，既而弟子收葬。寻阳太守阮保于山西岭凿圹开隧，谢灵运为造碑文，铭其遗德，南阳宗炳又立碑寺门。"[3] 此皆不提造塔事。只至唐代，始见文献记载。

　　唐僧灵彻《远公墓》诗云："古墓石棱棱，寒云晚景凝。空悲虎溪月，

① 魏收：《魏书》，北京：中华书局，1974，第 3029 页。
② 释僧祐撰，苏晋仁、萧炼子点校《出三藏记集》，北京：中华书局，1995，第 570 页。
③ 释慧皎撰，汤用彤校注《高僧传》，北京：中华书局，1992，第 222 页。

不见雁门僧。"①"石棱棱"已说明慧远墓塔为石头结构，而"棱棱"颇能说明石块累累之状。

至北宋陈舜俞《庐山记》，对远公塔周围的情形又有进一步介绍："远公初谥辩觉，升元三年，谥正觉大师。兴国三年，谥圆悟大师，仍名其坟曰凝寂之塔。塔在二林之间，其旁二杉，一在高处，围二十七尺，一稍在下，围二十尺。远公以晋义熙十二年卒，葬此山，盖当时所植云。"② 陈舜俞指出其坟名"凝寂塔"，而旁有二巨杉，当时已有二十尺以上，同今日所见古樟不同，大概杉树早已毁，而今日古樟盖当时小树也。

南宋陆游入蜀经过庐山，曾游东西二林，而不记远公之塔。范成大过庐山，慧远所植晋杉犹存，其游庐山兴致颇高，晚宿东林，云："远师塔，寺西数十步，晋杉存焉。"③

明徐霞客登庐山，自东林寺而上，亦不闻其至远公塔院。而与徐霞客同时之王思任亦有庐山之游，其在东林寺虽遇"游凫蚤目，逼人布施，持簿不寸离"之败兴事，但他仍然兴致盎然，其记云：

> 饭三笑堂巳，予携一僧西步，有林蓊翳。拾级而上，乃谒远公墓。公命尽时，欲露骸松林，同之草木，而弟子不忍，辄作荔枝塔覆之。伤哉！"入夜翠微里，千峰明一灯"也，"空悲虎溪月，不见雁门僧"也。④

这便是后人常称引的"荔枝塔"的来历。"荔枝塔"之称，自然不是王思任等人的发明，当是时人之俗称，形容慧远墓塔用石垒成，层层叠叠，有如挂满果实的荔枝。这同灵彻所言"古墓石棱棱"是一致的，可见慧远墓塔自始至终保持着原貌。

---

① 彭定求：《全唐诗》卷八百十，北京：中华书局，1960，第9132页。庐山记作《题远大师坟》。《太平寰宇记》则云为"前进士相里宗"所题诗（乐史撰：《太平寰宇记》，中华书局，2007，第2252页）
② 陈舜俞：《庐山记》，《大正藏》第51册，石家庄：河北省佛教协会影印，2005，第1029页。
③ 范成大：《吴船录》，沈阳：春风文艺出版社，1987，第293页。
④ 王思任：《庐山游记》，《王季重十种》，杭州：浙江古籍出版社，1987，第168页。

清查慎行康熙年间游庐山时，东林寺已不如往昔，其记远公塔云：

> 从三笑堂西北行，沿溪竹树蒙密，汩汩闻水声，数十步为常总禅师塔。又西为远公塔，垒石如荔枝，王思任称为荔枝塔。旧有塔院，今圮。①

可见清代时，墓塔保存尚好，而塔院已废圮。他又有一诗《宗雷禅师索赠》："荔枝塔古名僧少，谁是堂中十九贤。好乞谢公池畔水，为师重长一枝莲。"② 诗的意境虽然老套，但反映了诗人对东林荣华不再的感叹和重兴东林的美好愿望。

嘉庆年间，舒白香在庐山避暑百日，写下文字可观的《游山日记》，可惜他未曾下山至东林，未能给我们留下当时远公塔的有关记录。但此时塔院犹有修治，嘉庆二十年（1815）熙愿曾为立《晋慧远祖师之塔院》碑。③

此后的庐山，佛教日益衰落，国家亦日趋破败，更无一人肯拜访偏处一方的远公塔。迟至1920年，日本学者常盘大定在荆莽之中意外发现远公墓塔，并留下宝贵记载。

常盘大定，号榴邱，日本真宗大谷派僧人。十七岁入仙台市道仁寺，东京帝国大学哲学科毕业。先后在真宗中学、天台宗大学、日莲宗大学、真宗大学、丰山大学、东京帝国大学任教，专攻中国佛教史。大正九年（1920）以后，曾先后五次亲至中国，考察中国佛教史迹。其考察的成果整理成《支那佛教史迹踏察记》《支那文化史迹》《支那文化史迹解说》等书。

1920年，常盘大定第一次到中国考察，经由朝鲜入我国东北辽宁，然后进北京，由北京至山西、湖北、江西、江苏、浙江等地。在江西，常盘

---

①　查慎行：《庐山纪游》，《丛书集成续编》，台北：新文丰出版公司，1989，第644页。
②　查慎行：《敬业堂诗集》，《四部备要》，北京：中华书局，1936，第135页。
③　常盘大定、关野贞：《中国文化史迹解说》第十卷，法藏馆，1976，第54页。此处尚不能确认是否无误，常盘大定《支那佛教的研究》（春秋社，昭和十三年初版，昭和四十九年复刻）第149页云"明の嘉靖年间"，第150页又云"清の嘉靖中"，似常盘大定自己尚未分析清楚。原碑现存，而署款一行已不可识。

大定考察了庐山东林寺、西林寺、天池寺、栖贤寺、秀峰寺、归宗寺、圆通寺、周濂溪墓、爱莲池、烟水亭、面阳山、五老峰、白鹿洞书院、简寂观、太平宫及能仁寺，其中尤以发现慧远墓塔让常盘大定兴奋不已。

据常盘大定所记，他是在西林寺大砖塔东丘发现慧远墓塔的。在一密闭石造小屋前，荆莽之间，有一《晋慧远祖师之塔院》石碑，因知是慧远墓塔。慧远祖师塔为印度塔婆形，高约九尺，八角二重基坛，上以天然圆形石头垒成覆钵形。慧远塔左方有一地宫，其中藏有常总碑、慧瑄碑。常总碑系于宋元丰七年（1084），为纪念普通塔建成而立，慧瑄碑则为淳祐四年（1244）重修远公塔院时所立。

常总为东林寺由律寺改为禅寺后第一位住持，改寺后六年，为妥善安置僧众骨石，乃建普通塔。此碑不见载于《庐山志》等书，今又失佚，赖常盘之文存留于世，读来不胜唏嘘！且全文抄于下：

> 东林寺普通塔，乃圣君改禅寺后六年之所建。择地于西林之西岗，其位面阳，真胜地也。而内建地宫，方圆广狭，良有数矣。固藏舍利，外累浮图，层级参差，皆表法焉。用严异相，悉斫珠石为之。其因绵永，非土木比。上覆瓦屋，御乎风雨。前设献亭，备陈佛事。去塔六十步，砌结方坛，尽规古制，以奉阇维。坛塔相望，通之石径，所以利众行事。众初有议曰："寺宇既葺，以归广众，众塔未修，骨石安往？然撒灰扬骨，济乎虫蚁，其如暴露，浅流沙碛，宁无愧也？"繇是监寺僧思度，知庄僧智远而白住山僧常总曰："是塔其最胜缘，不可稽缓。"遂各施长财有差，复访缁白，以助成之。其工告毕，书年月志于塔宫，亦古之事也。夫释迦如来，制身后之塔有四：一舍利，二髭发，三袈裟，四应器。今所建者，乃其一焉。既而所藏骨者，人无南北，腊无天寿，□我圆头方服辈，以（为）灭度后至所葬焉，所谓普通塔尔。实圣宋元丰七年甲子九月二十一日，江州东林太平兴国禅寺住持传法赐紫广慧大师常总记。[①]

---

① 常盘大定：《支那佛教の研究》，日本：春秋社，昭和十三年（1938）初版，昭和四十九年（1974）复刻，第150页。"□"，原文如此。

远公塔院经常总整修，经百余年，屋宇弊陋，普通塔内，骨殖暴露，见者寒心，于是又有慧瑄重新整修塔院，迁普通塔附于祖师塔，共立三塔，中奉远法师祖师塔，左为历代住持塔，右为僧行普通塔，亦称海会塔。修葺完毕，立碑为记，其文亦不见于《庐山志》等书。录如下：

　　东林太平兴龙禅寺开山远圜悟法师凝寂塔，仅及千载，屋宇弊陋。而海会塔在西岗草莽间，骨殖暴露，见者寒心。徒弟僧普兴，首捐衣资，白住山僧慧瑄，议迁海会附于祖塔，依诸方规式，立为三塔。中奉远法师，左历代住持，右僧行普同塔，庶得香火归一。寺众乐然，慧瑄遂率同袍，鼎建塔院。五间二厦，泊水五间，过道方丈门廊等，甃砌圆备。初析旧塔，得石碑。乃照觉广慧惣禅师于元丰七年所建，逮今百六十一载，是又有数存焉，非偶然也。今将元碑寘塔宫之在，续纪岁月，勒石于右，俾来者知其始末云。皇宋淳祐四年岁次甲辰解制日志。

　　耆旧（人名略之）

　　头首（人名略之）

　　知事（人名略之）

　　　住山玉溪　　　　　　慧瑄①

20 世纪 80 年代时，因修一条至西林、东林的公路，大片塔林被毁。据云，荔枝塔、常总碑皆亡于"文革"中，但塔林地宫仍保存完好。1995年，因为重修远公塔院，地宫再次被打开，内中发现多方历代住持碑，慧瑄碑仍存，唯碑文已模糊不能辨全。② 今日所见远公塔院以及荔枝塔皆为 20 世纪 90 年代重修，方位亦因当时公路之修有所上移。世易时移，该公

---

① 常盘大定：《支那佛教の研究》，日本：春秋社，昭和十三年（1938）初版，昭和四十九年（1974）复刻，第 152 页。

② 邰绍周先生口述，并参见其《庐山名胜古迹新编》，香港新闻出版社，2010，第 108～110页。2001 年，刘堂鑫先生亦曾进入地宫勘察，所述与邰绍周先生基本一致。至今，地宫封闭，少人知晓。而邰、刘诸先生皆不知有常总碑。

路已于近年废弃，成为西林寺后山。据笔者目测，今荔枝塔要略小于常盘大定所目测之尺寸，而式样基本保持原貌。在远公塔院旁，为果公塔院，果公为新中国后重兴东林寺之和尚，故有此荣。

慧远塔历千年变化，基本保持了晋时原貌，弥足珍贵，常盘大定称之为晋代佛教艺术现存的唯一遗物。而其石构墓塔最足彰显庐山地方特色。行走在庐山及庐山周围，除了能发现条棱状的刀削痕迹般的山体岩石外，经常能在裸露的红土里、山涧的小溪里、平缓的河床里发现一个个大小不一的"卵石"。这种圆石被当地村民就地取材砌成各种用途的屋舍、院墙，成为庐山一个有特色的民俗。而此一特色亦早在东晋时期被僧人所采用，巧妙地用在慧远墓塔之上。灵彻之"古墓石棱棱"，常总碑所谓"珠石"，王思任所谓"荔枝塔"，皆指此种圆石。在东林寺的建造过程中，我们亦总能发现此一特色，如《出三藏记集》及《高僧传》记东林寺"仍石垒基，即松栽构"，亦以石构为特色，而从宝云投石伤牛一事来看，般若台之建亦运用到大量石材。直到近代，西方传教士在庐山牯岭建造别墅，仍以石头为主要建筑材料，形成庐山别墅的一大特色。

庐山后世是否还有此等石塔？刘轲《智满律师塔铭》："神升兹氏，香留天棘，石塔巍巍，二林侧兮。"[1] 智满俗姓陶，据云是陶潜九代孙，出东林昙毗门下，为九江宝珍寺住持，卒葬二林寺侧，其墓即为石塔，其形制是否如慧远荔枝塔，不得而知。

---

① 董诰：《全唐文》，北京：中华书局，1983，第 7679 页。

结　语

慧远生于晋成帝咸和九年（334），卒于晋安帝义熙十二年（416），基本与东晋王朝相始终。而自太元六年（381）始，慧远的后半生就与庐山紧密相连，"影不出山，迹不入俗"。由于慧远的巨大影响，僧界尊他为"汉地大乘道士""东方护法菩萨"，尊其所居庐山为"庐岳"。

慧远能够取得如此大的成功，除了自身的伟大人格外，还在于他凝聚了一个无比强大的教团。但目前学界的研究主要集中在其个人，而以整个教团为视角尚不多见。不对此教团进行说明，而仅仅着力于慧远一人的生平思想研究，是无法说明当时慧远及其庐山教团成功的原因的。从此角度讲，慧远教团研究既是对已有的教团研究的加强，也是对慧远研究的深化和进一步拓展。

因此，本书试图在前人研究基础上，凭借有关该教团多方的文献资料，以整体的视角，详人所略，略人所详，尽量将慧远及其背后的教团整体展现在读者面前。在此思路下，本书主要有以下收获。

（一）明晰了慧远教团的内涵、外延及其结构。

庐山慧远教团是指东晋时期，以慧远为中心而在庐山建立的一个佛教修行团体。在慧远教团中，以义解深明、戒行清高、禅思深入的僧人群体为核心，以好尚风流的居士群体为外围。其僧人群体则以慧远所居东林寺僧团为核心，以本山僧人为主，并包括东林寺之外的其他庐山僧团及游方僧人。其居士群体则既有希图与慧远"共契嘉遁"的隐士，如刘遗民、周续之等人，亦有前来"考寻文义"的学士，如宗炳、雷次宗等人，还有善谈玄理的名士，如王凝之、殷仲堪等人。慧远以其严谨自律的大德风范统帅僧团，而以经典学术征服"学士"，以隐逸理想招徕"隐士"，以儒雅风度吸引"名士"，从而集合成一个强大的教团，一个以僧人为主的广大统一战线组织。正是凭借着这样一个由广泛群体构成的强大教团，慧远和庐山才获得在当时僧俗两界的崇高地位。

在此基础上，笔者并对慧远时期庐山寺僧数量及寺院经济进行了初步探讨。东晋时期庐山寺庙数量不多，有名可考者仅有东林寺、西林寺、龙泉寺、庐山寺、凌云寺5座，其中凌云寺在山南，其余则在山北。慧远僧团僧人数量初入庐山时在40左右，高峰时期则达到百余人。其他僧团数量偏少，均在数人左右。所以，总计当时庐山僧人数量亦在百余。庐山僧人的经济来源主要依靠田园经济自给自足，而以檀越资助为重要补充。

庐山慧远教团不是一个孤立的教团，而是佛图澄—道安—慧远一系教团群中的核心一支。在教团发展过程中，慧远教团注意与长江流域的蜀郡教团、荆襄教团、东南教团保持密切联系和人员往来，并和北方鸠摩罗什教团建立了较紧密的联系。在此背景下，不仅"葱外妙典，关中胜说"咸来兹土，而且慧远所制"远规"亦为包括北方在内的天下僧团所遵用，庐山慧远僧团才成为当时天下僧团的中心，这可以视为庐山慧远教团的延伸。

（二）慧远教团以方内、方外理论为基础，试图妥善处理佛教僧团与世俗社会之间的关系。

慧远教团时期，是中国佛教由都市佛教开始向山林佛教转型的时期。庐山清静的自然环境、浓厚的宗教氛围、特殊的政治宗教位置以及中国隐逸文化、印度佛教禅修方式的影响是促使慧远教团选择庐山发展的因素。庐山是当时众多佛教山林之一，但却是唯一一座因佛教而被尊称为"岳"的名山，从此一角度讲，似可以说庐山是中国第一座佛教名山，庐山教团是中国第一个成功的山林教团，在中国佛教山林化进程中具有重要地位。佛教离开城市，投身于山林，也是有意利用地域的距离拉开与城市所代表的世俗的距离，从而保持方内与方外有分寸的距离和独立。

慧远教团之选择山林，并不代表其脱离城市，亦不说明都市佛教的没落，但它的确表明了中国佛教对僧俗关系的一种态度。从道安的"不依国主，则法事难立"到慧远"愿檀越安稳，使彼亦无他"的中立政策，是中国佛教企图脱离政治，追求独立的努力。慧远虽取得沙门不敬王者之争的胜利，划定了方内、方外界限，但世俗王权的强大和中国文化中王权的至高无上地位，仍使得慧远将沙汰沙门之权（即监察僧人权）放弃，从而使得方内凌驾于方外之上，后世僧官制度之纳入世俗体系即源于此。这当然不能全部归咎于慧远教团，因为从整个僧界来讲，方内方外并未因山林佛教的出现而隔绝、独立，当时整个僧团的"陵迟"堕落现象，趋附于王权政治，不是慧远僧团能够挽回的。僧团的普遍无骨气和无生气，亦催生了慧远"影不出山，迹不入俗"形象的诞生。

（三）慧远教团注重结合中土文化实际，吸收世典，这在教团的僧制制定、戒律实行和僧团教育方面有比较突出的表现，并成为中国佛教发展的方向。作为教团领袖，慧远少游许洛，"博综六经，尤善庄老"，而一闻《般若经》，便谓"儒道九流皆糠秕耳"。此实为僧传作者一标语式口号，并不代表着慧远教团对儒道外典的抛弃，而慧远教团中数量可观的居士群体亦为其打上深深的外典文化烙印。

由于戒律在佛经传译中的落后状况，促使中国僧人很早就开始根据佛法大义，结合中土实际创立僧制，其中有不少儒道因素。道安未睹《增一阿含》而能制释姓之规，与受中国宗法社会影响有莫大关系。僧制是戒律在中土的体现与代表，从长时段来看，僧尼遵守戒律与否实际是在说其遵守僧制与否。考察教团中的有关戒律实践，应从中国化的僧制中得到说明，而非戒律。慧远教团所创立之僧制、"远规"已不可知，但从其所制"七日展哀"之制，以及对待昙邕、僧彻二僧之事例来看，庐山教团虽汲汲于佛教戒律，并在佛教戒律传译中做出巨大贡献，但在具体实践中仍以富有中国特色的僧制为教团规则。

教育最能反映一个群体的宗旨、大义，亦最能代表此一群体的理想。庐山教团之教育以义解、匡拯、戒行、禅思为四科，往来庐山者，"各随所习，日有其新"。他们以唱导和自学为教育主要方式，并形成了七年为期的学习年限约定。尤为重要的是，慧远僧团公开允许僧人学习外典俗书和诗赋篇章。慧远教团中不仅有能文之居士，亦有"落笔成章"之僧人，更有"长巧思"、善工艺的巧匠僧。这说明，慧远教团在发展过程中一方面坚持僧人本位，另一方面并未脱离本土文化土壤，并有意吸收本土文化中的有益元素。这一点与长安鸠摩罗什教团颇有异趣，两者恰代表了中国佛教发展的两个方向。

（四）慧远教团之强大，虽由于其结成的强大教团，但此强大不尽在人数众多，亦不尽在教团拥有各种来历的成员，还在于教团加强自身的修行。有关这一点，笔者撷取了两个方面。

一是在佛经传译方面积极参与。从庐山走出了法净、法领、宝云等西域求法僧，尤其法领之行，请来西域高僧四人及方等新经二百余部，被僧肇赞为千载之津梁，宝云亦在此过程中成长为译经高僧。慧远教团并在庐山修建般若精舍，延请高僧，翻译经典，先后有僧伽提婆、佛驮跋陀罗等高僧在庐山译出多部经典，促进了佛教义学的发展。在此基础上，道流、道祖等人编辑了《魏世录目》《吴世录目》《晋世杂录》《河西录目》等经录。"渭滨务逍遥之集，庐岳结般若之台"，庐山般若台因此与长安逍遥园并称。

另一项即兴建福业。慧远曾云："经教所开，凡有三科：一者禅思入微，二者讽味遗典，三者兴建福业。"禅思入微是一种具体修行活动，讽味遗典则与上述佛经传译相关，至于庐山之兴建福业则学界少有关注，而以李幸玲之《庐山慧远研究》成果最著。本书乃在此基础上，进一步完整梳理了庐山各种佛像事实，并利用李氏所不具备的实地考察和口述史料，对慧远荔枝塔的现状进行了补充。

笔者希望这些不成熟的研究能够有助于丰富大家对慧远教团的认识。

不过，本研究仍有一较大缺憾，即对教团的思想研究不足，虽然已有所涉及。这主要是因为笔者的学术功底有限，难以把握，姑且在这里谈一些粗浅的认识，以寻求各位方家的指导。

虽然有学者认为，"基本上慧远乃一佛教运动者，而非一理论建立者"[1]，但有关慧远思想的研究仍然是慧远研究中的大宗，并已臻成熟状态，这是慧远思想研究突破的一大困难。另一方面，慧远的思想与儒道文化交融在一起，当时传入中土的佛教思想又处在初期混杂状态，慧远教团中的成员亦比较复杂，更增添了对当时慧远教团思想研究的困难。笔者以

---

[1]　劳思光：《新编中国哲学史》卷二，南宁：广西师范大学出版社，2005，第212页。

为，在前人的研究中，有两点是尚未深入和得到足够重视的。

首先，应从新的角度来审视慧远及其教团思想的风貌，比如教相判释的角度。

忠实反映慧远佛学思想的文本应该是其与鸠摩罗什之间的问答《大乘大义章》等材料，而非其与普通居士以及教外人士如桓玄之间的问答。这两种材料之间的区别已由李幸玲分析清楚，即前者为"深入教内佛学义理的讨论""用词谨慎"，而后者则是"回应一般世俗时的文字"，二者"用语精严度及对应的问题，是完全不同的，自不宜任意归纳为同一层次的内容来看待"。①

在以往的研究中，多数学者用后人的认知水平来看待慧远在《大乘大义章》的提问水平，惊讶于慧远一代大师竟提出如此普通或支离的问题。其实慧远在致罗什信中明确说道："此虽非经中之大难，欲取决于君耳。"这就提示我们，慧远明白其提问的分量和位置，它们只是经中的一些名义和细节，并且慧远多已有了自己的答案，只是要借助罗什来最终确定，而那些真正的经中大难，慧远也早已"解决"。

在这些所谓细枝末节的讨论中，后人或以为慧远模糊了大小乘的视野，但我们亦可换一种思路来看，慧远其实是不愿用大小乘的角度来看待那些异域传来的各种经书，他在力图用一种新的方式来架构佛教的知识体系。印度西域各种派别，各种观点的佛教学说在中土成竞争性态势传播，而在中土僧人这里，其最要紧的时代课题是如何应对本土世俗的异样眼光，因此，他们将各种佛教教义统一看作佛的说教，力图整合他们，这是可以理解的。从这个角度讲，慧远正在从自己的角度，努力对当时所知的佛教知识进行整理，予以"判教"。

"判教"，或称"教判""教相判释"，即判别佛陀一代教法之差别。一般认为，慧观是中土第一位提出判教理论的僧人，从理论的明确性来讲，这是不错的，但若从判教思想的萌芽来讲，则仍可以上溯。慧远在《大乘大义章》中所反复追问的，正反映了他对当时佛教庞杂体系的认识，是中土僧人建立判教体系的努力。正因为如此，慧远在与鸠摩罗什辩论

① 李幸玲：《庐山慧远研究》，台北：万卷楼图书股份有限公司，2007，第15～16页。

时，才会舍弃所谓经中大难，而对一般的问题感兴趣。对《大乘大义章》进行较深入研究的是日本横超慧日等人，但其研究思路仅在辨别其中义理，而曹虹之研究已触及"判教"之思路，惜语焉不详，笔者认为此一思路值得挖掘。①

其次，仍然有必要从教团角度开展研究，对慧远教团内部各种纷繁复杂的思想应予以同等的重视和审慎、切合历史实际的研究。

以前因为较少从教团的整体角度考察慧远教团内部的各种思潮，所以对有些问题或无法触及，或语焉不详，特别是对教团中一些互相歧异的学说。比如，在般若学的问题上，慧远本人是执本无之义的，这是道安一系的特点，他曾在江陵与法汰、昙一等人共同与道恒辩论，击败了道恒的心无义。而慧远的重要战友，教团中居士的代表刘遗民却又是心无义者。汤用彤曾指出这一点，但没有进一步去论述慧远与刘遗民在此问题上的关系。②

又如，慧远教团中的重要一员竺道生以"阿阐提人皆得成佛"说闻名，又著《佛无净土论》等论，立善不受报，顿悟成佛义。这些学说与慧远教团的净土信仰思想、报应论思想有何关系？汤用彤曾予以比较，但没有进一步将之作为教团内部的思想歧异进行分析，从而说明慧远教团思想的复杂性。③ 又，慧远等人的小顿悟思想与道生的大顿悟说之间有何联系？诸如此类的问题还有一些，这些方面似亦有可挖掘之处。

在笔者撰写本书的过程中，学界关于慧远思想又产生了几部重要著作，比如张敬川博士的《庐山慧远与毗昙学》、吴丹的《大乘大义章研究》等，将慧远思想研究又向前推进了一步。不过值得注意的是，这些著作尚没有涉及上面两个角度，为下一步的研究仍然留下了空间。

慧远研究虽然已经很丰富了，慧远教团研究，笔者亦拉拉杂杂地拼凑

---

① 恒超慧日：《大乘大义章研究序说》；Ｌ·ハーウィッツ：《大乘大义章に於にける一乘三乘の問题》，载《慧远研究·研究篇》，东京：创文社，1962。曹虹：《慧远评传》，南京：南京大学出版社，2002，第282～284页，但是曹虹仍然对慧远混一大小乘持否定态度。
② 参见汤用彤《魏晋玄学论稿》，北京：中华书局，1962，第58页；汤用彤：《汉魏两晋南北朝佛教史》，武汉：武汉大学出版社，2008，第180页。
③ 汤用彤：《汉魏两晋南北朝佛教史》，武汉：武汉大学出版社，2008，第434～437页。

出这么多文字来，但在更广大的历史背景下去审视这一问题，从不同文化交流、碰撞、受容、新生等角度，从促进人类文明更和谐地发展的角度来审视，还有很多工作要做。笔者的这点文字只能是恒河中沙之一粒，沧海中水之一滴，是微不足道的，唯愿它虽弱小，亦能折射出人类历史长河之久远，人类文明大海之广阔！

主要参考文献

C

曹虹：《慧远评传》，南京：南京大学出版社，2002。

〔日本〕常盘大定：《支那佛教の研究》，东京：名著普及会，1938。

陈兵：《中国 20 世纪佛学研究的成果》，《宗教学研究》1999 年第 3 期。

陈道贵：《东晋诗歌论稿》，合肥：安徽教育出版社，2002。

陈广芬：《慧远思想中般若学与毗昙学之关涉》，高雄：中山大学中国文学研究所硕士学位论文，1993。

陈建华：《庐山慧远"实有"思想研究》，上海社会科学院硕士学位论文，2008。

（晋）陈寿：《三国志》，北京：中华书局，1982。

（宋）陈舜俞：《庐山记》，《大正藏》第 51 册，石家庄：河北省佛教协会影印，2005。

陈统：《慧远大师年谱》，《史学年报》第 2 卷 3 期，1936 年 11 月。

陈扬炯：《中国净土宗通史》，南京：江苏古籍出版社，2000；凤凰出版社，2008。

储皖峰：《莲社年月续考》，《国学月报》第 2 卷 7 期，1927。

F

（南朝宋）范晔：《后汉书》，北京：中华书局，1965。

方立天：《慧远及其佛学》，北京：中国人民大学出版社，1984。又见《方立天文集》第一卷，北京：中国人民大学出版社，2006。

（唐）房玄龄：《晋书》，北京：中华书局，1974。

（隋）费长房：《历代三宝记》，《大正藏》第49册，河北省佛教协会影印，2005。

费永：《汉唐佛教造像艺术史》，武汉：湖北美术出版社，2009。

G

郭朋：《中国佛教思想史》，福州：福建人民出版社，1994。

龚斌：《慧远法师传》，南昌：江西人民出版社，2007。

H

韩溥：《江西佛教史》，上海：光明日报出版社，1995。

韩溥：《江西佛教史之四：佛教人士事略》，上海：光明日报出版社，1994。

〔日本〕忽滑谷快天著，朱谦之译《中国禅学史》，上海：上海古籍出版社，1994。

J

纪志昌：《两晋佛教居士研究》，台湾大学博士学位论文，2003；台湾大学出版委员会，2007。

蒋维乔：《中国佛教史》，上海：上海古籍出版社，2007。

L

（北魏）郦道元撰，王国维校《水经注》，上海：上海人民出版社，1984。

李小荣：《变文讲唱与华梵宗教艺术》，上海：上海三联书店，2002。

李幸玲：《庐山慧远研究》，台北：万卷楼图书股份有限公司，2007。

（唐）李延寿：《南史》，北京：中华书局，1975。

李志敏：《慧远与东晋末期庐山地域的诗文创作》，浙江大学硕士学位论文，2007。

〔日本〕镰田茂雄撰，关世谦译《中国佛教通史》（第一卷、第二卷），高雄：佛光出版社，1986。

〔日本〕镰田茂雄撰，郑彭年译《简明中国佛教史》，上海：上海译文出版社，1986。

梁启超：《佛学研究十八篇》，上海：上海古籍出版社，2001。

林素瑜：《慧远形神思想之研究》，台北：私立中国文化大学哲学研究所硕士学位论文，1997。

刘贵杰:《庐山慧远思想析论》,台北:圆明出版社,1996。

刘汝霖:《东晋南北朝学术编年》,北京:中华书局,1987。

刘亚丁:《佛教灵验记研究》,成都:巴蜀书社,2006。

(南朝宋)刘义庆撰,刘孝标注,余嘉锡笺疏《世说新语笺疏》,北京:中华书局,1983。

卢笑芳:《慧远佛教思想研究》,香港:能仁书院哲学研究所硕士学位论文,1983。

M

〔日本〕木村英一编《慧远研究·遗文篇》,东京:创文社,1960。

〔日本〕木村英一编《慧远研究·研究篇》,东京:创文社,1962。

O

区结成:《慧远》,台北:东大图书馆公司,1987。

P

潘桂明:《中国居士佛教史》,北京:中国社会科学出版社,2000。

彭自强:《百年中国魏晋南北朝佛学研究综述》,《中国宗教研究年鉴(1999-2000)》,北京:宗教文化出版社,2001。

Q

祁志祥:《中国佛教美学史》,北京:北京大学出版社,2010。

覃江:《佛教安般念研究》,成都:巴蜀书社,2008。

R

任继愈:《中国佛教史》(第一卷),北京:中国社会科学出版社,1981。

任继愈:《中国佛教史》(第二卷),北京:中国社会科学出版社,1985。

S

(明)桑乔:《庐山纪事》,南昌:江西教育出版社,2002。

(南朝梁)沈约:《宋书》,北京:中华书局,1974。

孙昌武:《文坛佛影》,北京:中华书局,2001。

孙昌武:《佛教与文学》(第2版),上海:上海人民出版社,2007。

(南朝梁)释宝唱撰,〔日本〕释宗性抄《名僧传抄》,《卍续藏经》第134册,台北:新文丰出版公司,1976。

释大安:《净土宗教程》,九江:东林寺,2002。

释大安主编《超越千载的追思：纪念慧远大师诞辰 1670 周年》，北京：宗教文化出版社，2008。

（宋）释道诚：《释氏要览》，《大正藏》第 54 册，石家庄：河北省佛教协会影印，2005。

（唐）释道世著，周叔迦、苏晋仁校注《法苑珠林校注》，北京：中华书局，2003。

（唐）释道宣：《续高僧传》，《大正藏》第 50 册，石家庄：河北省佛教协会影印，2005。

（唐）释道宣：《广弘明集》，《大正藏》第 52 册，石家庄：河北省佛教协会影印，2005。

（唐）释道宣：《集古今佛道论衡》，《大正藏》第 52 册，石家庄：河北省佛教协会影印，2005。

释东初：《中日佛教交通史》，台北：中华大典编印会，1970；东初出版社，1989。

（南朝梁）释慧皎撰，汤用彤校注《高僧传》，北京：中华书局，1992。

〔越南〕释慧莲：《东晋佛教思想与文学研究》，成都：巴蜀书社，2008。

（元）释普度：《莲宗宝鉴》，《卍续藏经》第 108 册，台北：新文丰出版公司，1976。

释僧忏：《慧远大师集》，上海：上海佛学书局，1934。

（南朝梁）释僧祐：《弘明集》，《大正藏》第 52 册，石家庄：河北省佛教协会影印，2005。

（南朝梁）释僧祐撰，苏晋仁、萧炼子点校《出三藏记集》，北京：中华书局，1995。

释圣严：《戒律学纲要》，北京：宗教文化出版社，2006。

释心皓：《天台教制史》，厦门：厦门大学出版社，2007。

（宋）释志磐：《佛祖统记》，《大正藏》第 49 册，石家庄：河北省佛教协会影印，2005。

（宋）释宗晓：《乐邦文类》，《卍续藏经》第 107 册，台北：新文丰出版公司，1976。

（宋）释宗晓：《乐邦遗稿》，《卍续藏经》第 107 册，台北：新文丰出版公司，1976。

T

汤用彤：《汉魏两晋南北朝佛教史》，武汉：武汉大学出版社，2008。

田博元：《庐山慧远学述》，台北：文津出版社，1974。

W

王永会：《中国佛教僧团发展及其管理研究》，成都：巴蜀书社，2003。

吴丹：《〈大乘大义章〉研究》，长春：吉林人民出版社，2008。

吴宗慈：《庐山志》，南昌：江西人民出版社，1996。

X

夏晓楠：《慧远人生哲学思想研究》，南昌大学硕士学位论文，2006。

谢重光：《中古佛教僧官制度和社会生活》，北京：商务印书馆，2009。

〔荷兰〕许理和撰，李四龙等译《佛教征服中国》，南京：江苏人民出版社，2003。

许宇飞：《论慧远》，湖南师范大学硕士学位论文，2005。

Y

严耕望：《魏晋南北朝佛教地理稿》，上海：上海古籍出版社，2007。

严耀中：《江南佛教史》，上海：上海人民出版社，2000。

严耀中：《中国东南佛教史》，上海：上海人民出版社，2003。

杨曾文、镰田茂雄编《中日佛教学术会议论文集：1985～1995》，北京：中国社会科学出版社，1997。

（唐）姚思廉：《梁书》，北京：中华书局，1973。

游国恩：《莲社年月考》，《国学月报》第 1 卷 4 期，1926，又见《国学月报汇刊》第一集，1928；收入《游国恩学术论文集》时改题《莲社成立年月考》，中华书局，1989。

Z

张敬川：《庐山慧远与毗昙学》，北京：中国社会科学出版社，2012。

张景岗：《庐山慧远大师文集》，北京：九州出版社，2014。

张增勇：《慧远业报轮回说浅论》，华中科技大学硕士学位论文，2008。

曾惠苑：《东晋庐山教团之居士群研究》，台南师范学院教师在职进修国语文硕士学位班硕士学位论文，2001。

附录　庐山慧远教团大事编年

本编年主要参考陈统《慧远年谱》、汤用彤《汉魏两晋南北朝佛教史》、竺沙雅章《庐山慧远年谱》、李幸玲《庐山慧远研究》、龚斌《慧远法师传》等资料，为篇幅计，考证省略，读者谅之。

晋成帝咸和七年，后赵三年，壬辰，332 年

慧永生。

晋成帝咸和九年，后赵石弘延熙元年，甲午，334 年

慧远生于雁门楼烦。

晋成帝咸康三年，后赵石虎建武三年，丁酉，337 年

慧远弟慧持生。

晋成帝咸康六年，后赵石虎建武六年，庚子，340 年

庾冰、何充等议沙门是否应敬王者。

晋穆帝永和元年，后赵石虎建武十一年，乙巳，345 年

慧远、慧持随其舅令狐氏游学许、洛。

晋穆帝永和三年，后赵石虎建武十三年，丁未，347 年

释昙顺生。

晋穆帝永和十年，前秦苻健皇始四年，甲寅，354 年

慧远、慧持欲渡江东就范宣子，不果。时沙门释道安立寺于太行恒山，弘赞像法，声甚著闻，远遂往归之。后闻安讲《波若经》，豁然而悟，乃叹曰："儒道九流皆糠秕耳。"便与弟慧持投簪落彩，委命受业。

晋穆帝升平元年，前秦苻坚永兴元年，丁巳，357 年

慧远始就道安讲经，曾引《庄子》义为连类，惑者晓然。是后安公特听慧远不废俗书。

晋穆帝升平二年，前秦苻坚永兴二年，戊午，358 年

三月，慕容俊陷冀州诸郡，诏安西将军谢奕、北中郎将荀羡北伐。六月，并州刺史张平为苻坚所逼，帅众三千奔于平阳，坚追败之同。慕容俊尽陷河北之地。道安因慕容俊之逼，停留南阳，再至新野，分张徒众。竺法汰往建康，法和至蜀。

竺法汰因疾停阳口，慧远奉道安之命，下荆州问疾。法汰在荆州大集名僧，令弟子昙一等驳道恒心无义。慧远就席，难道恒，破心无义。

佛驮跋陀罗生。

晋穆帝升平三年，前秦苻坚甘露元年，己未，359 年

慧远随道安在南阳等地。

刘遗民生。

晋哀帝兴宁元年，前秦苻坚甘露五年，癸亥，363 年

竺僧舒在庐山。

竺昙无兰，晋言法正，自竺僧舒许得比丘大戒一部，持之自随。

晋哀帝兴宁三年，前秦苻坚建元元年，乙丑，365 年

二月，以右将军桓豁监荆州、扬州之义城、雍州之京兆诸军事，领南蛮校尉、荆州刺史。桓冲监江州、荆州之江夏、随郡，豫州之汝南、西阳、新蔡、颍川六郡诸军事、南中郎将、江州刺史。晋哀帝崩，琅邪王司马奕即皇帝位。

道安始至襄阳，慧远与弟慧持随之南下樊沔。

晋废帝太和二年，前秦苻坚建元三年，丁卯，367 年

慧永至庐山，郡人陶范为造西林寺。

晋废帝太和四年，前秦苻坚建元五年，己巳，369 年

慧远等人随道安在襄阳，桓玄生。

晋孝武帝太元二年，前秦苻坚建元十三年，丁丑，377 年

周续之生。

晋孝武帝太元三年，前秦苻坚建元十四年，戊寅，378 年

二月，秦王苻坚遣苻丕、慕容垂等会攻襄阳。桓豁惮秦锋，避居上明。昙翼等亦从江陵长沙寺避至上明，建上明寺。

道安分张徒众，慧远与弟慧持、昙徽等南适荆州。

晋孝武帝太元四年，前秦苻坚建元十五年，己卯，379 年

二月，苻丕攻陷襄阳，执朱序送长安。道安亦至长安。

慧远与弟慧持、昙徽等住上明寺。

晋孝武帝太元五年，前秦苻坚建元十六年，庚辰，380 年

五月，以司徒谢安为卫将军、仪同三司。六月，以骠骑将军、琅邪王道子为司徒。

慧远在荆州上明寺。

凌云寺竺惠永卒。

晋孝武帝太元六年，前秦苻坚建元十七年，辛巳，381 年

正月，孝武帝初奉佛法，立精舍于殿内，引诸沙门居之。

慧远与弟慧持等始至庐山，住龙泉精舍。

晋孝武帝太元八年，前秦苻坚建元十九年，癸未，383 年

慧远在庐山龙泉精舍。

法遇约于本年致书慧远。

释僧彻生。

晋孝武帝太元九年，前秦苻坚建元二十年，甲申，384 年

桓伊为慧远立东林寺，至十一年建成。

吕光获鸠摩罗什。

释僧肇生。

晋孝武帝太元十年，前秦苻坚建元二十一年，乙酉，385 年

道安卒于长安，葬五级寺中。

太元八年，昙邕从苻坚南征，为晋军所败，还至长安，因从安公出家。安公既往，乃南投庐山，事慧远为师。

谢灵运生。

晋孝武帝太元十一年，后秦姚苌建初元年，丙戌，386 年

东林寺建成，慧远迎阿育王文殊像。

雷次宗生。

晋孝武帝太元十二年，后秦姚苌建初二年，丁亥，387 年

竺法汰卒于京师瓦官寺。

晋孝武帝太元十四年，后秦姚苌建初四年，己丑，389 年

十一月，范宁为豫章太守。

东林寺建般若台。宝云十八岁，来庐山。值造波若台，通债少僧，贞石筑土。云投一石，石相击，误中一犊子死，惭恨惘怅，弥历年所。

晋孝武帝太元十六年，后秦姚苌建初六年，辛卯，391 年

僧伽提婆来寻阳，慧远请重译《阿毗昙心》及《三法度论》。提婆自执胡经，先诵本文，然后乃译为晋语，比丘道慈受。至来年秋，复重与校正，以为定本。时众僧上座竺法根、支僧纯等八十人。地主江州刺史王凝之、优婆塞西阳太守任固之为檀越，并共劝佐而兴立焉。

晋孝武帝太元十七年，后秦姚苌建初七年，壬辰，392 年

十一月，以殷仲堪都督荆、益、宁三州诸军事，荆州刺史，镇江陵。殷仲堪往荆州，过庐山与慧远谈《易》。

慧远令弟子法净、法领等西求众经。

释法庄出家庐山，为慧远弟子。

晋孝帝太元十八年，后秦姚苌建初八年，癸巳，393 年

本年秋，戴逵作《释疑论》寄慧远。

晋孝武帝太元十九年，后秦姚兴皇初元年，甲午，394 年

周续之作《难释疑论》，慧远复书答戴，并将此论同寄之。戴作《答周居士难》，周续之复书作答。

释道祖、僧迁、道流约于本年来庐山，依慧远为师。

晋孝武帝太元二十年，后秦姚兴皇初二年，乙未，395 年

慧远作《三报论》答戴逵。同年，戴逵卒。

晋孝武帝太元二十一年，后秦姚兴皇初三年，丙申，396 年

慧持送姑道仪至京师，住东安寺。

晋安帝隆安元年，后秦姚兴皇初四年，丁酉，397 年

僧伽提婆适京师，大得王公及名士至敬。本年冬，提婆与慧持、僧伽罗叉等重译《中阿含经》。

宝云辞入西域，誓欲眼睹神迹，躬行忏悔，遂游于阗及天竺诸国。

晋安帝隆安二年，后秦姚兴皇初五年，戊戌，398 年

六月，僧伽提婆、慧持等在京师译讫《中阿含经》六十卷。

竺道生来庐山。

释僧彻来庐山。

晋安帝隆安三年，后秦姚兴弘始元年，己亥，399 年

慧持往蜀，行达荆州，受殷仲堪、桓玄礼遇。

十一月，孙恩攻陷会稽，杀内史王凝之。

桓玄征殷仲堪，军经庐山，邀慧远出虎溪，远称不堪，玄自入山。十二月，桓玄袭江陵，杀荆州刺史殷仲堪。

王谧修书曰："年始四十，而衰同耳顺。"慧远答曰："古人不爱尺璧，而重寸阴，观其所存，似不在长年耳。檀越履顺而游性，乘佛理以御心，因此而推，复何羡于遐龄。聊想此理，久已得之，为复酬来信耳。"

晋安帝隆安四年，后秦姚兴弘始二年，庚子，400 年

春，慧远与徒众三十余人，游庐山石门。

晋安帝隆安五年，后秦姚兴弘始三年，辛丑，401 年

鸠摩罗什至长安，僧肇随返。

刘遗民为柴桑令。

晋安帝元兴元年，后秦姚兴弘始四年，壬寅，402 年

正月，下诏罪状桓玄，以尚书令司马元显为骠骑将军、征讨大都督，都督十八州诸军事。以镇北将军刘牢之为前锋、前将军、谯王尚之后部，以讨桓玄。大赦，改元。桓玄留桓伟守江陵，抗表传檄，罪状元显，举兵东下。二月，过寻阳，至于姑孰。三月，刘牢之叛降于桓玄。王师败绩于新亭。玄收元显，入京师。诏以玄总百揆，都督中外诸军事、丞相、录尚书事，以桓谦为尚书仆射。迁会稽王道子于安城，斩元显及其党。刘牢之惧之，自缢。大赦，改元大亨。孙恩寇临海，临海太守辛景击破之。恩赴海死。余众数千人复推恩妹夫卢循为主。玄命循为永嘉太守。四月，玄出屯姑孰。五月，卢循自临海入东阳，玄遣刘裕击之，循败走永嘉。

慧远作《答桓南郡明报应论》。

慧远与刘遗民、周续之、毕颖之、雷次宗等集于庐山之阴般若台阿弥陀像前，建斋立誓，共期西方。

慧远等人作《念佛三昧诗集》，慧远并作序。

桓玄致书慧远，劝其罢道。

桓玄与僚属教，沙汰僧众，慧远作《与桓太尉论料简沙门书》。

晋安帝元兴二年，后秦姚兴弘始五年，癸卯，403 年

慧远与刘遗民、王乔之、张野等游庐山。慧远作《游山记》及五言《游庐山诗》，众人和之。

八月，桓玄自号相国、楚王。十一月，安帝禅位。十二月，玄建国，改元永始，迁帝于寻阳。玄入建康宫。

桓玄与慧远等人议沙门敬王者。十二月，桓玄许诸道人勿复致礼。

晋安帝元兴三年，后秦姚兴弘始六年，甲辰，404 年

安帝自江陵旋于京师，路经寻阳，何无忌邀慧远出虎溪觐见，慧远称疾不行。安帝遣使劳问，慧远回书致谢。

慧远作《沙门不敬王者论》。

晋安帝义熙元年，后秦姚兴弘始七年，乙巳，405 年

七月，刘裕遣使求和于秦，且求南乡等诸郡，姚兴许之。

慧远遣书鸠摩罗什通好，并送《法性论》。罗什答书致意，慧远重与罗什书。

后秦主姚兴送《大智论》与慧远，请为之作序。稍后，慧远节抄《大智论抄》成二十卷。

秋，昙摩流支自西域达自关中。慧远遣书昙摩流支，请其译《十诵律》。流支得远书，及姚兴敦请，与罗什译毕《十诵律》五十八卷。

竺道生、释慧观等或于本年由庐山入北至关中，从鸠摩罗什受业。

雷次宗入庐山事慧远。

晋安帝义熙二年，后秦姚兴弘始八年，丙午，406 年

夏，鸠摩罗什于长安译《法华经》《维摩诘经》。僧肇作《维摩经注》。

十月，论匡复之功，封车骑将军刘裕为豫章郡公，抚军将军刘毅南平郡公，兼都督宣城军事，右将军何无忌安成郡公。十二月，以何无忌为都督荆、江、豫三州八郡军事，江州刺史。

谢灵运为抚军将军刘毅记室参军。

晋安帝义熙三年，后秦姚兴弘始九年，丁未，407 年

王谧卒。

晋安帝义熙四年，后秦姚兴弘始十年，戊申，408 年

夏末，竺道生自长安南归经庐山，以僧肇《般若无知论》示慧远、刘遗民，大获赞赏。

晋安帝义熙五年，后秦姚兴弘始十一年，己酉，409 年

春正月辛卯，大赦。庚戌，加辅国将军何无忌镇南将军。庚戌，寻阳地震。

何无忌邀请慧远、慧永等爰集虎溪。

慧远作《答何镇南难袒服论》。

竺道生由庐山还京师建康。

十二月，刘遗民作《与僧肇书》并问，由慧明道人赍于长安。

晋安帝义熙六年，后秦姚兴弘始十二年，庚戌，410 年

春正月，广州刺史卢循反，寇江州。

三月壬申，镇南将军、江州刺史何无忌及循战于豫章，王师败绩，无忌死之。

五月戊子，卫将军刘毅及卢循战于桑落洲，王师败绩。尚书左仆射孟昶惧，自杀。卢循在此间入庐山诣慧远。

秋七月庚申，卢循遁走。寇荆州，刺史刘道规、雍州刺史鲁宗之等败之。又破徐道覆于华容，贼复走寻阳。

昙威携《念佛三昧诗集》并慧远序至长安，僧肇得之。

八月十五日，僧肇作《答刘遗民书》，随信附其《维摩经注》。

十二月壬辰，刘裕破卢循于豫章，遣使赍书至庐山致敬。

晋安帝义熙七年，后秦姚兴弘始十三年，辛亥，411 年

春二月壬午，右将军刘藩斩徐道覆于始兴，传首京师。夏四月，卢循走交州，刺史杜慧度斩之。

佛驮跋陀罗约于本年率弟子慧观等四十余人，自长安至庐山。慧远闻至欣喜若旧，并遣弟子昙邕，致书姚兴及关中诸僧，解其摈事。远请佛驮跋陀罗译出《禅经修行方便》二卷。

晋安帝义熙八年，后秦姚兴弘始十四年，壬子，412 年

慧远在庐山营筑龛室，图写佛影，五月一日成。

佛驮跋陀罗、释慧观等人西适荆州。

孟怀玉迁江州刺史。

刘裕辟宗炳为主簿,不就。

慧持卒于成都龙渊寺。

晋安帝义熙九年,后秦姚兴弘始十五年,癸丑,413 年

刘遗民不应征辟,刘裕以高尚人望相礼,遂其初心。

四月十三日,鸠摩罗什卒于长安大寺,年七十。

宗炳下入庐山,往憩五旬,就慧远考寻文义。

慧远讲《丧服经》,雷次宗、宗炳等并执卷承旨。

九月三日,慧远作《万佛影铭》,刻之于石。同时,江州刺史孟怀玉及王乔之、刘遗民、宗炳等皆有铭赞。

慧远命弟子道秉东下建康,请谢灵运作《佛影铭》。

佛驮跋陀罗随刘裕自江陵至京师建康。

晋安帝义熙十年,后秦姚兴弘始十六年,甲寅,414 年

僧肇卒于长安。

慧永卒于庐山。

晋安帝义熙十一年,后秦姚兴弘始十七年,乙卯,415 年

刘遗民卒。遗民在山一十五年(一说十二年,疑计算起点不一),年五十有七。遗诫曰:"皇甫谧遗论佩《孝经》,示不忘孝道,盖似有意小儿之行事。今即土为墓,勿用棺椁。"子雍从之。

晋安帝义熙十二年,后秦姚兴弘永元年,丙辰,416 年

八月六日,慧远卒。寻阳太守阮保造墓,谢灵运为造碑文,张野作序,宗炳又立碑寺门。

慧远弟子多四散游方,昙邕至荆州竹林寺,僧彻至江陵竹林寺,释慧静还建康等等。《名僧传抄·说处》谓:"庐山西林惠永、惠远已后,正教陵迟。"

晋安帝义熙十四年,戊午,418 年

豫章太守王虔请道昺为山中主,用绍慧远之席。

后　记

2003 年 7 月 1 日，艳阳高照，我和两位同学租了一辆货车从武汉启程到九江学院。货车里装满了我们三人的家当，其中最多、最沉的就是书。那一天给我印象极其深刻，不仅因为是节日，而且因为那天天气特别热，我们为了把那些书搬到宿舍，汗流不止，一瓶矿泉水下肚根本没感觉，已经进入脱水状态。

数年后，当我已经将佛教史研究作为自己的主要方向，我常常惊叹佛教所说的"因缘殊胜"的"不可思议"。因为工作的关系，我时常到东林寺去亲近诸佛。东林寺大和尚大安法师专弘净土法门，提出以净土五经一论的圣言量和中国净土宗十三位祖师的著作作为两大参照系，我十分赞叹这样的主张。这和我受到的文献学训练思路也是非常一致的。于是，我给自己定下一段时间的工作计划，主要围绕净土宗初祖慧远法师开展研究，包括四个部分：一是重新辑佚、校点慧远大师文集，如果可能，进一步加以注释；二是撰写一部慧远法师传记；三是系统总结慧远法师的思想；四是对慧远大师当年领导的庐山教团给以整体性研究，努力揭示其成功的背景和原因。现在，《庐山慧远教团研究》先期完成了，虽然还不满意，特别是对教团的思想这一块儿注意不够。好在我的计划中，系统总结慧远法师思想的时候，可以将这一部分补充起来。

同时我也真切地感觉到，自己的研究方法运用得并不熟练，再加上天资愚钝，见识也有限，所以常常感觉愧对师门。相较于张舜徽先生、刘韶军先生等所展现出的从容大气，我还远未能窥得门径。捧读古德大师的著作，我在赞叹之余更多的是不安，深恐错会了前贤的意思。所以，我只能对自己说，本书如有所发明，不会增高前贤一分，虽有所不足，也不会损前贤一毫，只能以此来安慰自己。

在研究的过程中，个人虽然愚钝，但还是有许多收获，所以要感谢各方面。感谢九江学院提供的安身立命的机会，感谢东林寺提供的佛法机缘，感谢家人给予的理解支持，感谢师友的关怀和帮助。感谢一切我生命中遇到的人，认识或不认识，喜欢或不喜欢，都成为我生命中的一部分。读者如有赐教，烦请 Email 联系我。我的 Email：liqinhe@ 126. com。

大智大慧者一开始就能发现"本来无一物"，如我辈，假如经过一番折腾，能够发现"原来无一物"，也算殊途同归。所以，我想把前贤偈语略改动一下，以记录自己的心情："身是菩提树，心如明镜台。十年勤拂拭，原来无一物。"

最后要特别感谢江西省社会科学界联合会设立社科成果资助出版项目，并将本书列入"江西省哲学社会科学成果文库"，给予全额资助，使本书得以付梓；感谢资助出版项目的各位评审专家；感谢社会科学文献出版社老师，默默地为本书做了许多工作，我都铭记于心。

李勤合写于九江城南小匡山房

2015 年 6 月 30 日

图书在版编目（CIP）数据

庐山慧远教团研究/李勤合著.—北京：社会科学文献出版社，
2016.1
（江西省哲学社会科学成果文库）
ISBN 978 - 7 - 5097 - 8678 - 9

I.①庐…　II.①李…　III.①佛教 - 宗教团体 - 研究 - 中国 -
东晋时代　IV.①B949.2

中国版本图书馆 CIP 数据核字（2016）第 013424 号

·江西省哲学社会科学成果文库·
庐山慧远教团研究

著　　者 / 李勤合

出 版 人 / 谢寿光
项目统筹 / 王　绯　周　琼
责任编辑 / 李兰生

出　　版 / 社会科学文献出版社·社会政法分社（010）59367156
　　　　　　地址：北京市北三环中路甲 29 号院华龙大厦　邮编：100029
　　　　　　网址：www. ssap. com. cn
发　　行 / 市场营销中心（010）59367081　59367090
　　　　　　读者服务中心（010）59367028
印　　装 / 三河市尚艺印装有限公司

规　　格 / 开　本：787mm × 1092mm　1/16
　　　　　　印　张：16.5　字　数：261 千字
版　　次 / 2016 年 1 月第 1 版　2016 年 1 月第 1 次印刷
书　　号 / ISBN 978 - 7 - 5097 - 8678 - 9
定　　价 / 68.00 元